E. T. CONNECTION

Timothy Good

E. T. CONNECTION
LES EXTRATERRESTRES SONT PARMI NOUS

Collection
Les Dossiers de l'Étrange
dirigée par Jimmy Guieu

Titre original : *Alien Update*
Traduit par Sylvaine Charlet

© Timothy Good, 1993
© Presses de la Cité, 1994, pour la traduction française
ISBN 2-258-03867-7

Avant-propos de l'éditeur

« Les cas troublants de soucoupes volantes observées dans leurs évolutions et de contacts avec des êtres non terrestres semblent finalement très comptés », écrivait Jonathan Margolis dans *Time* en août 1992. «En Europe de l'Ouest, du moins, même la preuve de leur existence, sous la forme d'observations d'ovnis, est en train de s'estomper rapidement. Peut-être doit-on voir là l'expression de l'angoisse terrestre devant la récession, ou bien une diminution de la peur générale à présent que la guerre froide est révolue, cependant 1992 n'aura pas été un bon cru pour les objets volants insolites, que ce soit des soucoupes ou des cigares. Des données irréfutables sont difficiles à obtenir et la confusion règne parmi les comptes rendus publiés par les organismes concurrents spécialisés dans ces phénomènes, mais ce qui est sûr c'est que l'intérêt pour l'observation des manifestations d'ovnis va en diminuant, pour ne pas dire qu'il s'est complètement évanoui. »[1]

Un rapide coup d'œil à mes fiches sur les observations faites dans le monde entier, de juillet 1991 à la mi-septembre 1992, montre que ce n'est absolument pas le cas. Les médias à l'échelle nationale demeurent en général non seulement ignorants de ce qui se passe, mais aussi très réticents pour effectuer des reportages lorsque l'occasion se présente. C'est pour-

---

1. Les notes se trouvent en fin de chapitre.

7

quoi, la plupart du temps, les enquêtes ont été menées par des témoins, des gens comme vous et moi, mais particulièrement réceptifs, dont certains sont restés fortement perturbés par ce contact inopiné avec le monde extra-terrestre. Heureusement, des journaux locaux se trouvent fréquemment sur le terrain et font état des résultats des investigations alors entreprises.

Malgré tout, à des signes encourageants, il semble que les journalistes de télévision se rendent peu à peu compte que des événements d'une portée extraordinaire se produisent sur notre planète. Le 20 avril 1992, par exemple, *NBC Nightly News* (le journal télévisé nocturne de la chaîne NBC) diffusa un court extrait d'un film vidéo, tourné de nuit par une équipe de la chaîne dans la région de Nevada Test Side, où de nombreuses observations étranges avaient déjà été rapportées, et où, en fait, selon le physicien Bob Lazar et d'autres personnes, des véhicules extra-terrestres seraient examinés et testés, comme je le raconte moi-même dans *Alien Liaison*. Le reportage de NBC (dont je possède une copie) montre ce qui est décrit comme « quelque chose qui semble défier les lois de la physique », et le journaliste Fred Francis ajoute que « des centaines de témoins purent suivre des yeux la lumière brillante qui se tenait immobile au-dessus des montagnes et qui traversa tout à coup le ciel nocturne à une vitesse prodigieuse — telle une soucoupe volante ». Les équipes de la télévision japonaise ont elles aussi filmé des phénomènes anormaux dans le même secteur. En mars 1992, un chef-opérateur de la station CBS de Madison, dans le Wisconsin, prit dans son objectif un ovni en forme de cigare (voir chapitre 14) et des films vidéo ont été enregistrés par diverses équipes de télévision à Gulf Breeze, en Floride, parmi lesquelles la Fuji-Télévision, du Japon. De plus, *Dateline NBC* enquête régulièrement sur les déclarations d'un pirate d'ordinateurs (dont l'identité demeure ultra-protégée) et qui affirme avoir pu accéder à des données secrètes concernant les phénomènes d'ovnis et détenues par la base aérienne de Wright-Patterson à Dayton, dans l'Ohio — notamment des dossiers se référant à des autopsies pratiquées sur des extra-terrestres[2].

Plusieurs émissions sur le sujet ont déjà été diffusées aux

États-Unis sur la chaîne nationale en 1991-1992, comme par exemple *Intruders* (Les Envahisseurs), mini-série de fiction produite par CBS sur le phénomène des enlèvements, *Unsolved Mysteries* (Mystères non résolus) produit par NBC, et la série *Now It Can Be Told* (Aujourd'hui, cela peut être révélé) dont une émission diffusa un extrait de la conversation enregistrée entre l'ancien directeur de la National Security Agency (La Sécurité nationale), l'amiral Bobby Ray Inman, et Bob Oechsler, au cours de laquelle il était question de véhicules extra-terrestres conservés dans le plus grand secret par le gouvernement américain (voir chapitre 12). Au Japon, des documents sur le sujet sont monnaie courante, mais ici, en Angleterre, nous sommes très — mais alors, très — en retard à cet égard. Aussi suis-je heureux d'annoncer qu'une compagnie britannique a actuellement en projet un documentaire de grande envergure dont la programmation serait prévue pour 1994.

Le 12 octobre 1992, la NASA démarra un nouveau programme SETI (*Search for Extraterrestrial Intelligence* = Recherche de signes de vie intelligente extra-terrestre), conçu pour explorer un plus large faisceau de fréquences radio qu'auparavant et tenter ainsi de capter des signaux « intelligents » provenant de l'espace. La moitié de ce programme, étalé sur dix ans et dont le coût s'élève à 100 millions de dollars, est consacré à la recherche dite « ciblée », c'est-à-dire les étoiles les plus proches de notre soleil, à environ quatre-vingts années-lumière de la Terre, en balayant 2 milliards de canaux au-delà des fréquences de 1 000 à 3 000 mégahertz. Pour cela, on utilisera le radio-télescope géant d'Arecibo, à Porto Rico, et le télescope national de la station de Green Bank, en Virginie de l'Ouest, ainsi qu'une batterie d'ordinateurs sophistiqués qui analyseront 15 millions de fréquences par seconde dans l'espoir de repérer le moindre signe révélateur d'une intelligence extra-terrestre.

Par ce type de recherche, on risque toutefois d'attendre de nombreuses années avant de recevoir la plus infime réponse. Néanmoins, Frank Drake, l'astronome qui, en 1960, conduisit la première recherche sur la vie extra-terrestre par l'écoute des ondes radio captées dans l'espace, a déclaré qu'il s'attendait à recevoir une réponse positive avant l'an 2000[3]. Des pères jésuites de l'observatoire du Vatican travaillent aussi sur ce programme, et le Vatican a participé, avec l'Université d'Arizona, à l'aventure que représentait la fabrication d'un nouveau télescope à réflecteurs (qui sera inauguré début 1993 à Tucson, en Arizona). Le père George Coyne, directeur de l'observatoire du Vatican, et qui dirigera l'observatoire de Tucson en collaboration avec d'autres clercs, annonça (avec sérieux, semble-t-il) que si l'on découvrait l'existence d'extra-terrestres, « l'Église serait obligée de se demander si les extra-terrestres devaient être comptés au nombre de ses ouailles et baptisés[4] ».

J'ai la conviction que la NASA et les services secrets américains possèdent la preuve (dans une certaine mesure) que des extra-terrestres ont déjà fait escale sur notre planète et que le contact a été établi. Si c'est le cas, le projet SETI apparaît alors comme complètement anachronique. Pourtant, comme je l'ai fait remarquer dans mon livre précédent, même si un contact a été établi avec un ou plusieurs types d'extra-terrestres, il n'en reste pas moins nécessaire de détecter des signaux de communication provenant de la communauté extra-terrestre qui, selon moi, est répandue dans tout l'univers. De toute évidence, des sommes d'argent colossales sont dépensées pour des programmes de recherche extrêmement secrets sur la vie extra-terrestre (et alimentés par des budgets souterrains) aux États-Unis, et l'information sur ces programmes est si mince que très peu de gens y ont accès. En outre, les crédits pour SETI sont ridiculement maigres en comparaison du budget souterrain : les crédits du Département de la Défense pour 1993 se montent à presque 16 milliards de dollars pour les seuls programmes « discrets » !

Si des signes d'intelligence ou de communication nous parviennent des étoiles grâce à SETI, les enregistrements resteront confidentiels et ne seront pas tout de suite divulgués auprès du public. Lors de la conférence de l'*International Academy of Astronautics* (l'Académie internationale d'astronautique) d'août 1991, un protocole a été conclu entre les scientifiques — *The Declaration of Principles Concerning Activities Following the Detection of Extraterrestrial Intelligence* (Déclaration des principes concernant l'attitude à adopter en cas de détection d'une vie intelligente extra-terrestre) — qui stipule que la nouvelle d'une découverte de signaux extra-terrestres doit d'abord être révélée aux autres savants de la planète afin qu'ils procèdent à des vérifications, puis envoyée à l'*International Astronomical Union* (l'Union internationale d'astronomie) qui, en retour, publiera un communiqué officiel destiné au *Central Bureau for Astronomical Telegrams* (le Bureau central des télégrammes astronomiques). Enfin, le secrétaire général des Nations unies, l'*Institute for Space Law* (l'Institut pour les lois de l'espace) en même temps que l'*International Telecommunications Union* (l'Union internationale des télécommunications) seront informés. En théorie, le public aura connaissance de la nouvelle en dernier. Dans la pratique, comme le fait remarquer le docteur John Mason de la *British Astronomical Association* (Association britannique d'astronomie), il se produira un gigantesque échange d'argumentations entre les scientifiques, « durant lequel il sera toujours possible à un journaliste tant soit peu curieux et malin d'avoir vent de l'affaire[5] ». Fatalement ! Et pour parer à cette éventualité, puisque ces questions auront des répercussions sur la sécurité nationale, soyons sûrs que les services secrets mettront tout en œuvre pour surveiller et contrôler les fuites concernant ces messages intergalactiques (voir chapitre 9).

Les reporters intéressés par la question devraient étudier de près les phénomènes relatifs aux ovnis en laissant pour le moment de côté SETI et ses cachotteries. Je trouve amusant que le dernier programme SETI ait été attribué au radiotélescope d'Arecibo (qui fut en 1974 l'un des premiers à envoyer un message codé vers les étoiles), c'est-à-dire à Porto Rico, un pays où l'on continue à dénombrer de multiples vols d'ovnis et des rencontres rapprochées avec des entités extérieures à notre monde. Même un directeur local de l'agence d'État de la Protection civile déclara en 1992 qu'il avait observé un disque volant poursuivi par un chasseur de la marine américaine, ainsi que des ovnis en train de plonger dans la Laguna Cartagena ou d'en sortir, ces expériences l'amenant à la conclusion qu'une base extra-terrestre est bel et bien installée dans la région (voir chapitre 13).

Au cours d'une des célèbres émissions d'Opfrah Winfrey à la télévision américaine en 1991, qui mettait en scène plusieurs des astronautes d'*Apollo*, le problème des ovnis fut abordé. Le docteur Edgar Mitchell, reprenant en cela les commentaires pessimistes de ses autres collègues, déclara : « Je pense vraiment qu'on en sait plus sur les extra-terrestres qu'on veut bien le laisser croire actuellement [et] cela depuis longtemps déjà. Ça remonte à la Seconde Guerre mondiale : c'est là que tout a commencé et c'est cela qu'on veut garder secret. »

J'ai écrit au docteur Mitchell, en lui demandant s'il pouvait donner plus de précisions. « J'ai peu de choses à ajouter à ce que j'ai déjà dit, car, franchement, je n'en sais guère plus », répondit-il. « Mon opinion, après des années d'observations sceptiques, est que les signes sont devenus si énormes et si écrasants qu'on peut difficilement les ignorer. Aussi doit-on s'attendre à ce que tôt ou tard cela se sache, et nous serons alors tous contents de connaître le fin mot de l'histoire[6]... »

Que les résultats des investigations ultra-secrètes concernant les extra-terrestres éclatent au grand jour est une certitude. Mais serons-nous si heureux que cela de ce que nous apprendrons alors ?

En fait, je suis extrêmement reconnaissant à l'équipe de mes collaborateurs qui ont rendu possible la parution d'un tel ouvrage, ainsi qu'aux nombreux journalistes, magazines et organes de presse dont les reportages ont été cités dans ces pages. A l'avance, je me confonds en excuses pour tous les remerciements que j'aurais omis bien involontairement.

Notes

1. Margolis, Jonathan, « *Are We Alone ?* » (Sommes-nous seuls ?), *Time* du 31 août 1992.

2. *Dateline NBC* tourna une histoire de fiction qui mettait en scène le pirate des ordinateurs, le 27 octobre 1992.

3. Begley, Sharon, « *ET, Phone Us* » (ET [Extra-Terrestres], téléphonez-nous), *Newsweek* du 12 octobre 1992.

4. Johnston, Bruce : « Vatican sets evangelical sights on outer space » (Le Vatican a des vues évangéliques sur l'espace), *Daily Telegraph* du 28 octobre 1992.

5. Highfield, Roger, « *Red tape will delay news of Little Green Men* » (L'existence des petits hommes verts restera secrète), *Daily Telegraph* du 10 août 1991.

6. Lettre signée par le docteur Edgar D. Mitchell, docteur ès sciences, datée du 21 avril 1992.

1

Quelle sera « la » preuve ?

John Spencer

John Spencer est bien connu pour ses ouvrages (voir la note de l'éditeur en fin de chapitre), ses conférences et ses émissions sur le phénomène des ovnis. Il a été pendant de nombreuses années directeur du conseil d'administration de la BUFORA (*British UFO Research Association* : Association britannique de recherche ufologique*).

John Spencer est membre de l'*International Committee for UFO Research* (Comité international pour la recherche ufologique) ainsi qu'un des spécialistes affiliés au MUFON (*Mutual UFO Network* : Réseau mutuel ufologique). Ses études portent principalement sur l'interaction du phénomène des ovnis et de l'esprit humain ; c'est à ce titre que, outre ses exposés magistraux sur la question, John Spencer s'est livré à d'importantes investigations sur le terrain aussi bien dans son pays qu'à l'étranger.

Il y a ceux qui croient que les ovnis sont le produit de l'imagination de quelques farfelus — hallucinations, délires, etc. Et puis, il y a ceux qui pensent que ce sont à n'en point douter des vaisseaux venus de l'espace et pilotés par des extra-terrestres. Il est probable que ces deux interprétations ont chacune une part de vérité. Je crois que, quelles que soient les explications données à l'ensemble du phénomène —

---

* *UFO* (Unidentified Flying Object) est le terme anglais pour *OVNI* (objet volant non identifié). *(N.d.T.)*

et elles sont nombreuses — c'est la façon dont notre esprit l'appréhende qu'il faut considérer de près.

Il semble qu'au moins certains rapports concernant les ovnis sont le résultat d'observations de quelque chose « d'extérieur » qui est venu s'immiscer dans l'humanité ; non pas un produit de l'esprit, mais quelque chose qui peut l'affecter. Ainsi la façon dont nous interprétons ces événements est-elle la raison de la variété de ces explications. C'est pourquoi je suis persuadé que nous pouvons associer le phénomène des ovnis aux nombreuses autres expériences qualifiées de paranormales. C'est comme telles que nous devrions le concevoir et l'étudier.

A quoi se livrent donc, en fait, les « ufologues » ? Imaginons une situation où un chercheur ufologue est averti par un témoin d'un événement concernant les ovnis. Pour simplifier notre exemple, et seulement pour cette raison, admettons pour le moment que les ovnis soient des vaisseaux célestes venus d'autres mondes. J'ai besoin d'établir l'origine « extraordinaire » des ovnis et cela va servir mon propos.

Supposons à présent qu'après examen des faits, l'ufologue conclut à la nature extra-terrestre, ou même paranormale, des ovnis. Qu'obtient-on alors ? Une personne de plus qui croit à l'origine extraordinaire des ovnis. Avec une population mondiale de 3 milliards d'individus, et qui s'accroît de milliers de nouvelles naissances le temps de lire ces quelques lignes, cette façon de procéder reste un moyen peu efficace pour convaincre le monde de la réalité des ovnis. Il faut quelque chose de plus : des preuves dont la démonstration brillante ne pourra que convaincre la planète.

Considérons une autre situation où le témoin nous invite à un « contact » où nous pourrons voir un vaisseau spatial et où nous rencontrerons des êtres venus d'ailleurs, c'est-à-dire les meilleures preuves dont on puisse rêver. Nous filmons en vidéo, seize heures d'affilée, un événement aussi mémorable ; visuellement — et auditivement — tout est enregistré, que ce soit les conversations entre les témoins, les chercheurs et les « visiteurs », ou les informations données par les extra-terrestres et qui peuvent être vérifiées dans les archives de tous les musées du monde. Ajoutons qu'on aura pu prendre tous les clichés photographiques possibles et imaginables de ces étranges personnages et de leur véhicule, sans oublier un document vidéo qui montre bien leur taille ainsi que leurs activités, très évidemment non humaines. Nous aurons, bien entendu, toute une ribambelle de graphiques sur des appareils de lecture qui rendront compte de l'augmentation spectaculaire du champ magnétique au moment où la soucoupe volante est apparue dans le ciel, des repérages radar (portable) qui ne laissent aucune équivoque, des films montrant les fluctuations thermiques et — pour faire bonne mesure — quelques pièces de mécanique de la soucoupe volante laissée en cadeau-souvenir par les extra-terrestres eux-mêmes. Qu'est-ce qui va se passer ensuite ?

LES CONSÉQUENCES

Il semble évident que tout ufologue sincère et passionné, comme tout chercheur dans le domaine du paranormal, donnerait son troisième œil pour effectuer une telle récolte de preuves à conviction. Ce faisant, il pourrait même se risquer à rêver de gloire sa vie durant auprès de ses collègues et de la communauté scientifique, pour avoir enfin résolu un des grands mystères du monde. Il envisagerait des tournées de conférences, des livres, des films et — s'il est d'un naturel pessimiste ! — des émissions du style *talk-shows* (tables rondes, interviews de télévision, etc.) à n'en plus finir. Or, qu'arrive-t-il en fait lorsque le chercheur ufologue offre au monde entier, sur un plateau de télévision, une telle moisson de nouvelles connaissances, preuves à l'appui ?

D'abord, il va se heurter à la petite guerre d'influences que se livrent entre eux, sempiternellement, tous les savants, que ce soit au sein des sciences conventionnelles ou de celles qui ont trait au paranormal ; on le cuisinera sur ses méthodes et très vite son intégrité et son honnêteté seront mises en doute. Ensuite, lorsque cette somme de travail aura été présentée à un plus large public, tout ce que l'ufologue pourra espérer sera de passer littéralement le reste de sa vie à se défendre contre des allégations de fraude. Les boulets seront tirés de tous bords : depuis la communauté scientifique — dont les institutions ont intérêt à n'accepter aucun défi qui ébranlerait les idées établies — jusqu'aux médias, dont beaucoup manifestent une tendance naturelle à dire « noir » à la minute même où tout le monde pense « blanc ».

Puis viendra la valse des expertises effectuées par des scientifiques « officiels », mais qu'il faudrait soumettre à une véritable opération chirurgicale pour qu'ils parviennent à se soulever de leur siège doctoral. Car la plupart de ces sommités passent leur existence devant leurs ordinateurs, écumant des magazines qui n'apportent rien de nouveau sur ce sujet. Ces mêmes magazines sont en quelque sorte l'entraînement des chercheurs en chambre, un peu comme la bicyclette ; c'est une manière d'exprimer son ego. Parce qu'ils ont tout intérêt à ne pas essayer de résoudre les questions soulevées par ce sujet brûlant, ils profiteront de toutes les occasions pour démolir une preuve de la réalité des ovnis en pinaillant sur des détails insignifiants. (Vous savez, dans le genre : « Mais ce jour-là, le témoin avait mangé des flocons de blé à son petit déjeuner ; or, ces derniers contiennent 0,00001 pour 1 million d'un composé que l'on retrouve parfois dans certaines drogues hallucinogènes ; donc, peut-on prendre au sérieux un tel témoignage ? ») Il serait intéressant de voir les procureurs de justice prendre, en entendant les témoins d'un accident de voiture par exemple, autant de précautions que celles qui ont bizarrement cours dans les sciences paranormales !...

Bref, ces individus passent leur temps à dire aux vrais chercheurs où ils ont « péché » et ce qu'ils auraient dû faire. Hélas, il existe un monde entre la théorie académique et le fait de passer ses nuits en compagnie d'hommes et de femmes qui ont vécu l'expérience d'un enlèvement par des êtres venus d'une autre planète, de même entre le fait de rester collé à un fauteuil et celui de se geler (comme je l'ai fait maintes fois) dans les immensités enneigées de Scandinavie pour tenter de comprendre ce qu'un témoin a éprouvé en termes de solitude et d'isolement sensoriel. Pourtant, ces aides internes demeurent les seules références : les sens représentent une force puissante qui maintient le *statu quo* bien après que le *quo* a perdu tout statut. Quoi qu'il en soit, et quelle que soit la manière dont on parvient à définir le travail de l'ufologue, il ne s'agit donc pas uniquement d'apporter des preuves sur le phénomène puisque cela ne semble pas convaincre les autres.

LA RESPONSABILITÉ DU CHERCHEUR

Le premier devoir du chercheur est de répondre aux besoins du témoin. Dans le cas de gens victimes d'un enlèvement, le travail de l'ufologue consiste avant tout à trouver de l'aide, ou de la faciliter, en faisant appel aux gens compétents. Quelle que soit la réalité de ces enlèvements (extra-terrestre ou résultat d'un processus terrestre quelconque ; forme de vie intelligente ou autre ; même en supposant l'éventualité de fabulations ou de dérangement mental), aucun chercheur digne de ce nom ne peut ignorer l'importance de l'assistance à la victime par tous les moyens à sa disposition. Mais, ensuite, il lui faut porter son attention sur les faits.

Les ufologues ont le profond désir de découvrir de façon sûre et certaine la véritable nature des phénomènes ovnis mais, en plus, ils souhaitent ardemment partager cette découverte avec autrui. Certes, une unanimité totale est probablement impossible dans la mesure où chaque individu croira finalement à ce qu'il voudra en face d'une même évidence. Mais il y a des gens ouverts à une évidence inhabituelle, à condition qu'elle reste dans les limites de l'acceptable.

En tout cas il est garanti — et l'expérience est là pour le dire, depuis des décennies — que les données enregistrées ne constituent *jamais* une évidence « acceptable ». Il existe une quantité infinie d'observations prises sur film, vidéo et pellicule photographique, telles celles de Billy Meier (Suisse) et celles des événements de Gulf Breeze (Floride). Mais les preuves accumulées n'ont en rien entamé le scepticisme à l'égard de ces questions.

L'APPROCHE SCIENTIFIQUE

La science n'est rien de plus qu'un moyen de mesurer les choses, un réseau de « filtres » pour tester et confirmer la réalité. Prenons une cruche remplie de cailloux et de grains de sable de différente grosseur. Au fond, on a disposé un filtre qui permet à certains de ces éléments de passer, et pas à d'autres. La science découvre par exemple que les grains plus gros qu'un millimètre représentent « le faux » et les plus petits le « vrai ». On décide alors qu'un filtre aux mailles d'un millimètre laisse passer la vérité, empêchant du même coup les fraudes et les erreurs. La plupart des expériences auxquelles on se livre à l'école durant les cours de physique et de chimie ne sont que des variantes de ce thème.

Le problème, ici, est que pour la science, le filtre à ovnis est complètement bouché et que, par conséquent, il n'y a aucune vérité à découvrir. Au tout début de la recherche ufologique, les aventuriers de l'espace, dans leur naïveté, ont installé un filtre à trop larges mailles : tout y passait. De là est née la grande vulnérabilité (à la limite du ridicule) des ufologues, qui a induit l'attitude typique des scientifiques et des médias au cours des trente dernières années.

J'en conviens, il est urgent d'adopter un filtre plus sélectif afin d'écarter les fraudes et les erreurs autant que faire se peut. Mais nous avons besoin de travailler avec des témoins sur des bases plus saines et plus confiantes afin de déterminer avec rigueur les règles à observer.

Je crois sincèrement que le seul moyen de sélectionner le vrai du faux est de donner aux témoins l'opportunité de prouver ce qu'ils déclarent spontanément. C'est la base même de toute *witness-driven investigation* (investigation sur témoignage), terme que j'ai inventé pour les besoins de mon livre *Perspectives* et qui m'a été inspiré en partie par Ken Phillips (du BUFORA) puis par mon travail en Scandinavie.

Les témoins doivent, en échange, nous apporter le droit d'examiner leurs affirmations et leurs trouvailles afin de déterminer ce qui est vrai et ce qui est erroné — ou même frauduleux. Ils doivent nous autoriser à poursuivre ce type d'enquête sans pour autant nous soupçonner de malhonnêteté. Notre approche n'a rien à voir avec celle des scientifiques. La science dit : « Je mets toutes sortes d'obstacles et si vous réussissez à passer au travers, alors je vous croirai ». Mais il est évident que si des chercheurs et des témoins travaillent dans une atmosphère de franche collaboration, des événements paranormaux peuvent être mieux repérés. Quelqu'un comme John Hasted, professeur de physique au Birkbeck College de Londres, en a fait la démonstration au cours d'expériences PK (de psychokinésie = déplacement d'objets à distance).

J'écris avec un stylo sur du papier ; la science accepte le fait parce qu'elle peut me tester. Mais si un des tests consistait à faire la même chose la main attachée à la table, cela prouverait-il que je ne sais pas écrire ? Ou bien cela prouverait-il que la science n'a pas posé le problème correctement ? Cette sorte de test est une erreur analogue à celle que commet la science actuellement à propos des ovnis : elle n'a pas trouvé les bons tests et ne peut donc pas effectuer une approche quelconque du phénomène. Elle a utilisé ce qui lui paraissait correct sans d'abord chercher à vérifier si c'était vraiment applicable à un tel cas. Attacher la main d'un prisonnier à un mur pourrait être parfaitement adéquat pour déterminer sa capacité à s'enfuir, mais certainement pas pour en savoir plus sur ses talents d'écrivain ; il en va de même pour la règle scientifique rédhibitoire qui veut qu'une expérience soit répétitivement semblable à elle-même : si cette règle vaut pour la loi de Boyle, peut-être est-elle complètement caduque dans le domaine de l'ufologie ?

La science exige de pouvoir prévoir et reproduire les prétendus phénomènes au cours d'une expérience. Parce que la situation est différente avec les phénomènes paranormaux spontanés (y compris le phénomène des ovnis), la science rejette en bloc ces phénomènes. C'est se mettre volontairement des œillères et passer à côté d'une réalité fascinante : le monde qui nous entoure possède des formes multiples qui devront un jour être appréhendées en des termes totalement différents, même si aujourd'hui on peut essayer de les comprendre avec les moyens limités qui sont les nôtres.

La science a bien trouvé, à l'heure actuelle, des instruments de mesure appropriés pour des choses qui, dans le passé, étaient considérées comme paranormales, et, à partir de là, elle a pu prévoir et créer les conditions nécessaires à l'établissement de preuves. En rejetant le paranormal d'aujourd'hui et en refusant de rechercher les instruments de mesure correspondants, la science se prive elle-même d'informations vitales. Elle devrait plutôt apporter son aide aux chercheurs dans le domaine paranormal pour, justement, mettre au point ces instruments de mesure dont ils manquent si cruellement. Dans ces conditions, nous pourrions mieux servir la recherche ufologique.

UNE NOUVELLE APPROCHE

Nous devrions rassembler les preuves concernant non seulement les faits eux-mêmes, mais aussi les conditions dans lesquelles les événements se sont produits. Cette démarche met à contribution les témoins — conséquence logique —, si l'on admet l'idée que les phénomènes d'ovnis peuvent passer par ce canal. Puis il nous appartiendra d'établir des corrélations entre ce matériel et toutes les autres informations dont nous disposons à propos d'événements similaires. De plus, ils nous faudra nous plonger dans les travaux des chercheurs dans d'autres domaines du paranormal, d'abord pour voir s'il n'existerait pas des interactions pertinentes, et ensuite pour en tirer toutes sortes de leçons.

Imaginons un troisième scénario où, cette fois encore, il s'agit d'un phénomène d'ovnis observés. Pour le plaisir de l'argumentation, admettons que dans ce cas, l'ovni fait son apparition parce que l'hygrométrie atmosphérique est z, le pourcentage de cuivre et de zinc dans les roches environnantes est y, la température est x, et qu'on note des mouvements géologiques souterrains correspondant à une amplitude de w. En outre, chacun des témoins vient d'être éprouvé par un deuil, avec toutes les conséquences que cela peut provoquer au niveau des échanges chimiques dans le cerveau et du stress émotionnel, sans compter les nombreux autres facteurs qui interviennent en pareil cas. Et, malgré tout, nous ne devons surtout pas repousser l'hypothèse « extra-terrestre » : peut-être en effet est-il nécessaire que toutes ces conditions soient rigoureusement réunies pour que les « extra-terrestres » en question se manifestent à nous.

Dans le scénario que nous venons de décrire, il serait assez surprenant que la combinaison exacte de tous ces facteurs soit recréée, si ce n'est à de rarissimes occasions. Néanmoins, cela peut arriver. L'ufologue doit donc collectionner autant de données que possible, même les plus insolites, lors de chaque manifestation d'ovnis, en espérant finir par distinguer dans le tas quelques « facettes » opératoires qui mèneraient vers la clé de l'énigme, c'est-à-dire vers la possibilité de « provoquer » volontairement le phénomène.

Si l'ufologue réussissait à identifier *tous* les facteurs qui entrent en jeu, il serait alors capable de prévoir, avec une relative précision, quand ces facteurs pourraient être réunis (il ne resterait plus qu'à se poster avec ses instruments et attendre les événements), ou bien même pourrait-il envisager de recréer expérimentalement ces conditions. Dans tous les cas, nous nous retrouverions dans les stricts conditions de laboratoire si chères aux milieux scientifiques. Nous pourrions espérer alors que ce phénomène paranormal soit peu à peu accepté par la science conventionnelle (mais soyons sans illusion, il y aura encore bien des batailles !).

Il est évident que les ufologues ne pourraient pas s'atteler ainsi à collecter des centaines de facteurs, indices, renseignements, etc., sans une étroite, active et honnête collaboration avec les témoins sur le terrain. Ce que ces gens nous apportent, c'est une foule de données, même les plus hétéroclites ; ce que nous apportons, c'est notre passion ainsi qu'une structure élaborée qui nous permet de mettre en relation les renseignements obtenus dans le monde entier jusqu'à ce qu'il en sorte une réalité indéniable.

La science conventionnelle va devoir faire des compromis. Une de ses lois les plus prisées énonce qu'une expérience doit pouvoir se répéter dans les mêmes conditions quel que soit l'expérimentateur. Les études paranormales semblent au contraire indiquer que l'état d'esprit du chercheur et du témoin est un facteur déterminant dans certaines manifestations phénoménales. Cette découverte devrait au moins éveiller la curiosité et faire l'objet de vérifications. Jusqu'à ce que nous ayons une connaissance parfaite de *tous* les facteurs nécessaires à la mise en action de certains phénomènes, nous devons garder l'esprit ouvert et aventureux.

Comme dans tous les secteurs de la recherche, il s'établit fatalement des critères très divers selon lesquels la recherche doit être menée comme ceci ou comme cela, et un chercheur peut être bon ou mauvais. Pourtant — et c'est ce qui m'attire souvent des ennuis de la part des autres ufologues — je ne prétends pas moi-même pouvoir fixer les critères. J'estime qu'il nous reste trop de choses à découvrir sur le sujet.

Quand l'objet d'une recherche a été bien défini, on peut commencer à sélectionner des critères pour trouver les chercheurs adéquats. Nos habitudes de pensée nous conduisent généralement à accepter comme «bon chercheur» un individu équilibré, instruit et intelligent, honnête, méthodique, etc. Or nous connaissons tous des savants géniaux qui sont de fieffés ivrognes, dotés d'un QI digne d'une chaise à bascule et dont la meilleure expression de jugeote est de reconnaître leur chien de celui des voisins. Mais ils possèdent cette attitude essentielle qui consiste à rester, sans préjugé, curieux de tout ce qui pourrait arriver (alors que cela n'intéresse pas les autres), se proposant même, s'il le faut, comme le cobaye, le canal conducteur, le médium (= moyen) par lequel l'événement va se produire (ce que les autres ne peuvent pas faire).

Je suis, quant à moi, très heureux de travailler avec des chercheurs de tous bords et de toutes catégories (je ne suis pas un fan de mes propres critères...) du moment qu'ils découvrent des indices dont nous avons besoin pour servir de base à de nouvelles recherches plus ciblées encore. J'aime ces aventures qui brassent des idées, baroques et merveilleuses, sur les phénomènes d'ovnis, parce que c'est peut-être cet état d'esprit qui pourra capter ou provoquer ce type d'événement — grâce à quelque chose comme une étincelle lumineuse que nous ignorons ou une aptitude à « appeler » magiquement les extra-terrestres... Il faut se donner toutes les chances. Je ne crains pas non plus de me trouver confronté à des témoins ou des chercheurs dans le genre de ceux qui ont été déclarés «mentalement perturbés» par un groupe d'étude ufologique scandinave un peu trop sceptique, parce que rien ne dit que justement ces « qualités » ne font pas partie de la liste des conditions *sine qua non* d'apparition des phénomènes d'ovnis. (Comme par hasard, ce même groupe n'a jamais apporté la moindre preuve intéressante, même en obéissant à leurs propres critères, pour justifier ces jugements, ce qui est d'ailleurs typique de ces chercheurs, à la gloire trop récente.)

La frontière est mince entre l'audace et la pensée radicale. Mais j'aime transgresser les interdits ou les chasses gardées, quitte à essuyer des critiques qui, comme chacun le sait, n'ont aucune espèce d'effet et n'aboutissent jamais. Celui qui expérimente de nouvelles idées court le risque d'échouer ; et les seules personnes qui n'ont jamais connu l'échec sont celles qui n'ont jamais rien essayé. Je veux que l'ufologie débouche quelque part — en tout cas plus loin que là où elle se trouvait voici quarante-cinq ans.

Il reste un problème d'ordre pratique. Les ufologues ne peuvent pas faire un pas sans être sous la lorgnette des médias. Certains aspects de leurs recherches (comme les « boules lumineuses » ou les mystérieuses traces circulaires dans les champs, par exemple) sont étudiés dans une perspective traditionnelle et avec l'aide des scientifiques officiels : cela tient à la nature même de ces manifestations. Mais il en va tout autrement pour les rencontres rapprochées du troisième type.

Si, comme je me plais à le suggérer, les ufologues développent une plus grande ouverture envers les informations dispensées par les témoins, ils devront s'attendre à être en butte à toutes les critiques, que ce soit celles des médias, celles de la presse spécialisée sur les ovnis, ou celles des esprits scientifiques qui en sont encore à la « loi de Boyle ». Ils se verront également reniés par les savants qui seraient de leurs avis mais qui craignent le jugement de leurs pairs et la perte de leur traitement. Ceux-là nous font confiance pour que nous ne les mettions pas dans des situations embarrassantes. Nous leur devons de la considération.

Attendons-nous à recevoir aussi des avalanches de critiques de la part de groupes d'ufologues moins imaginatifs, et cela peut d'ailleurs entraver nos recherches à l'échelle internationale. Nous risquons alors de devenir inefficaces, y compris envers les témoins avec qui nous travaillons.

Voici donc exposé le grand dilemme : nous marchons en effet sur une corde raide où il y a, d'un côté, ce que je crois sincèrement que nous devrions faire, et, de l'autre, le tort que nous pourrions causer à nous-mêmes et aux autres.

Il ne nous reste plus qu'à répondre tout à la fois à l'attente et aux besoins des témoins, à servir le plus largement possible les intérêts de l'ufologie, et à maintenir à flot la relative respectabilité (si durement conquise) dont nous bénéficions aujourd'hui.

Note de l'Éditeur

Les ouvrages de John Spencer :
— En collaboration avec Hilary Evans (éditeur) : *UFOs 1947-1987 : The 40-Year Search for An Explanation* (Ovnis 1947-1987 : 40 ans de recherche pour une explication), quatorze volumes, Londres, 1987.
— En collaboration avec Hilary Evans (co-éditeur) : *Phenomenon : From Flying Saucers to UFOs — Forty Years of Facts and Research* (Les phénomènes : des soucoupes volantes aux ovnis — Quarante ans d'observations et de recherche), Futura, Londres, 1988.
— *Perspectives : A Radical Examination of the Alien Abduction Phenomenon* (Perspectives : examen approfondi des enlèvements par les extra-terrestres), MacDonald, Londres, 1989.
— *The UFO Encyclopedia* (Encyclopédie des ovnis), Headline, Londres, 1991.
— *UFOs : The Definite Casebook* (Ovnis : dossier définitif), Hamlyn, Londres, 1991.
— *The Paranormal : A Modern Perspective* (Le Paranormal : une vision moderne), Hamlyn, Londres, 1992.
— En collaboration avec Anne Spencer : *The Encyclopedia of Ghosts & Spirits* (Encyclopédie des revenants et des esprits), Headline, Londres, 1992.

2

Définir, puis agir politiquement

Hal McKenzie

Depuis 1976, Hal McKenzie a travaillé comme rédacteur, reporter et directeur de rubrique au *News World* de New York, et c'est en 1981 qu'il s'intéressa pour la première fois aux ovnis lorsque lui fut confiée la responsabilité d'un supplément hebdomadaire intitulé « Ovnis et autres phénomènes cosmiques ». En 1983, après que ce même journal prit pour nouveau titre celui de *New York City Tribune*, McKenzie dirigea les rubriques « Commentaires » et « Sciences » jusqu'à cessation de la parution en 1991. Hal McKenzie est actuellement à la tête du magazine *World & I* financé par la Washington Times Corporation, à Washington, district de Columbia.

« Est-ce que vous croyez aux ovnis ? » Cette embarrassante question, que l'on m'a posée je ne sais combien de fois, est à mon avis la phrase la plus angoissante qui soit, parce que les mots « croyez » et « ovni » forment « camisole de force » (que dis-je ?... une emprise !) sémantique qui contribue pour une bonne part à élever ce mur de frustration, de confusion et de rejet auquel se heurtent la plupart des gens qui se livrent à ce type de recherche. Mais je pense qu'il existe un moyen d'outrepasser cette contrainte et de briser le mur.

La réponse se situe aussi bien dans la sémantique que dans la politique : la sémantique, parce que les termes communément employés pour définir la controverse à propos des ovnis tend à minimiser le problème et à le rendre confus ; la politique, parce que ce sont les têtes politiques qui prennent les décisions dont la lâcheté a enfermé la question des contacts avec l'« ailleurs » dans les ghettos intellectuels où elle se trouve aujourd'hui. Pour démêler l'écheveau et éclaircir le mystère des ovnis, il va nous falloir à présent, d'une part, redéfinir tout le problème avec clarté et, d'autre part, le relancer sur la scène politique.

Reprenons le mot « croire ». Saint Paul définit la croyance ou la foi comme « la certitude en quelque chose qu'on ne voit pas » ; mais le problème qui apparaît immédiatement est que les objets volants non identifiés sont visibles, ce qui les situe dans la catégorie des faits et non des objets de foi. C'est dans nos réactions devant les faits que la foi, ou croyance, joue un rôle. On peut soit considérer des faits rationnellement, c'est-à-dire en en tirant des conclusions directes et logiques, sans crainte et sans parti pris ; ou bien on peut épiloguer en faisant intervenir des mythes et/ou des conventions sociales, auquel cas on peut dire que la croyance domine véritablement la pensée.

On voit tout de suite pointer l'énorme abus de langage, la gigantesque fraude sémantique : les ufologues, comme tous les gens ordinaires dont l'existence aura radicalement basculé à cause d'un contact avec quelque chose venu d'ailleurs, sont qualifiés de gens qui « croient » aux ovnis alors qu'en fait ce sont des chercheurs qui essaient simplement de tirer des observations les données les plus logiques possible, ou des personnes qui tentent de réagir avec des émotions normalement humaines à des expériences étranges ou traumatisantes ; en vérité, ceux que l'on pourrait, à juste titre, traiter de « croyants entêtés » sont ceux-là mêmes qui persistent à dire que ce qui est arrivé ne peut pas arriver — qui refusent, nient, ignorent ou réfutent les faits parce que ces faits dérangent leur confort et leurs habitudes de pensée.

LE SYNDROME DU REFUS

Les psychologues ont une expression pour définir ce type de foi bornée et irrationnelle qui ne veut pas voir les faits concrets et avérés : le syndrome du refus. Ce phénomène est extrêmement courant dans l'histoire de l'humanité ; en dehors des problèmes d'ovnis, les exemples sont innombrables.

Prenons un cas, tragique et tellement commun, celui d'une petite fille qui vient se plaindre à sa mère que son père vient souvent la nuit dans sa chambre pour abuser d'elle sexuellement. La mère rabroue la fillette avec emportement, en lui intimant l'ordre de cesser de dire des « mensonges ». La vérité est si pénible pour la mère que son esprit se rebelle et rejette les faits : elle entre en état de refus.

Devant ce rejet et ce mur d'incompréhension, la fillette ne sait plus vers qui se tourner et commence, de son côté, elle aussi, à entamer le même processus de refus : seule planche de salut pour survivre face à l'inacceptable : elle refoule alors l'expérience traumatisante, court-circuite sa mémoire et enfouit le tout dans l'inconscient. Mais les souvenirs ne meurent jamais et, lorsque la petite fille sera devenue adulte, ils réapparaîtront pour causer des ravages réactualisés : les psychoses. De nos jours, un thérapeute attentif peut parfaitement aider ce type de patiente à prendre conscience du drame passé et à en guérir les effets destructeurs.

Il fut un temps, pourtant, où les victimes d'inceste ne bénéficiaient d'aucun recours, d'aucun secours, même de la part des soi-disant psychanalystes. Sigmund Freud eut souvent affaire à des femmes qui révélaient, au cours d'une analyse, qu'elles avaient été violées par leur père. Mais ce bon docteur Freud, en gentleman puritain qu'il était, ne pouvait pas croire qu'un gentleman puritain soit capable de faire une chose pareille — le tabou social était trop fort pour seulement évoquer le problème. Aussi refusa-t-il de prendre en considération les témoignages de ses patientes et concocta-t-il une théorie futée et commode pour les expliquer : le fameux complexe d'Œdipe. Freud imagina que lorsqu'elles étaient petites filles, poussées par leur libido infantile, ces femmes fantasmaient sur leur papa et la sexualité qu'elles partageraient avec lui !

Aujourd'hui, l'inceste n'est plus relégué dans un placard mais fait l'objet de discussions ardues dans les médias. Les victimes n'ont plus à souffrir comme par le passé. L'âge du refus est révolu au profit de celui de la vérité, de l'écoute et de la compréhension... Du moins, en ce qui concerne les victimes d'inceste. Car ce n'est pas du tout le cas pour les personnes victimes d'enlèvement par des extra-terrestres, et dont les aventures sont racontées dans les ouvrages de Budd Hopkins comme, par exemple, *Missing Time* (Un trou dans le temps) et *Intruders* (Les Envahisseurs[1]), et ceux de Whitley Strieber, dont le célèbre *Communion*[2] qui a été porté à l'écran. Presque tous les articles parus dans les plus grands journaux sur ces livres expriment la ferme conviction que Strieber et les autres ont vécu, chacun de son côté, les mêmes hallucinations. Des gens, même très cultivés et très intelligents, continuent à débiter les sempiternelles théories rassurantes et convenues pour expliquer ces « aberrations collectives », tandis que les victimes de ces expériences terrifiantes souffrent du rejet et de l'incompréhension officielle, donc générale.

En d'autres termes, notre société, et tout particulièrement son élite intellectuelle, est enfermée dans une attitude de refus systématique devant l'évidence des contacts extra-terrestres. Non qu'il manque des preuves au dossier, mais ces preuves sont tout bonnement ignorées, rayées ou ridiculisées, parce qu'elles donnent lieu à des conclusions trop effrayantes à considérer.

TERMINOLOGIE

Revenons à la sémantique, et posons-nous la question : comment fait-on sortir de cette attitude de refus buté un alcoolique, par exemple ? Il faut faire en sorte que la personne prenne conscience et articule : « Je suis un alcoolique » — pas un picoleur, ou un buveur mondain, mais bel et bien un alcoolique. Une fois que cette personne a accepté le mot-clé, il ou elle est sur la voie de la guérison.

Pour en finir avec le refus concernant les phénomènes d'ovnis, il faut, exactement de la même manière, en passer par un changement de terminologie. Cela nous amène à reconsidérer l'expression « ovni », en américain *UFO*, sigle fabriqué par le gouvernement américain, comme il sait si génialement le faire pour noyer le poisson et, dans le cas présent, minimiser l'évidence qu'il y a des vaisseaux spatiaux, venant d'autres mondes, qui se promènent dans notre atmosphère. Le terme « ovni » est comparable à « truc » ou « machin » ; cela peut signifier diverses choses pour différentes personnes. Pour certaines, cela signifie « engin venu de l'espace », mais pour d'autres « phénomène naturel inconnu » ou même « hallucination de gens un peu fêlés qui essaient de fuir leurs propres difficultés ». Autrement dit, le mot « ovni » permet à la société de contourner le véritable problème des contacts extra-terrestres, exactement comme « picoleur » ou « buveur mondain » éloigne de la réalité de l'alcoolisme.

Par conséquent, je propose que, désormais, chercheurs et polémistes suppriment l'expression « objet volant non identifié » pour adopter « engin extra-terrestre » : ce n'est pas plus long ni plus compliqué, et même si cela sonne moins bien dans un titre, il me semble qu'« extra-terrestre » est plus utile et descriptif que « volant non identifié ».

Un jour peut-être, lorsque nous en verrons un de près, pourrons-nous nous permettre de dire quelque chose comme « voici un vaisseau laboratoire réticulain » ou bien « un drone de surveillance pléiadien » (drone : astronef téléguidé) !... mais, jusque-là, acceptons le fait que l'ovni est une espèce d'engin extra-terrestre : exprimons-nous donc dans ce sens. Plus nous irons vers une plus grande clarté, avec des mots directs, et plus la vérité se fera jour rapidement.

LA DÉSINFORMATION GOUVERNEMENTALE

Rappelons que notre tâche n'est pas de rassembler encore et encore des monceaux de preuves pour établir la réalité des contacts extra-terrestres, mais de mettre un terme à ce refus d'une évidence qui, déjà, nous environne de toutes parts. La preuve vient de l'évidence, et l'évidence est accablante — on ne sait même plus qu'en faire ! Il existe des observations archivées depuis la fin des années 1940, sans compter les innombrables dossiers détenus secrètement par le gouvernement ; les comptes rendus historiques et archéologiques concernant les époques préhistoriques ; les témoignages de toute l'humanité au fil des siècles rapportés un peu partout dans les anciens textes religieux ; et enfin ce que la science nous a révélé sur la vie en général, notamment qu'elle ne se développe pas à partir de rien, qu'il faut la rencontre de deux plus deux (deux paires de chromosomes). Comme le dit George Orwell dans *1984*, le problème est que nous courbons l'échine sous la pression d'une politique gouvernementale manipulatrice qui a pour objectif que deux et deux fassent cinq !

Dans des rapports publics comme le *Blue Book* (Livre bleu) de l'Armée de l'air américaine ou le rapport Condon, le gouvernement dit textuellement que les ovnis ne représentent pas un grave danger, qu'ils ne menacent pas la sécurité nationale — donc, oubliez cela ! Mais en revanche, dans le plus grand secret, ces mêmes ovnis font l'objet d'études poussées, comme le laissent entendre des documents publiés grâce au Freedom of Information Act (Loi sur la liberté de l'information) et à des livres récents comme *Out There* (Ailleurs[3]) d'Howard Blum, reporter au *New York Times*. Blum révèle l'existence d'un « groupe d'action ovni » clandestin au Pentagone et d'un commando d'espions de l'Armée de l'air chargé de recruter le célèbre spécialiste des ovnis, William Moore, pour contrôler les effets d'une scandaleuse désinformation appliquée au chercheur Paul Bennewitz qui en savait trop sur ce qui se déroulait sur une certaine base aérienne. Toutes ces histoires à dormir debout ont presque rendu fou le pauvre chercheur[4].

Ainsi, une grande partie de la paranoïa communément attribuée à la communauté ufologique peut en fait renvoyer à la politique gouvernementale obsédée par le secret et la désinformation délibérée. On se croirait revenu au bon vieux temps de l'Union soviétique avant la *glasnost* de Gorbatchev, lorsque l'État tenait les rênes de l'information tellement serrées que le citoyen moyen devait se contenter de rumeurs, de on-dit et autres spéculations. Dans une telle atmosphère de méfiance, c'est-à-dire lorsque le gouvernement annonce des choses ouvertement en opposition avec ce que le peuple sait, un schisme se creuse dans le corps politique lui-même, une sorte de schizophrénie sociale très dangereuse pour la santé mentale et communautaire de tous les individus.

Le choc nerveux originel qui engendra le syndrome du refus remonte probablement aux environs de l'année 1947, peu de temps après l'écrasement de la « soucoupe volante » de Roswell, quand nos chefs politiques et militaires décidèrent d'en conserver les débris et les corps, et ce dans le secret et la clandestinité. Avec les années, de nouveaux (et nombreux) systèmes de sécurité furent mis en place pour protéger cette première décision et, tel un cancer qui essaime progressivement, le syndrome du refus s'étendit jusqu'aux médias, au monde scientifique, et à la société tout entière.

Les services secrets américains, qui sont parvenus à régenter pratiquement le reste de la planète, sont tellement efficaces qu'ils ont même réussi le tour de force de prendre leur propre territoire comme cible : le programme de désinformation y fonctionne à merveille ! On peut en admirer les manifestations notamment dans les bagarres spectaculaires qui fractionnent aujourd'hui la communauté des ufologues américains, les rendant ainsi parfaitement impuissants à contrer effectivement la politique du gouvernement. Les groupes de recherche sur les ovnis en Amérique* se comportent comme les prisonniers d'un goulag pour malades mentaux : ils s'arrachent des bribes d'information comme les prisonniers un bout de pain sec, tandis que la vraie cause de leur malheur est le système totalitariste qui contrôle et distribue l'information à sa convenance.

L'ACTION POLITIQUE

Aucun problème ne peut être résolu par une nouvelle accumulation d'observations d'ovnis. Le syndrome du refus a pris naissance avec une décision d'ordre politique ; ce n'est que par la politique qu'il prendra fin. Les chercheurs ufologues devraient, toutes affaires cessantes, se lancer dans la polémique au niveau politique parce que seule une campagne musclée dans la grande tradition pourra combattre efficacement cette politique gouvernementale du secret concernant les ovnis, et, à cet égard, nous aurions dû ne pas rater l'oppor-

* Et dans le monde entier ! (N.d.É.)

tunité des élections de 1992. Imaginez, par exemple, que des « escouades-vérité » aient suivi partout George Bush au cours de sa campagne et aient harcelé l'ancien patron de la CIA de questions embarrassantes dans le style : « Que pouvez-vous nous dire des dossiers secrets concernant les ovnis, monsieur le Président ? » et « Pourquoi tous ces secrets ? » Ç'aurait été le seul moyen pour qu'on en parle le soir au journal télévisé.

Les victimes d'enlèvements par des extra-terrestres devraient également faire ce que toutes les minorités souffrantes ont fait avec succès : créer une association. Imaginez des manifestations sur le Capitole pour réclamer des enquêtes sur ces enlèvements et la levée du secret sur les ovnis. Le fait que ces gens forment un groupe relativement restreint ne doit pas les décourager. Le triomphe des « Mères contre les ivrognes au volant » (MADD : *Mothers Against Drunk Driving*) a bien débuté par la révolte d'une seule femme, mais, ô combien, déterminée !

Si, comme de nombreux groupes d'ufologues le prétendent, leur but est d'« éduquer » le peuple américain, alors rien ne peut se révéler plus efficace à cet égard, pour le public comme pour les participants, qu'une bonne croisade politique. On l'a d'ailleurs bien vu au moment de la guerre du Viêt-nam. Et parce que c'est là que siège la plus grande concentration mondiale de médias, l'endroit idéal pour entamer le processus d'éducation est la ville de Washington, dans le district fédéral de Columbia. Je fais moi-même partie d'*Operation Right To Know* (Opération Droit de Savoir), une organisation qui a pour but de faire tomber le secret sur les ovnis et dont la première manifestation s'est déroulée à Washington en mars 1992 (voir la note de l'Éditeur en fin de chapitre).

De plus, il est de notoriété publique que Ronald Reagan, Jimmy Carter, Gerald Ford et Barry Goldwater, pour ne citer qu'eux, ou bien ont eux-mêmes été témoins de phénomènes d'ovnis, ou bien ont exprimé leur intérêt pour ce sujet. Et pourtant, la plupart des politiciens n'ont jamais assez de courage pour changer une bonne fois cette politique qui n'a que trop duré, à moins qu'ils ne se sentent soutenus par un électorat.

Si finalement il arrive un jour que le gouvernement ouvre les portes de sa banque secrète de données, le syndrome du refus extra-terrestre tombera aussitôt en poussière, et on observera un retour relatif au bon sens — sauf si, bien sûr, la vérité est tellement horrible qu'elle risquerait de provoquer une hystérie collective, ce qui est en fait une hypothétique explication pour justifier le fameux « secret ».

L'histoire nous montre pourtant que l'humanité n'a jamais été affolée ou blessée par la vérité, en dépit des craintes des bureaucrates et des potentats qui essaient de « protéger » leurs administrés de la réalité. Bien au contraire, les maux les plus effroyables ont toujours été causés par les mensonges officiels, les mythes et les efforts des puissants pour laisser le peuple dans l'ignorance. Au Moyen Age, par exemple, les autorités ecclésiastiques furent tellement perturbées par les récits de Marco Polo sur les splendeurs de la Chine lointaine qu'elles menacèrent celui-ci du bûcher s'il ne tenait pas sa langue. L'Église craignait que si le peuple découvrait qu'une civilisation « païenne » pouvait surpasser celle de la chrétienté, il y aurait du gros temps à prévoir. La même chose s'est produite au moment où Copernic a annoncé que la Terre tournait autour du Soleil, et non pas l'inverse. Affirmer que l'espèce humaine n'est plus au centre de l'Univers ? Jamais !

On vient d'assister à une immense révolution en Union soviétique parce que la vérité de la démocratie et des droits de l'Homme, que le Parti communiste essayait de cacher au peuple, ne pouvait plus, en fin de compte, rester secret. Et dans tous ces exemples, ceux qui refusent les vérités sont reconnus comme des réactionnaires qui essaient de maintenir le peuple à l'âge des cavernes.

Lorsqu'une nouvelle vérité est donnée à l'humanité, elle apporte toujours un progrès inattendu et imprévisible. Même si cette vérité comporte des dangers, il est préférable d'y faire face avec des yeux grands ouverts, comme doivent le faire des êtres sensibles et spirituels que nous sommes, plutôt que de faire office de cobayes ignorants, craintifs et obéissants.

Le politicien ou l'homme d'État qui, finalement, réussira à briser le syndrome du refus sur le phénomène des ovnis marquera un tournant dans l'histoire de l'humanité et fera autant figure de libérateur que Boris Eltsine ou Mikhaïl Gorbatchev. Il est temps de préparer le terrain pour qu'une telle figure entre en scène.

Notes

1. Hopkins, Budd : *Missing Time : A Documented Study of UFO Abductions* (Un trou dans le temps : étude documentée sur les enlèvements extra-terrestres), Richard Marek Ed., New York, 1981.
— *Intruders : The Incredible Visitations at Copley Woods* (Les Envahisseurs : d'incroyables visiteurs à Copley Woods), Random House Ed., New York, 1987.
2. Strieber, Whitley : *Communion : A True Story* (Communion : une histoire vraie), Century Hutchinson Ed., Londres, 1987.
3. Blum, Howard : *Out There : The Government's Secret Quest for Extra-terrestrials* (Ailleurs : les recherches secrètes de l'État sur les extra-terrestres), Simon & Schuster Ed., New York, 1990.
4. Pour de plus amples détails, voir Good, Timothy : *Alien Liaison : The Ultimate Secret* (Contacts extra-terrestres : le dernier secret), Century/Arrow Ed., Londres, 1991-1992 ; l'édition revue et complétée par des documents de mise à jour est sortie sous le titre *Alien Contact : Top Secret UFO Files Revealed* (Contacts extra-terrestres : les dossiers ovnis ultra-secrets enfin révélés), William Morrow & Co Ed., New York, 1993.

Note de l'Éditeur

« Opération Droit de Savoir », fondée par Ed Komarek et Mike Jamieson, réussit à organiser des manifestations devant la Maison-Blanche entre le 19 et le 28 mars 1992. « Des milliers de gens venus de tous les pays vinrent témoigner à nos stands éducatifs sur l'Ellipse », commenta Komarek. « Quand le temps était mauvais, on démarchait personnellement les hommes du Congrès et les sénateurs en leur remettant en main propre à leur bureau des documents informatifs [...] Il est absolument nécessaire que les défenseurs des ovnis distribuent des informations de la plus haute qualité possible aussi bien aux députés qu'aux sénateurs. Cela ne peut qu'encourager une prise de conscience au niveau du Congrès et peut-être entraîner une action rapide pour obliger l'exécutif à renoncer à sa politique de cachoterie.

« Nous croyons que l'impact de cette manifestation a été profondément ressenti à la Maison-Blanche étant donné l'intérêt zélé des services secrets : nombreux en effet sont les membres de cet organisme qui sont venus chercher de la documentation à nos stands... Nous espérons que nos informations auront été largement diffusées au sein de la Maison-Blanche, tant auprès du personnel que du Président lui-même... qui sait ? Malheureusement, nous n'avons pas beaucoup intéressé les médias parce que nous avions déjà bien trop à faire et que nous n'avons pas suffisamment harcelé ces derniers. On s'en occupera davantage une prochaine fois... »

Opération Droit de Savoir a formé un comité pour définir et entamer des actions politiques à l'échelle mondiale, et s'applique également à créer localement de nouveaux groupes d'action. Les personnes qui seraient intéressées doivent écrire à

Operation Right To Know
1801 Clydesdale NW, Suite 501, Washington, DC 20009 (USA)

La seconde manifestation nationale s'est déroulée le 5 juillet 1993 à Washington*.

Au Japon, le parti OVNI, qui date d'une dizaine d'années, fait pression pour obtenir une étude sérieuse sur le sujet. Tokuo Moriwaki, le chef de ce groupe marginal, réclame la création d'une « Agence d'observation OVNI » et la construction d'un site ufologique sur la côte ouest du Japon. « S'ouvrir sur l'espace cosmique ne peut qu'inaugurer une ère nouvelle et merveilleuse », lit-on dans le manifeste de ce parti, en des termes excessivement idéalistes. « Préparons l'arrivée des extra-terrestres afin d'aider à l'avènement de la paix sur Terre » (extraits du *Sunday Telegraph* de Londres et de l'*Irish Times* de Dublin, en date des 24, 26 juillet 1992).

Il est assez peu probable, bien sûr, que le parti OVNI soit jamais pris très au sérieux, sauf par les passionnés de science-fiction, et je doute qu'un réel pas en avant soit effectué dans ce domaine, à moins que les politiciens en place ne soient prêts à risquer leur carrière. A ce propos, je me souviens du fait que l'ancien Premier ministre du Japon, Toshiki Kaifu, avait déclaré être un passionné d'ufologie et qu'il avait cherché (sans succès) à observer ces phénomènes lors de voyages effectués en Australie, au pôle Sud et en Suisse. « Je ne vis que dans l'espoir de voir un jour un ovni », écrivait-il en 1983. (Extrait du *Times* du 18 septembre 1989.)

---

* Voir la vidéocassette *OVNI-USA*, n° 10, série « Les Portes du Futur » (dirigée par Jimmy Guieu). Dimension 7, BP 37, 13266 Marseille Cedex 08. Opération Droit de Savoir existe également en France sous le nom : « Union Européenne pour le droit de Savoir », coordonnateur Claude Chapeau, 17 Les Lavandes, Hameaux du Soleil, 06270 Villeneuve-Loubet. (*Note du directeur de collection.*)

3

Des ovnis au-dessus de Washington, district de Columbia, avril 1992

George Wingfield

Étudiant à Eton College et à Trinity College, à Dublin, George Wingfield obtint au cours de l'année 1966 sa maîtrise en Sciences naturelles. Après un bref passage à l'Observatoire royal de Greenwich pour des travaux portant sur le spectre solaire et le magnétisme terrestre, il entra chez IBM-Grande-Bretagne comme spécialiste des systèmes ordinateurs.

C'est le 8 août 1987 que George Wingfield commença à s'intéresser aux phénomènes des traces circulaires sur le sol, après avoir visité le site de Westbury dans le Wiltshire, où un certain nombre de ces cercles mystérieux étaient apparus. Une passion pour l'ufologie s'ensuivit. Aujourd'hui reconnu comme une autorité dans ces domaines, George Wingfield dirige la revue *The Circular* (Le Cercle) ainsi que des recherches sur le terrain pour le *Centre for Crop Circle Studies* (CCCS : Centre d'études sur les traces circulaires observées dans les champs). Il a récemment pris une retraite anticipée afin de mieux se consacrer à ce type d'investigation ainsi qu'à des tournées de conférences extrêmement nombreuses et appréciées.

Le 15 avril 1992, je donnais au Smithsonian Institute de Washington, district de Columbia, une conférence sur le phénomène des mystérieuses traces circulaires. Ma femme Gloria et moi-même n'étions jamais allés dans cette ville auparavant, et nous débarquâmes de l'avion à 4 h 20 de l'après-midi le 13 avril 1992. Nous arrivions de Raleigh-Durham, en Caroline du Nord, et nous fûmes accueillis par Susan Webster, anglaise comme nous, mais qui vit non loin de Washington depuis de longues années. Nous correspondions depuis longtemps mais nous ne nous étions jamais rencontrés jusqu'à cette date. Elle nous prit à l'aéroport et nous emmena visiter quelques sites célèbres de la ville. Le temps était clair et ensoleillé, avec à peine un nuage dans le ciel.

Nous garâmes la voiture près du Bassin à flot du Potomac afin de profiter du soleil et des cerisiers en pleine floraison. Je proposai d'aller à pied jusqu'au Washington Monument qui se trouvait de l'autre côté de deux grandes routes nationales.

L'endroit était bourré de touristes agglutinés, faisant la queue pour accéder au grand obélisque. Renseignements pris, il nous fallait bien patienter au moins trois quarts d'heure avant de pouvoir nous engouffrer dans l'ascenseur. Je pris plusieurs photos du monument, haut de près de 200 mètres, avec mon appareil autofocus Canon.

Juste au moment où nous nous apprêtions à partir, je manifestai mon désir de prendre, depuis ce point de vue tout à fait privilégié, un cliché de la Maison-Blanche, et me dirigeai pour cela vers un angle. Mais ce cliché n'a jamais été pris car, tout en me déplaçant, je regardais le sommet de ce grand pilier. Et c'est alors qu'au-dessus, dans le ciel, apparut un disque lumineux, volant silencieusement vers l'ouest à très haute altitude.

Comme si cela n'était pas déjà surprenant, un groupe de sept objets plus petits suivaient, tout aussi brillants. Cette formation passa au-dessus de l'obélisque. Bien que les repères fussent malaisés, ces objets semblaient se situer à environ 9 000 mètres d'altitude. Cette estimation relative est fondée sur l'expérience que nous avons des avions à réaction qui volent à des altitudes à peu près similaires, mais il était évident que cela n'avait rien de commun avec un avion quelconque. Le disque en question était d'une envergure comparable au quart du diamètre lunaire (un arc de 7').

Gloria et Susan remarquèrent tout de suite ce que je leur montrais du doigt et observèrent les engins qui se mouvaient sans bruit au-dessus de nous. Je rejoignis d'autres personnes qui se trouvaient près du monument et qui avaient, elles aussi, le nez en l'air, mais la plupart de ces gens manifestaient un intérêt mitigé pour ce qui se déroulait sous leurs yeux, ou simplement n'avaient pas pleine conscience de l'importance d'un tel phénomène. J'aperçus un jeune garçon qui portait des jumelles et les lui empruntai pour mieux détailler l'objet le plus volumineux. J'eus du mal à obtenir une vision nette mais grâce à ces jumelles, je pus tout de même noter que l'objet était rond et translucide.

Puis les objets plus petits disparurent ; seuls un ou deux étaient encore visibles. Peut-être leur éclat initial n'était-il que le reflet des rayons du soleil sur leur surface tandis qu'ils se suivaient en formation, telle que nous l'avions observée tout d'abord. Ils étaient tous passés au-dessus de nos têtes et se dirigeaient à présent vers l'est, c'est-à-dire vers le Capitole. Bientôt, seul le disque le plus large resta en vue dans le ciel ; c'est alors qu'il commença à diminuer de volume et à s'éloigner de nous.

Ensuite, Gloria et Susan remarquèrent ensemble un objet encore plus petit, apparemment plus bas, se déplaçant très rapidement vers l'ouest. Avant de disparaître derrière le monument, il s'arrêta en plein vol, retourna en arrière puis à nouveau vers l'ouest, et devint soudain presque incandescent avant de se volatiliser littéralement sous nos yeux. Je ne pouvais pas voir cet objet, malgré le bras tendu de Gloria qui m'en indiquait la direction.

Juste avant cela, un jeune garçon m'avait demandé ce que pouvait bien être cet engin circulaire là-haut dans les airs. Je répondis : « C'est un ovni. » Il parut un peu troublé. Je tentai de prendre deux photos avec mon Canon : la première montre le Monument de Washington et un minuscule point blanc qui peut être (ou non) le disque en question. L'autre photo n'était pas impressionnée du tout et sur le négatif il n'y avait qu'un ciel vide.

Vers 6 heures du soir — c'est-à-dire environ une quinzaine de minutes après ces premières observations —, l'objet le plus volumineux s'était réduit à un point de dimension infime, pratiquement invisible. Je découvris par la suite que Susan Webster avait, elle aussi, pris une photo avec son appareil, et cette photo montrait également un tout petit point blanc, très haut dans le ciel, près de l'obélisque. Comme sur mon propre cliché, l'objectif avait piqué la scène de telle sorte qu'on pouvait vraiment reconnaître la présence d'un disque à cet endroit du ciel. Il serait donc facile d'en tirer des agrandissements. Nous retournâmes vers le Bassin où nous avions garé la voiture. Très excités et complètement estomaqués par ce spectacle totalement inattendu, nous nous sentions même un peu privilégiés d'avoir assisté aux ébats d'une flotte aérienne aussi insolite. Puis un autre objet fit son apparition, volant *grosso modo* du Capitole vers le Pentagone, qu'on ne pouvait pas apercevoir d'où nous nous trouvions. Cet objet-là semblait traverser le ciel dans le plus parfait silence et en changeant simultanément d'aspect. D'abord, il ressemblait à une croix, puis il prit la forme d'un cigare, puis celle d'un avion vu du dessus. Mais il ne faisait aucun doute que ce n'était pas un avion, et le seul objet auquel on aurait pu le comparer aurait été un énorme et anarchique bouquet de ballons traversant les airs.

En admettant même que ce fût cela, ç'aurait déjà été assez bizarre en soi, mais il se trouvait qu'un objet plus petit suivait cette masse de la même façon que ceux qui suivaient le disque brillant que nous avions observé quelques minutes plus tôt. Cet objet était tout aussi brillant mais il lançait par moments des éclairs, et je ne pourrais pas dire si ce phénomène était dû, encore une fois, à la réflexion du soleil.

En tout, nous avons dénombré onze engins traversant l'espace, dont aucun ne pouvait être apparenté, de près ou de loin, à un appareil volant conventionnel, dans le genre de ceux que l'on peut observer quotidiennement. Pendant toute la durée de cette scène étonnante, des avions commerciaux avaient sillonné le ciel, atterri et décollé de l'aéroport national.

Nous avions, tous les trois, bourlingué dans toutes les parties du monde et pourtant, aucun d'entre nous n'avait encore rien vu de semblable. J'ai déjà eu l'occasion moi-même de repérer d'étranges phénomènes dans le ciel, nocturne notamment, sans avoir été pour autant absolument certain de leur origine, mais ce lundi après-midi à Washington, dans le district fédéral de Columbia, seul le mot « ovni » pouvait décrire l'événement auquel nous venions d'assister. A maintes occasions, des gens m'ont demandé pourquoi, si ovnis il y a, ne se posent-ils pas tout simplement près de la Maison-Blanche ? Le 13 avril 1992, il s'en est fallu de peu.

Note de l'Éditeur

Ce n'est certainement pas la première fois dans l'histoire que des ovnis auront été observés au-dessus du Capitole et de la Maison-Blanche de Washington, Columbia. Pendant plusieurs jours en juillet 1952, par exemple, de nombreux objets semblables ont été captés au radar et aperçus par des pilotes, tant civils que militaires. Cela fit la « une » des journaux du monde entier et l'Armée de l'air donna à cette occasion les plus longues et les plus importantes conférences de presse auxquelles les journalistes avaient assisté depuis la dernière guerre.

4

1992 : devinettes en forme de cercle
George Wingfield

Il était une fois un homme qui disait : « Dieu doit trouver rudement bizarre ces apparitions de pictogrammes et de cercles au beau milieu des blés, sans trace de qui que ce soit qui ait fait le coup — et sans une motte de terre qui soit dérangée. »

En adaptant et en remettant au goût du jour les célèbres pastiches que fit Ronald Knox des spéculations ontologiques de l'évêque Berkeley, je ne vais pas manquer d'inspirer des hordes de poètes qui vont se jeter sur le mystère des traces circulaires et les interpréter avec le même esprit humoristique. On risque fort de trouver parmi eux aussi bien des gens qui se régalent de la formule : « J'ai fait cela. Signé : Dieu », que des sceptiques purs et durs déclarant qu'il y a toujours des crétins pour fabriquer de faux cercles dans nos belles cultures pendant la nuit. En 1992, en effet, ces dingues pullulaient.

Il est étrange, mais somme toute compréhensible, que certains des crétins en question, en 1991 et 1992, fussent justement lesdits sceptiques, dont l'idéal se résume à saboter la crédibilité du phénomène en trompant d'éminents céréologues (nom donné aux spécialistes des cercles mystérieux). L'argument était que si un « expert » n'y voyait que du feu devant des traces faites de la main de l'homme, alors toutes ces formations sont fabriquées par nos semblables et, par conséquent, le phénomène dans son ensemble n'est plus qu'une colossale supercherie... Ce qui est tout de même un monstrueux sophisme.

En 1991, les Sceptiques du Wessex se rendirent dans le centre du district du Wiltshire et tracèrent trois grossières configurations qui se voyaient comme une cicatrice au milieu de la figure. Elles possédaient assez peu de ressemblance avec les pictogrammes véritables qui avaient fleuri un peu partout alentour. Néanmoins, ces individus s'arrangèrent pour tromper et humilier publiquement Terence Meaden, le père de la théorie sur le « vortex du plasma » concernant ce type d'apparitions circulaires, et qui fut la victime d'une de ces farces. Puis ce fut le tour de ce pauvre Pat Delgado qui donna d'abord dans l'arnaque « Doug et Dave » — lorsqu'en 1991 Douglas Bower et David Chorley déclarèrent avoir tracé de nombreux cercles. Par la suite, il fut prouvé que ces déclarations étaient elles-mêmes en grande partie fausses.

En 1992, deux contradicteurs militants particulièrement agressifs, n'ayant pas réussi à identifier les auteurs supposés du fameux triangle de Barbury Castle (Wiltshire) et des autres merveilleux pictogrammes de 1991, s'attelèrent au projet de tracer eux-mêmes de telles configurations. Mais ces deux lascars étaient bien connus dans les... cercles, justement, de céréologues ; leur obsession était tout d'abord de discréditer le Centre pour l'étude des cercles mystérieux (CCCS) et certains chercheurs en particulier, les cibles privilégiées étant Michael Green, Colin Andrews et moi-même. Après avoir ainsi tracé de jolies figures dans les hautes herbes du côté d'Alton Barnes, district du Wiltshire, durant le mois de juillet, il leur vint l'idée, ainsi qu'à leurs acolytes, de manigancer « deux pièces de résistance » dignes de ce nom.

LA FRAUDE DE FROXFIELD

A Upton Lovell, près de Warminster, dans le Wiltshire, le 5 août, un énorme pictogramme se révéla être, après expertise, une supercherie. Qu'à cela ne tienne, un chef-d'œuvre allait voir le jour près de Froxfield, toujours dans le Wiltshire, le 9 août au matin. Il faut admettre que le tracé était très réussi et l'on ne pouvait manquer de tomber en admiration devant la dextérité et la maîtrise de ses auteurs : de vrais artistes ! De nombreux signes, que l'on trouve généralement sur les cercles authentiques, y figuraient en bonne place et avec précision.

Mais la ruse ne fonctionna pas. Le matin suivant, le faux pictogramme gisait dans les champs comme le cheval de Troie après le départ des Grecs, c'est-à-dire bien en vue, très évidemment offert en pâture aux chercheurs du CCCS. Mais personne n'est venu, n'a vu et encore moins vaincu ! De plus, le fermier du coin, qui n'avait strictement rien remarqué lui non plus, commençait les préparatifs pour aller moissonner ses champs. Horrifié à l'idée que son chef-d'œuvre allait être détruit avant même d'avoir été découvert et apprécié à sa juste valeur par ceux à qui il était destiné, notre maître conspirateur téléphona lui-même au numéro recueillant toutes les informations sur ces cercles mystérieux. A sa requête, des enquêteurs arrivèrent bientôt sur place — mais, hélas, pas ceux qu'il visait —, reçus par notre homme qui attendait de pied ferme, le camescope chargé, afin de fixer pour la postérité l'émerveillement et l'admiration de grands spécialistes.

La fraude de Froxfield était vraiment de très haut niveau. Parmi les « vraies » traces parfaitement reproduites, on pouvait reconnaître le style graphique d'un de ces « artistes » qui avaient participé à un concours organisé à High Wycombe, dans le comté de Buckingham, au cours duquel les concurrents avaient essayé de reproduire d'authentiques cercles (voir plus loin). Disons simplement que la « mitraille » ainsi qu'un « nid » central de forme conique étaient particulièrement saisissants.

Peu de temps après, le chef de ce commando, un homme de haute taille toujours habillé de noir, me téléphona (ce qui était inhabituel) sous un prétexte quelconque pour me demander, incidemment, ce que je pensais du pictogramme de Froxfield. Sachant très bien qu'il enregistrait les conversations téléphoniques portant sur tous ces sujets, j'avais pris mes précautions pour ne pas me faire prendre. Je répondis que c'était une évidente imposture, que l'on savait parfaitement qui en étaient les auteurs, et qu'une action en justice allait sous peu être intentée contre eux par les fermiers à qui cette affaire avait fait du tort.

LE VRAI CONTRE LE FAUX

Il y a juste un an de cela, personne ne pouvait affirmer qu'il y eût systématiquement de la supercherie derrière tous les phénomènes de traces mystérieuses, et l'étude du phénomène lui-même, considéré comme naturel, conservait encore quelque crédibilité. Lorsqu'en 1991 il fut prouvé qu'une intelligence pouvait fort bien être à l'origine de ce genre de manifestation, plus personne n'y croyait. Terence Meaden fit de son mieux pour trouver une voie médiane selon laquelle les cercles simples et fermés seraient déclarés « authentiques » tandis que les pictogrammes et les cercles complexes (qui, comme par hasard, ne répondaient pas à sa théorie du vortex du plasma) seraient des « faux » : mais ce point de vue demeure inacceptable et ne peut pas sérieusement être retenu. Il existe aussi des gens qui, désespérant de sauver la théorie, tant critiquée, du vortex, se sont lancés dans l'élaboration des farces et attrapes que l'on vient de décrire, dans le seul but de massacrer les pictogrammes *.

En tout cas, ces fameux cercles ont perdu leur innocence et 1992 aura été l'année de tous les doutes et de toutes les suspicions. Le phénomène lui-même n'a pas beaucoup changé, mais nous, les spectateurs, voyons désormais les choses très différemment. La première chose qui soit apparue comme une évidence indiscutable est que personne ne peut se prévaloir d'une méthode à cent pour cent efficace pour déterminer le vrai du faux, distinguer l'œuvre d'art de sa copie parfaite. Parfois, nous sommes presque certains que nous avons sous les yeux un phénomène réel, à condition d'avoir suffisamment de chance pour tomber sur une configuration vierge. Nous pouvons alors essayer de dénombrer quelques-

---

* Michel Fuguet, ufologue français épris de rationalisme, estime que ces cercles mystérieux ont été produits par les pales d'un hélicoptère volant sur le dos. (*Note du directeur de coll.*).

unes des caractéristiques des cercles authentiques. Mais, comme je l'ai déjà dit, une certitude absolue sur ce qui s'est produit en l'absence de tout témoin est impossible. Et si l'on va examiner un nouveau cercle seulement après un jour ou deux, le témoignage visuel aura encore moins de valeur dans la mesure où le site aura été piétiné par des douzaines de curieux.

Cela dit, il faudrait se demander si la certitude dont nous rêvons est envisageable, même dans des secteurs autres que ceux qui traitent des cercles mystérieux. Qui donc, par exemple, peut être totalement sûr que son propre père est bien son père ? Intuitivement, certes, cela est concevable, mais seuls des tests scientifiques peuvent donner une haute probabilité de paternité. Peut-être les tests scientifiques entrepris dans le cadre du Projet Argus pour les cercles du Wiltshire en 1992 donneront-ils des indications permettant de déterminer les critères d'authentification des cercles, mais, à cause de la nature même du phénomène, je doute que des tests décisifs parviennent à définir des paramètres fiables.

Si donc une certaine méfiance se justifie, que nous reste-t-il si ce n'est notre intuition, ou bien les réponses radiesthésiques, ce qui revient au même. La fraude de Froxfield n'émettait aucune énergie. Le fait que les pendulisants soient faillibles ne signifie pas que nous devions abandonner cette méthode d'investigation ; les scientifiques aussi font des erreurs, et cela ne les empêche pas de continuer. Tout le monde peut faire fausse route ou se fourvoyer, mais je ne vois pas pourquoi cela devrait nous arrêter dans notre élan. Il existe un phénomène réel de la plus haute importance et la confusion qui règne dans nos esprits modernes ne doit pas nous cacher cette vérité.

Dans l'atmosphère de doute qui prévaut aujourd'hui, j'ai eu la chance de pouvoir accéder, en 1992, à quelques informations de première main. L'une d'entre elles annonçait le splendide trio d'Overtown Farm, à un kilomètre et demi au nord de Barbury Castle, et qui apparut le 4 juin. L'orge qui poussait au milieu de ces trois cercles était si parfaitement intact qu'il ne faisait aucun doute qu'on avait affaire à un phénomène authentique. Deux des cercles arboraient une longue queue recourbée se terminant par un petit cercle d'environ 1,50 m au centre duquel il ne restait que deux ou trois épis. A côté d'un de ces cercles à queue figurait la nouvelle « signature », cru 1992, sous la forme d'un alpha ou du symbole du poisson, très comparable à celui des premiers chrétiens, et d'une longueur d'environ quatre à cinq mètres. Ce signe apparut en même temps que les nouvelles formations dans toute cette contrée du Wiltshire.

En dehors de cette étrange signature et du caractère répétitif du phénomène sous forme de trios, on nota quelques autres thèmes qui revenaient dans les formations de l'année 1992. Les cercles à queue, observés pour la première fois à Cheesefoot Head en 1989, puis pratiquement inexistants dans les années 1990 et 1991, réapparurent très souvent cette année-là. Quelques-uns avaient vraiment l'allure de graines en pleine germination. Parfois, les queues suivaient un long tracé recourbé qui laissait rêveur sur l'étonnante reptation de son « créateur » pour se frayer un chemin à travers les chaumes ; une fois même la queue recroisa sa propre route. On pense que le nombre total des formations durant l'année 1992 équivaut à celui des années 1990 et 1991.

Parmi les autres signes attachés à ces ronds insolites, notons des croix, qui rapprochent alors la figure du symbole astrologique de Vénus. Des haltères et des pictogrammes comparables à ceux de 1990 et 1991 furent observés dans différentes parties du pays, mais parfois accompagnés de spirales et de croissants, ce qui ne s'était encore jamais vu. Un immense pictogramme à Hyden Hill, à trois kilomètres au sud d'East Meon, dans le Hampshire, déployait quelques-unes des figures incontournables des pictogrammes de 1990 à Pepperbox Hill et à Hazeley Farm Fields (également connu sous le nom de pictogramme de Gallops, en date du 4 août 1990). En son centre, on pouvait apercevoir un large anneau traversé par une ligne droite : de part et d'autre de cette ligne, et à l'intérieur du cercle, s'étirait en parallèle une simple case ; aux deux extrémités de la ligne de section, et cette fois en dehors du cercle, il y avait des cercles d'égale dimension. Ce format donna les « insectogrammes » de 1991.

En 1992, cette forme de pictogramme fut examinée par plusieurs groupes de chercheurs qui conclurent tous à l'authenticité. Richard Andrews prospecta le site avec son pendule et approuva la conclusion de ses prédécesseurs. Ce fait jeta une lumière intéressante sur les prétentions de nos inénarrables duettistes Doug et Dave (pas encore à la retraite) qui, du coup, n'hésitèrent pas à se déclarer les auteurs de ces formations : mais, en l'occurrence, ils arrivèrent un peu trop tard.

CONCOURS DE CERCLES

Une compétition qui devait décider du meilleur « faiseur de ronds mystérieux » se tint à West Wycombe, Buckinghamshire, pendant la nuit du 11 au 12 juillet 1992, financée par le magasine *The Cereologist* (Le Céréologue), la fondation Arthur Koestler et d'autres associations, avec un prix de 30 000 francs pour le gagnant. Les concurrents avaient cinq heures devant eux et une surface de terrain d'environ trente mètres sur vingt pour exécuter leur figure : les membres du jury suivaient les opérations avec des jumelles à infrarouge. La première place fut remportée conjointement par Adrian Dexter et David Overd, un dessinateur industriel de chez Westland Hélicoptères.

Même si cet événement anticipait sur les réponses à apporter à bien des questions que nous nous posions, il est certain qu'il nous apprit deux choses : d'abord que des graphismes géométriques impressionnants pouvaient parfaitement être tracés nuitamment par des faussaires habiles et rapides, et que, dans le passé, beaucoup d'entre nous avaient bien trop vite compté au nombre des « authentiques » des cercles qui pouvaient avoir été des faux. Deuxièmement, que les cercles dessinés par des hommes manquaient généralement de cette continuité rythmique qui est si remarquable chez les authentiques : on sent en effet comme une fluidité imparable qui emporte les tiges des céréales dans un même mouvement, ce que l'on ne sent absolument pas dans les formations simulées de West Wycombe. Pourtant, même cette qualité caractéristique se trouva fort subtilement reproduite à Froxfield.

Il est intéressant de noter que les meilleurs concurrents usèrent d'une masse incroyable d'instruments de toutes sortes pour parvenir à leurs fins et faire notamment la soudure entre toutes les parties de leur configuration. Au moins la moitié des équipes laissa derrière elle quelques menus outils. Dans tous les cas, les cultures qui avaient été piétinées au cours des opérations restèrent soit couchées, soit inutilisables, ce qui n'arrive généralement pas dans les cas « authentiques ». Également signifiant est le fait que, malgré la présence de quelques participants célèbres pour avoir déjà été, dans un passé récent, impliqués dans des affaires de faux cercles, la plupart d'entre eux croyaient vraiment que le phénomène demeurait un réel mystère, et aucun de ceux-là ne revendiquèrent la paternité de formations aussi connues que celles d'Alton Barnes, de Barbury Castle ou de Mandelbrot[1].

UNE CAMPAGNE DE DÉMOLITION

Même sans toutes ces analyses, il est évident qu'il existe de nombreuses supercheries parmi les formations apparues au début de l'année 1992, personne ne peut le nier. Certaines parmi les plus spectaculaires, dans le style de celles de Froxfield, furent révélées dans le magazine *The Circular* (Le Cercle[2]), accompagnées des photos prises par les auteurs en personne. Mais ces sombres blagues ne justifient en rien la campagne de dénigrement forcenée à laquelle se livrent en permanence plusieurs organes de la presse nationale, et discrètement encouragée, c'est le moins qu'on puisse dire, par les gens proches du gouvernement, afin de saboter le phénomène des cercles mystérieux dans son ensemble.

L'attaque la plus virulente (du moins jusqu'à ce jour) est venue d'un article du *Weekend Telegraph* signé Matt Ridley, qui avait dirigé une des équipes lors du concours de West Wycombe. Plus sceptique encore que les Sceptiques du Wessex, Ridley fustige les gens qui « croient » aux cercles mystérieux en les traitant de pauvres idiots à la crédulité désespérante. « Ces branchés sont soit des mémères coincées, soit de vieilles badernes BCBG à la mèche en bataille dont les noms tournent autour de Montague, Wingfield, Michell et Martineau», écrivait-il. «Les sceptiques sont des nordiques sensibles aux surnoms monosyllabiques (comme Brown).[3]»

Mais qui est donc ce Matt Ridley, qui se présente comme le défenseur du bon sens populaire ? Eh bien, rien moins que l'honorable Matthew White Ridley, héritier du quatrième vicomte Ridley et neveu de Nicholas Ridley (à présent Lord Ridley de Liddesdale), ex-ministre de l'Environnement du temps de Mme Thatcher. L'expression sarcastique «vieille baderne BCBG» appartient, bien évidemment, à un élément de l'aristocratie, éduqué à Eton, et qui veut se rendre intéressant en pratiquant l'ironie nonchalante !... On pourrait également se demander si ce monsieur a jamais discuté des cercles mystérieux avec son oncle qui, alors qu'il était encore en poste comme ministre, reçut de nombreux documents concernant ces phénomènes, dont certains à la demande même de son cabinet, auprès de chercheurs comme Colin Andrews et Pat Delgado, célèbres auteurs de plusieurs ouvrages traitant du sujet. Même si le scepticisme de Ridley est sincère, ce qui peut se comprendre, sa position n'était apparemment pas partagée par le gouvernement conservateur qui tint des colloques secrets sur ces problèmes en septembre 1991[4] et, à coup sûr, à maintes autres reprises depuis lors.

On pourra me reprocher de trop m'attarder sur les aspects négatifs de la situation en 1992. Mais les choses sont ce qu'elles sont et il est préférable pour tout le monde d'en prendre conscience. Si j'avais eu plus d'espace ici, j'aurais écrit ce que je pense de la controverse soulevée par Doug Bower, qui n'hésite pas à avancer que les bruits bizarres, comme des tintements, qu'on est parvenu à associer aux phénomènes des formations de cercles[5], ne sont rien d'autre que le chant de la mythique fauvette-sauterelle au gazouillis légendaire !... Qu'il me suffise de rappeler que ces cliquetis étonnants ont été de nouveau perçus durant les heures nocturnes du mois de juillet 1992 dans les environs d'Alton Barnes et des autres sites litigieux, et je doute qu'un oiseau féerique et farceur en ait été la cause.

Quand on se donne pour objectif de réussir une campagne de sabotage des phénomènes de cercles mystérieux, comment doit-on procéder ? Dans le passé, les gouvernements en guerre ont fabriqué des tonnes de fausse monnaie appartenant au pays ennemi afin de provoquer une dévaluation puis la ruine de l'économie fondée sur cette monnaie en chute libre. La même stratégie est donc utilisée contre les cercles et par le premier venu qui souhaite investir dans la désinformation. Peut-être est-ce sous cet angle qu'il faudrait interpréter les faits que je vais relater maintenant.

Le 9 juillet 1992, une formation de grande envergure, longue d'environ 140 mètres et ressemblant à un escargot avec d'étranges antennes en forme de L, apparut après une nuit d'épais brouillard dans le secteur d'East Field, à Alton Barnes. Bien que plusieurs groupes d'observateurs aient été présents sur le terrain, on ne surprit personne qui ait pu tracer ces figures. Néanmoins, la paranoïa qui régnait sur toutes ces affaires était telle que des accusations fusèrent aussitôt et tous ceux qui étaient cette nuit-là dans la région furent considérés comme suspects. Une des plus absurdes et des plus perverses de ces accusations fut portée à l'encontre du fermier Tim Carson : il aurait imaginé toute cette histoire en espérant y gagner de l'argent !

On a de bonnes raisons de penser que l'« escargot » était authentique, malgré tous les doutes que l'on peut imaginer. Des rayonnements captables au pendule furent détectés et un examen approfondi fit penser qu'on avait affaire à un phénomène authentique. Des gens notèrent la présence d'énergies de forte amplitude à divers endroits de l'étonnante configuration ; néanmoins, l'éventualité d'un simulacre était tout de même fort plausible. Quinze jours plus tard, un deuxième escargot fit son apparition trois kilomètres plus loin, à Stanton Saint Bernard. Celui-là, plus grossier et ne répondant pas aux sollicitations du pendule du radiesthésiste, fut rejeté comme imposture — ce qu'il était, certainement. Un troisième énorme « escargot » entra en scène le 29 juillet près de Pewsey. Ce dernier aussi reçut un accueil mitigé et fut rejeté de la même façon par le groupe qui avait déjà examiné le deuxième.

L'idée même d'un gigantesque signe représentant un escargot sonne déjà un peu comme une plaisanterie. Mais, encore une fois, le 1ᵉʳ août, un escargot (le quatrième) naquit au beau milieu de nos vertes campagnes de Manningford Bohune, près d'Upavon, Wiltshire. L'avènement de cette quatrième figure avait été prédite avec précision par John Haddington, président du CCCS et, en vérité, le chef céréologue de *Helix Aspera* (revue dans laquelle il fit un exposé sur la signification symbolique de l'escargot). Il avait même situé à l'avance l'emplacement, à 200 mètres près. Comme il se trouvait cette nuit-là en Écosse, il lui était assurément impossible physiquement de fabriquer un phénomène de ce genre. En revanche, malgré tout le respect que nous devons à notre confrère, il faut admettre que des farceurs peuvent très bien avoir utilisé les mêmes critères que lui pour décider de l'endroit où le quatrième escargot devait naître.

Il est trop tôt pour résoudre l'énigme des escargots, mais la campagne de démolition se poursuit afin de nous éprouver aussi, et les « escargots » — vrais ou faux — font partie intégrante du mystère des traces circulaires imprimées en plein cœur des cultures céréalières.

Escargots mis à part, l'accélération des événements, au fur et à mesure qu'approchait l'époque des moissons de 1992, notamment dans ce secteur du Wiltshire, avec l'apparition de plusieurs configurations par jour, commença à inquiéter même les plus sceptiques. La thèse de ces derniers repose sur une armée invisible d'hypothétiques maniaques des trucages qu'on ne peut jamais surprendre sur le fait ni attraper, et qui laisse toujours derrière elle un travail achevé. Parce qu'une seule poignée de ces petits malins parvient à demeurer incognito, cela expliquerait la totalité des formations répertoriées jusqu'à ce jour.

En juillet et août 1992, un grand nombre de fans se rassemblèrent pour montrer la garde toutes les nuits. Ce qu'ils virent à plusieurs reprises près d'Alton Barnes et de Milk Hill, ce fut des sphères lumineuses de teinte orangée, se tenant très bas au-dessus des champs et qui, au moins une fois, se posèrent au milieu des cultures. Nous ignorons ce que ces objets, ces ovnis, pouvaient bien être, mais ils semblaient bouger et se comporter d'une manière qui se voulait signifiante. En tout état de cause, il semblerait qu'ils aient été davantage à l'origine des cercles et des pictogrammes que les supposés plaisantins inconnus.

Dans mes articles pour *The UFO Report* (magazine sur les ovnis), j'ai décrit un certain nombre de cas où des ovnis ont été observés à proximité de cercles et de pictogrammes : 1991 et 1992 sont des années au cours desquelles on a pu assister à une remarquable recrudescence de tous ces phénomènes spatiaux que nous associons naturellement aux ronds mystérieux. Parfois, lorsque ces cercles sont apparus dans de nouvelles contrées, on a remarqué qu'ils avaient souvent été précédés par des manifestations d'objets lumineux non identifiés, très proches ou carrément au ras de champs cultivés. C'est comme si le phénomène avait d'abord dû « ensemencer » le site avec quelque chose d'invisible ou de non matériel qui, plus tard, donne naissance à ces cercles étonnants. Après une première visite par cette espèce d'usine-mère aérienne, un autre site prend le relais, porteur de cercles à son tour, au cours des différentes saisons, mais plus rien ne se manifeste alors dans le ciel.

Ce n'est pas toujours le cas, surtout sur des sites particulièrement actifs, comme à Silbury Hill ou Alton Barnes. Là, on note de fréquentes apparitions de ces sphères lumineuses au-dessus des champs, et ce tout au long de ces dernières années. En juin 1989, par exemple, un habitant de West Kennet vit ce genre de boule lumineuse juste comme il revenait des terres situées en face de Silbury Hill, et le matin suivant on découvrit, en effet, une configuration en forme de quinconce approximatif, accompagnée de cercles plus petits. L'objet lumineux, au diamètre d'environ dix mètres, « fit des bonds », puis il s'éleva au-dessus du sol avant de s'éteindre et de disparaître d'un seul coup.

Près de Milk Hill, le 22 juin 1991, John Holman vit et filma avec sa caméra vidéo un autre objet du même type, distant d'environ vingt à trente mètres, traversant le ciel silencieusement. Puis tout s'éteignit et l'objet disparut derrière la colline.

En plus des divers films vidéo qui ont été pris sur ces étranges lueurs nocturnes, il existe deux célèbres séquences vidéo qui montrent, en plein jour, de petits objets évoluant de façon intelligente (du moins, c'est l'impression que nous en avons) au-dessus des champs de blé. L'un de ces films fut tourné en 1991 à Manton, près de Malborough dans le Wiltshire, par deux touristes allemands, Constantin et Mucki von Durkheim. Le petit objet lumineux qu'on y voit semble ne pas être en matière solide et diminue de volume à mesure qu'il se rapproche de la caméra ; on le suit dans ses déplacements au-dessus d'un vaste pictogramme connu sous le nom de « Manton Ant » (la Fourmi de Manton). A plusieurs reprises, il disparaît parmi les cultures pour réapparaître ensuite et remonter au-dessus du sol. Quelle que soit sa nature exacte et si ce n'est pas un mini-ovni — un bébé en quelque sorte ou un modèle réduit —, il n'en est pas pour autant un pissenlit ou un chardon éclairé par un son et lumière !... comme le suggèrent les sceptiques !

Peut-être verra-t-on un plus grand intérêt à noter la présence de ce petit objet en forme de disque, qui plane au-dessus d'un champ près de Milk Hill, comme a su le filmer en vidéo, en juillet 1990, Steven Alexander ? Cet objet passe au-dessus d'un tracteur à l'œuvre dans le champ, et l'on voit le conducteur lever le nez pour mieux observer cet engin bizarre. Plus tard, le conducteur du tracteur, Leon Besant, décrira ce qu'il a vu comme un disque ; en fait, il emploie des termes qui s'appliquent à un petit ovni.

Les sceptiques restent muets devant ce témoignage.

LA VISUALISATION À DISTANCE

Que peuvent bien être ces objets lumineux, apparemment de dimension variable, la plupart du temps invisibles, et qui se déplacent dans le plus feutré des silences au milieu ou au-dessus des champs de céréales durant les mois d'été et même après les moissons ? Ces engins seraient-ils à l'origine des cercles mystérieux ? J'ai posé la question à quelques collègues américains ; je leur proposai notamment d'appliquer à l'étude des cercles la méthode psychique connue sous le nom de

« visualisation à distance », avec l'espoir de déterminer la cause du phénomène.

La visualisation à distance est une technique psychique modernisée qu'on a fréquemment utilisée dans l'armée américaine ces dernières années pour tenter de localiser les dépôts secrets de munitions chez l'ennemi. Edward Dames, qui a travaillé au développement de ces techniques alors qu'il appartenait à la *Defense Intelligence Agency* (DIA : Service de contre-espionnage et de défense militaire), est devenu, en retournant à la vie civile, le président de Psi Tech, une société dont la spécificité est justement cette visualisation à distance. Psi Tech (Technique psychique) reçut pour mission, durant la guerre du Golfe, d'aider à localiser les éventuelles armes chimiques et nucléaires de Saddam Hussein en Irak.

Les premiers résultats concernant certains sites de ronds mystérieux furent les suivants : des sphères lumineuses d'environ trente centimètres de diamètre, d'un blanc virant au bleu, furent visualisées « roulant » parmi les pieds de céréales à une trentaine de centimètres au-dessus du sol mais au-dessous du niveau des épis. Le blé se courbait et tombait par gerbes très nettes tandis que les sphères se faufilaient.

Au cours de cet exercice, il fut établi qu'il y avait deux et même plusieurs de ces sphères qui, en quelque sorte, agissaient de concert, traçant probablement chacune une partie de la configuration. Cela explique certainement les multiples lignes entrecroisées que le CCCS a souvent observé sur de nombreux pictogrammes.

Lorsque en avril dernier je me trouvais à Atlanta, je demandai à Edward Dames d'où venaient ces sphères lumineuses et qui, ou quoi, les contrôlait. A cela il était plus difficile de répondre, mais il était clair qu'il s'agissait d'une forme d'intelligence extra-terrestre (physique ou non). La technique de la visualisation à distance ne pouvait résoudre cet aspect de l'énigme, mais Dames pouvait en revanche, indiquer où les sphères s'en retournaient ensuite. La vision proposait un « environnement sans air » où à peu près trente ou quarante de ces sphères étaient rattachées à une espèce de disque-mère qui faisait office de point de ralliement.

J'admets que tout ceci est assez incroyable pour les gens qui ne sont pas familiarisés avec l'idée de visualisation à distance. Malgré tout, la description ainsi obtenue correspond dans une certaine mesure aux observations fréquemment effectuées dans la région de Milk Hill.

Ces sphères sont peut-être une variété de ce que l'on ne saurait appeler autrement qu'ovni. Beaucoup de ceux qui étudient les cercles mystérieux pensent avoir affaire à une espèce d'intelligence non physique qui peut fort bien être liée aux autres phénomènes ufologiques.

LES OBSERVATIONS DE 1992

Un des nombreux enquêteurs américains qui se rendirent sur les sites du Wiltshire en 1992 fut le docteur Steven Greer, qui dirige le *Centre for the Study of Extra-Terrestrial Intelligence* (CSETI : Centre d'étude sur l'intelligence extra-terrestre). Greer est convaincu que grâce à la méditation et au développement d'une ouverture de conscience spécifiquement orientée vers les intelligences extra-terrestres, au même titre que toute tentative de communication au moyen, par exemple, d'éclairs lumineux (comme avec des torches), nous pouvons créer un contact ; un genre de contact qu'il a appelé le *Close Encounter of the Fifth Kind* (CE 5 : Rencontre rapprochée du cinquième type) *.

En développant cette approche, Greer suppose arbitrairement que l'intelligence à laquelle on a affaire est par définition amicale, et que c'est un postulat obligé si l'on veut continuer dans cette voie. Mais c'est là un point litigieux, notamment aux yeux de ceux qui prennent les intelligences extra-terrestres pour une menace : des « petits hommes gris » viendraient en effet sur Terre et enlèveraient des êtres humains à des fins d'expérience. Cela dit, il est important de garder à l'esprit que cette vision négative, voire démoniaque, des ovnis

---

* Cela n'apporte rien de nouveau concernant le problème de la communication. Des méthodes similaires ont déjà été utilisées par de nombreuses personnes ou groupes de recherche de par le monde depuis les années 1950 et avec des succès divers. *(N.d.É.)*

et de leurs occupants peut très bien n'être qu'une expression de nos propres peurs.

Qu'il ait tort ou raison, Steven Greer et son équipe de recherche connurent une belle réussite le 14 avril 1992 à Gulf Breeze, en Floride, lorsqu'une « rencontre » apparemment provoquée a pu avoir lieu devant de nombreux témoins. Cinq ovnis étincelants apparurent dans le ciel nocturne ; sur le film vidéo où fut enregistrée toute la scène, on pouvait les voir voler en formation et à un moment, trois de ces objets formèrent un triangle équilatéral, tandis que les deux autres suivaient. C'est alors qu'ils passèrent à basse altitude au-dessus des spectateurs. Un de ces engins, apparemment, répondit par des flashes aux signaux lumineux que leur envoyaient des membres du groupe de Greer au moyen de torches de forte puissance.

Peu après minuit, le 26 juillet 1992, le docteur Greer et plusieurs autres observateurs, depuis leurs voitures, près de Woodborough Hill, à Alton Barnes dans le Wiltshire, aperçurent dans le ciel, en pleine nuit, un objet inhabituel. Chris Mansell, professeur de dessin britannique, rapporte les faits :

... Je remarquai, en direction de ce que j'estimais être le sud, une longue traînée fluorescente qui paraissait s'enrouler de gauche à droite, passant du rouge au blanc puis au vert... et j'allai en avertir Steve. A ce moment-là ; nous nous retrouvâmes tous sur la route, le nez en l'air, à regarder l'engin tandis qu'il se déplaçait lentement d'est en ouest pour s'arrêter en un point juste au-dessus de l'horizon... Nous estimâmes qu'il se situait approximativement à 500 ou 700 mètres de nous.

A un moment précis de sa course, il nous sembla qu'il éclairait sa propre structure (probablement un reflet venu du sol) et nous pûmes tous constater qu'il avait la forme d'un cigare, probablement circulaire vu sous un autre angle, avec un petit renflement à son sommet. Une fois immobilisé, il se mit à basculer à quatre-vingt-dix degrés, de sorte que nous pouvions le voir par en dessous. La configuration lumineuse offrait à présent à nos regards ébahis un triangle composé à son sommet de trois points de couleur ambrée et, à la base, une rampe de lumières allant du rouge (sur la gauche) au vert bleuté (sur la droite). Les autres lumières sous le ventre étaient plus faibles que celles qui délimitaient la forme générale de l'engin.

Au bout de quelques instants, une des lumières orangées formant le haut du triangle sembla se séparer de la formation, se dirigea légèrement vers l'ouest, puis rejoignit à nouveau l'ensemble. Ensuite, une des lumières rouges de la base observa le même ballet, mais cette fois-ci vers l'est. Puis trois lumières rouges quittèrent la formation, s'éloignèrent vers l'ouest à une distance considérable et revinrent, elles aussi, se réajuster à l'ensemble.

Durant tout ce manège — environ dix minutes — nous n'avons pas posé nos jumelles, et les magnétophones tournaient... Les engins étaient totalement silencieux !...

Le docteur Steven Green décida d'essayer de communiquer avec l'objet et pria le docteur Sandra Small d'aller chercher, dans le coffre de sa voiture, les torches à forte puissance, tandis que lui-même ne quittait pas son poste d'observation une seule seconde. Il se saisit d'une des torches et la pointa vers la formation en clignotant par deux fois. A son grand étonnement, la lumière du sommet répondit à son signal exactement de la même manière... L'opération fut répétée à diverses reprises et à chaque fois on obtint le même résultat.

L'engin commença alors à s'éloigner vers l'ouest puis vers le sud ; il semble qu'il se soit dirigé vers Avon Valley (et) finalement nous le perdîmes de vue[6]...

La spécialiste Maria Ward, qui était également présente, a des souvenirs légèrement différents de ces événements. (Voir la note de l'Éditeur.)

Manifestation peut-être liée à cet événement, on trouva le 30 juillet un cercle d'environ quatorze mètres de circonférence dans les champs de blé de Woodborough Bridge (au-delà du canal de la Kennet et de l'Avon), c'est-à-dire non loin de l'endroit où le fameux contact a eu lieu. On n'avait encore jamais découvert de cercles dans cette région auparavant.

Un autre témoignage se situe près d'Alton Priors, le 28 juillet, lorsque John et Julie Wakefield virent entre les arbres, à 22 h 15, un objet brillant de teinte orangée. Julie raconte que l'objet passa au-dessus des arbres et se mit à « sautiller ».

On a dû grimper sur le toit de la Land Rover pour le voir de plus près. On est resté là à observer cet objet pendant plusieurs bonnes minutes tandis qu'il jouait à saute-mouton avec les arbres. Puis soudain il s'arrêta net. Il resta ainsi immobile pendant au moins une minute puis, tout à coup, un petit morceau de cette boule orange se sépara du reste pour s'envoler vers la droite. La grosse boule avait environ dix mètres d'envergure, et le petit morceau quelque chose comme 2,50 m ; ce dernier se mit à tracer dans le ciel des ronds dans le sens des aiguilles d'une montre.

C'est à ce moment-là que nous prîmes conscience que les chiens d'une ferme voisine n'arrêtaient pas d'aboyer et que les vaches dans les prés d'à côté s'agitaient de manière anormale, comme si elles étaient perturbées par quelque chose. L'objet le plus petit revint vers le plus volumineux et le tout reprit l'aspect du début en s'enfonçant derrière le rideau d'arbres. Le bétail retrouva son calme, mais les chiens faisaient toujours autant de raffut. Nous continuâmes à monter la garde encore quelques instants mais l'objet avait disparu.

Cinq minutes plus tard, la boule orange réapparut au-dessus des arbres, en faisant des bonds pendant quelques secondes, puis elle s'immobilisa. On redescendit de voiture et on est resté là, abasourdis, à observer cet objet suspendu dans les airs durant plus de trois longues minutes ; puis il repartit à nouveau derrière la ligne des arbres. Nous décidâmes de nous rendre à la caravane, près d'East Field, pour vérifier s'il y avait quelqu'un. C'est alors qu'on remarqua une intense lueur orangée sur Tawsmead Copse, qui illuminait toute la forêt. Le même objet orange sortit de derrière les arbres et se dirigea très lentement depuis Tawsmead Copse vers Alton Priors. Il vola doucement et silencieusement puis, tout à coup, s'arrêta pour à nouveau rester immobile en l'air où il paraissait énorme et extrêmement brillant.

Un hélicoptère de l'armée pointa au nord par rapport à notre objet lumineux, puis deux autres apparurent à l'est et à l'ouest. L'objet fila vers le sud, toute luminosité éteinte, sitôt que le premier hélicoptère commença à se diriger vers lui. Les trois hélicoptères effectuèrent de grands cercles à l'emplacement où s'était précédemment tenu l'objet lumineux, puis repartirent.

Il y eut plusieurs témoins de cet événement, parmi lesquels le docteur Steven Greer, Eddie Sherwood et quelques autres personnes... Divers observateurs qui s'étaient postés à Adam's Grave et à Knap Hill assistèrent à la scène ainsi qu'un fermier. John et moi-même avons eu la chance inouïe de nous trouver à différents endroits stratégiquement privilégiés chaque fois que l'objet a fait son apparition. Toute cette aventure se situe entre 22 h 15 et 22 h 30...

Le jour suivant, Busty Taylor, le chercheur bien connu qui a pris de si formidables photos aériennes des cercles mystérieux, remarqua deux nouvelles configurations un jour qu'il survolait en avion Draycot Fitz Payne, qui se situe à moins de 800 mètres de l'emplacement où l'objet lumineux fit sa première apparition. C'était un simple cercle de dix mètres de diamètre accompagné d'un autre plus petit avec un anneau. Ce dernier avait été tracé dans la nuit du 28 au 29 juillet, et le grand cercle dans celle du 26 au 27. Aucune piste ne menait à ces deux dessins qui étaient, selon les dires de Julie, très impressionnants. Celle-ci ajoute :

« Nous discutâmes de tout cela avec M. Bryant, qui habite

Draycot Manor Cottage, juste à côté. Il dit que les chiens du voisinage avaient hurlé toute cette nuit-là, ce qui ne se produisait jamais. Il nous révéla aussi qu'un étrange message, "Attention, police", était arrivé sur le système d'alarme qu'il utilisait chez lui pour la sécurité des bébés. Jamais rien de ce genre n'était encore advenu et il pensait que le système avait une portée extrêmement limitée. »

Ces étranges phénomènes spatiaux, qui nous rappellent les événements ovnis de Warminster il y a une vingtaine d'années, ont donc repris de plus belle dans cette région centrale du Wiltshire, c'est-à-dire exactement où l'on a dénombré la plus grande concentration de cercles mystérieux. De toute évidence un lien existe entre ces cercles et le phénomène des ovnis. Mais nous n'en sommes pas pour autant plus avancés dans la compréhension du phénomène et de sa nature réelle.

Notes

1. *The Cereologist* (Le Céréologue), n° 7, 1992, Specialist Knowledge Services, Saint Aldhelm, 20 Paul Street, Frome, Somerset, BAII IDX.

2. *The Circular* (Le Cercle) est un journal trimestriel rédigé par le CCCS. Pour tous renseignements, écrire à la même adresse que pour *The Cereologist*.

3. *The Daily Telegraph*, Londres, 18 juillet 1992.

4. Wingfield, George : « The Evolving Crop Circles » (évolution du phénomène des cercles mystérieux) dans *The UFO Report 1992* (Rapport 1992 sur les ovnis), édité par Timothy Good, Sidgwick & Jackson, Londres, 1991, page 13.

5. — « Ever Increasing Circles » (Toujours plus de cercles mystérieux), même références que précédemment, pages 19 à 25, 26 et 31.

6. Mansell, Chris : « Dramatic UFO Sighting at Woodborough Hill, 26/27 July 1992 » (Une spectaculaire apparition d'ovnis dans le ciel de Woodborough Hill, la nuit du 26 au 27 juillet 1992), *The Circular*, vol. 3, n° 3, 1992.

Note de l'Éditeur

En ce qui concerne les observations depuis Woodborough Hill dans la nuit du 26 au 27 juillet 1992, Maria Ward m'informa, par exemple, que les lumières plus petites qui se détachaient de la formation principale ne revinrent pas « rejoindre » celle-ci, et que, en réponse aux signaux envoyés par le docteur Greer, c'est une variation d'intensité lumineuse à laquelle on put assister (plutôt qu'à des « appels de phares sur le même rythme »).

Maria avait quitté le groupe des gens du CSETI à 23 h 35 pour ramener chez elle une amie du groupe, mais elle revint sur le site à minuit et trente-deux minutes. Elle vit au loin une énorme forme conique et dense, à moitié cachée par un rideau d'arbres. Il y avait de nombreuses lumières tout autour de l'objet, et de couleurs différentes : bleue, blanche et rouge. Quand l'objet émergea de derrière les arbres, elle put apercevoir deux, peut-être trois, lumières orangées au-dessus d'un cercle rotatif lumineux. L'objet arrêta sa course au milieu d'une trouée qui brisait la ligne des arbres.

La zone sombre qui se trouvait au centre de cette luminosité générale était extrêmement dense et on n'en pouvait rien deviner de précis. Maria décrivit les lumières en indiquant qu'elles tournaient dans le sens inverse des aiguilles d'une montre, bien que l'arrière de l'objet demeurât invisible, de sorte qu'on ignore dans quel sens elles tournaient en fait. Maria aperçut alors un rayon lumineux se dirigeant vers l'objet et issu d'un point extérieur éloigné vers le sud.

L'objet sembla « clignoter » un moment puis retrouva son intensité première.

L'objet, qui ressemblait à une sorte de triangle, avait au moins vingt-cinq mètres de long, et se tenait à guère plus de douze mètres au-dessus du sol ; il était complètement silencieux (bien que Maria crût percevoir un léger vrombissement en direction du sud). L'objet conserva sa position fixe pendant sept à neuf minutes puis parut s'étirer à la verticale. C'est à cet instant que Maria commença à se sentir mal, éprouvant une sensation de picotement qui remontait le long de la colonne vertébrale jusqu'à l'occiput. Une grosse lumière orangée sembla se détacher du sommet de l'objet et s'éloigner. Maria vit aussitôt après un autre rayon lumineux venu du sol éclairer l'objet qui « clignota » comme la première fois puis s'éloigna (mais pas vers le haut) « pour disparaître purement et simplement ».

J'ajouterai que c'est là le seul rapport d'observation de l'équipe du CSETI et j'ai personnellement complété ce dossier par quelques autres témoignages au chapitre 14.

5

Le yin et le yang appliqués aux ovnis

Paul Dong

Paul Dong est né à Canton, en Chine, en 1928, et vit actuellement à Oakland, en Californie. Il étudie depuis de nombreuses années les phénomènes d'ovnis et il est l'auteur de maints articles, publiés dans les journaux et magazines chinois, et d'ouvrages traitant du sujet, parmi lesquels *The Four Major Mysteries of Mainland China* (Les Quatre Grands Mystères de la Chine continentale[1]) et *UFOs over Modern China* (Ovnis au-dessus de la Chine moderne[2]).
En 1981, Paul Dong effectua, toujours sur le même sujet, une grande tournée de conférences à travers toute la Chine. Il fit partout salle comble, que ce soit au *Beijing Ching Hua Students Union* (Union des étudiants de Beijing Ching Hua), au musée des Sciences de Canton ou à l'université Jinan de Canton.
Paul Dong est, par ailleurs, maître de qigong (ou chi gong) et a co-signé plusieurs livres sur cette discipline. Il en a même enseigné les différentes approches à la *YMCA* (Association chrétienne d'hébergement pour les jeunes gens) de San Francisco, depuis 1985. On peut contacter Paul Dong à : PO Box 2011, Oakland, California 94604.

En Chine, 1 milliard 100 millions d'habitants utilisent quotidiennement la langue chinoise. Et pourtant, celle-ci n'est pas aussi universellement reconnue que l'anglais comme vecteur de communication international. C'est la raison pour laquelle on connaît peu de choses, ou même rien du tout, de ce qui se passe en Chine autre que les événements purement politiques.
Comme les lecteurs de *The UFO Report*[3] [4] [5] le savent

65

sûrement, j'ai toujours réussi jusqu'à maintenant à obtenir un nombre assez considérable de documents, tant civils que militaires, concernant les observations d'ovnis sur le territoire chinois au cours des années passées, mais l'année dernière ces documents se raréfièrent. Ainsi, au lieu des traditionnels « Tel jour, à tel endroit, une lumière est apparue puis a disparu aussitôt, etc. », j'ai reçu davantage de comptes rendus, comme nous le verrons plus loin, qui sembleraient exprimer une approche du phénomène tout à fait inhabituelle de la part des Chinois.

Tout d'abord, il faut bien admettre que, même après une longue controverse qui dura plus de quarante-cinq ans, on ne sait toujours rien des ovnis : leur nature, leur provenance, ce qui fait qu'ils peuvent disparaître brutalement à nos yeux. Cependant, ces dernières années, plusieurs ufologues chinois ont plaidé en faveur de l'origine assurément extra-terrestre des ovnis, même si l'on ne doit plus les considérer comme des soucoupes volantes se déplaçant à la vitesse de la lumière. Disons plutôt que leur vol serait « inobservable » — superluminique, c'est-à-dire à une vitesse supérieure à celle de la lumière. Cette idée repose sur le principe de transformation « yin-yang ». Pour bien saisir l'hypothèse de ces chercheurs, je me propose de donner ici un bref résumé de la signification de ces termes.

UN VOL INOBSERVABLE

Même s'il diffère des autres, le vol inobservable a néanmoins un point de départ et un point d'arrivée ; c'est-à-dire qu'il peut créer l'effet qu'un objet « vole » d'un endroit à un autre. Le vol inobservable est un phénomène de mouvement *au-delà* du continuum espace-temps, et dans lequel, par conséquent, il est impossible de suivre le tracé d'un mouvement à travers temps et espace. A l'inverse, on appelle « vol observable » tout phénomène de mouvement *à l'intérieur* du continuum espace-temps que nous connaissons et dans lequel il est possible de suivre le tracé ou la trajectoire de ce mouvement. Le « tracé » est la courbe continue qui relie le point de départ et le point d'arrivée sans aucune interruption. Par exemple, le lancement d'une fusée est un vol observable ; l'orbite d'un électron autour d'un noyau atomique est un vol observable. Mais si un objet se matérialise tout à coup sous nos yeux, grâce à une puissance mentale quelconque, cet objet a un vol inobservable. Autre exemple : la manière dont certains médiums de talent peuvent, à ce que l'on dit, traverser les murs par le seul pouvoir de leur psychisme, peut être appelée vol inobservable. J'ai lu des reportages sur le grand médium chinois Zhang Baosheng, qui serait capable, justement, d'effectuer ce genre de prouesse.

Le vol inobservable n'est pas un vol à grande vitesse. Le vol à grande vitesse suit un tracé, mais pas le vol inobservable. Ce n'est pas non plus un vol camouflé. Le camouflage implique de tromper la vigilance des organes des sens humains et donc de neutraliser tout ce qui pourrait signaler la présence de l'objet volant. Cependant, il est tout de même possible d'en détecter le passage à travers le temps et l'espace grâce à des instruments. Par exemple, un avion doté d'un revêtement anti-radar — ou bénéficiant d'une structure « à facettes » — peut déjouer le flair des radars (comme c'est le cas pour certains avions « furtifs » américains). Mais ce que nous entendons par vol inobservable est un vol dont le tracé ne peut être déterminé par aucun de nos critères actuels.

Le vol inobservable peut transgresser sans encombre ni « casse » d'aucune sorte des obstacles spatiaux (comme s'il jouait au passe-muraille) et temporels, comme pénétrer dans le passé ou le futur (voir le film *Retour vers le futur*). En d'autres termes, c'est un phénomène qui transcende le continuum espace-temps.

LE MODÈLE YIN-YANG

Selon la philosophie chinoise, au commencement de l'univers était le néant, et du rien naquit l'être, et de l'être les principes du yin et du yang. Dès ce moment, ces deux principes contrôlèrent toutes les transformations dans l'univers. Le yin contient le yang, le yang contient le yin, le yin et le yang sont en perpétuel mouvement de va-et-vient, fabriquant et changeant sans cesse les événements et les choses de l'univers qui connaissent ainsi des cycles de transmutation sans fin.

Yin et yang sont parfois des notions abstraites ; le tableau qui suit devrait aider le lecteur à les rendre plus concrètes grâce à des exemples spécifiques :

YIN	YANG
Vide (signe négatif)	Substance (signe positif)
Informe (inobservable)	Forme (observable)
Terre	Ciel
Lune	Soleil
Féminin	Masculin
Eau	Feu
Obscurité	Lumière
Intérieur	Extérieur
Statique	Dynamique
Pluie	Nuage
Magnétisme (deux polarités à la fois : yin et yang)	Électricité
Dessous	Dessus
Froid	Chaud
Contraction	Expansion
Doux	Dur ou amer

Yin et yang sont opposés l'un à l'autre dans les relations contradictoires de l'être, tout en étant dépendants l'un de l'autre. Ainsi, toute chose dans l'univers possède deux aspects : conflit et unité. Aucun de ces aspects ne peut exister seul. S'il y a le ciel, il y a nécessairement la terre ; s'il y a le mâle, il y a la femelle ; s'il y a le dessus, il y a forcément le dessous. Tout va par paire. Mais dans ce processus de transformation contradictoire, lorsque le yin se développe jusqu'à son point extrême, il devient yang, et inversement, quand le yang atteint son évolution maximale, il se change en yin. C'est le processus de la transformation d'un effet quantitatif en un effet qualitatif. Toute chose, depuis l'environnement naturel jusqu'au corps humain, doit obéir à cette loi. Si nous appelons certaines substances familières de notre monde matériel des substances yang, alors il doit exister leur contraire yin. Ainsi, ces deux types de substances se combinent pour former le tout — l'univers. Essayons à présent de conserver à l'esprit ce système du yin et du yang et revenons à nos ovnis.

Des ufologues chinois pensent que les ovnis viennent d'étoiles lointaines en utilisant le principe de transformation yin-yang. Voici comment tout a commencé :

La Chine a une population gigantesque, et, à cause du manque de médecins et de médicaments, certaines personnes prônèrent la pratique du chi gong[6] (une forme de méditation) à des fins thérapeutiques et pour suppléer aux maigres ressources médicales du pays. Les raisons alléguées étaient que, depuis des siècles, le chi gong avait toujours été utilisé comme un moyen de se guérir. Pas besoin d'homme de l'art, d'aiguilles ou de médecines, et de plus, pas de perte de temps ni d'argent. Cette réputation était tout à fait justifiée. Des foules de gens recouvrèrent ainsi leur santé à travers la pratique assidue du chi gong. Le résultat est qu'aujourd'hui 20 millions de Chinois s'y exercent quotidiennement avec bonheur.

Il est intéressant de noter que le chi gong n'est pas seulement une panacée pour l'état de santé, mais peut également — pour les personnes sensitives, c'est-à-dire dont les méridiens sensitifs sont ouverts (méridien : canal par lequel circule le *chi*, ou énergie vitale) — donner l'impulsion au développement des facultés psychiques, comme cela a été le cas pour moi. Il existe une multitude de ces facultés, parmi lesquelles on peut citer le don de guérison, celui de retrouver des objets par le seul travail mental, la clairvoyance, la restauration de bâtons ou d'aiguilles brisés, la vision et l'audition à distance, la lévitation (le corps reste en suspension dans les airs), etc. Ajoutons que ces facultés, poussées à un très haut degré, peuvent amener aux phénomènes de télékynésie (déplacement des objets à distance) et de vol inobservable (comme décrit plus haut), à la possibilité de traverser la matière solide et même aux expériences de sortie du corps.

Nombreux sont les pratiquants du chi gong qui prétendent qu'au cours de leurs exercices, après être entrés en état de méditation, ils voyagent sur d'autres planètes, voient des extra-terrestres et conversent avec eux. Certains affirment avoir pénétré à l'intérieur d'une soucoupe volante voyageant dans l'espace et se souvenir très clairement de tout l'équipement qu'il y avait à bord, ainsi que de tout ce que faisaient les extra-terrestres. D'autres peuvent appeler des ovnis par la seule puissance de leur mental. Un ovni, parfois plusieurs, peuvent alors instantanément apparaître en réponse à leur appel. Si ce n'est pas de la science-fiction, ces descriptions, selon certains analystes, sont purement et simplement qualifiées d'hallucinations provoquées par la méditation. Pourtant ce sont non pas un ou deux, mais des centaines de gens qui seraient victimes des mêmes « hallucinations ». Parmi eux, il y a des gens simples et des intellectuels ; de plus, tous, sans exception, jurent que ces scènes étaient réelles. C'est ainsi qu'au cours des dernières années, de nombreux articles sont parus en Chine sur tous ces problèmes, dans des revues spécialisées aussi bien sur les ovnis que sur le chi gong. Des personnes ont même écrit et édité des ouvrages entiers sur le même sujet. Moi-même, j'ai été très surpris que tant de lecteurs soient d'accord avec ces affirmations.

La question est donc : comment procèdent ceux qui possèdent des facultés psychiques pour « voler » vers d'autres planètes et comment les ovnis volent-ils jusqu'à notre Terre ? Les spécialistes disent que les maîtres chi gong, ou ceux qui ont des pouvoirs psychiques, peuvent utiliser leur mental pour « plumer » les arbres de leurs feuilles, ou faire léviter des objets. Encore faudrait-il savoir quelles sont ces facultés mises en jeu, et à quelles mesures techniques un physicien pourrait se référer pour y comprendre quelque chose ? Les Terriens se contentent d'appeler ce genre de phénomène « pouvoir psy » sans plus donner d'explications. Néanmoins, le modèle yin-yang peut permettre de classifier ces pouvoirs — qui ne peuvent pas être expliqués selon les critères actuels de la connaissance en physique — comme des pouvoirs de type yin. La raison de ce classement est que ces facultés sont toujours associées à des substances de type yin : les lois connues de la physique actuelle, qui conviennent parfaitement pour expliquer les mouvements des substances de type yang, ne s'appliquent pas à des substances de type yin. Par conséquent, au moyen de quoi des substances de type yin exercent-elles leurs effets ? La réponse est : au moyen de la « pensée ».

Les facultés « psy » que j'ai citées reposent, dans leur majorité, sur la pensée. Parce que la pensée est un mouvement ordonné de substances de type yin, le mouvement d'un « train d'ondes cohérentes de signaux informatifs ». C'est pourquoi il est si aisé à ces « vagues » de signaux de traverser des obstacles matériels de type yang pour atteindre d'autres cibles (comme dépouiller un arbre de ses feuilles ou courber une aiguille, etc.). Normalement, nous avons besoin de la force mécanique de nos mains ou de machines à moteur électrique pour obtenir les mêmes résultats. La pensée, elle, utilise des ondes d'informations stockées dans le cerveau. D'habitude, il faut tout un arsenal (en hommes, équipements, énergie, etc.) et beaucoup d'argent pour filmer une scène en vidéo ; alors que la visualisation à distance de la même scène, par la seule puissance du mental, ne sollicite dans le cerveau que la dépense de quelques calories.

Selon les principes du modèle ying-yang, il arrive que dans certaines circonstances, des substances yang puissent se transformer en substances yin (et vice versa). « Dans certaines circonstances » signifie que, lorsqu'une intelligence supérieure a atteint un haut degré de puissance mentale, l'être peut manipuler activement la « machine » de la pensée. Quelques initiés savent comment ces circonstances peuvent être provoquées. Tous les Terriens sont nés avec les éléments de base des facultés « psy », mais la grande majorité d'entre eux l'ignorent, ou bien ceux qui le savent sont déclarés « sorciers » par les plus ignorants. D'autres encore ne savent pas que la pratique du chi gong peut activer ces mêmes facultés. « Activer », en l'occurrence, signifie se servir de l'énergie très particulière qui circule à l'intérieur du corps en suivant exactement les indications du maître chi gong : en effet, cette discipline stimule certains points d'acupuncture qui ont pour fonction de développer les pouvoirs psychiques de l'être.

A ce stade de mon exposé, j'aimerais ajouter qu'il peut exister quatre sources de pouvoirs psy : 1. Certaines personnes — peut-être une sur un million — les possèdent de naissance. 2. D'autres voient leurs facultés psy activées à l'occasion d'un accident lorsque certaines parties du corps, appelées points d'acupuncture en médecine chinoise, sont heurtées par quelque chose, brûlées, frappées par un éclair, électrocutées, ou blessées au cours d'une chute, par exemple. 3. D'autres encore développent leurs facultés psy grâce à un maître chi gong ou un médium (en ce qui concerne les enfants de moins de 15 ans, environ un sur cent pourrait entrer dans cette catégorie). 4. Enfin, environ une personne sur mille développe ses facultés psy en pratiquant seule le chi gong.

Actuellement, on évalue à 20 millions le nombre de gens qui pratiquent chaque jour le chi gong en Chine. Il s'ensuit que les pouvoirs psychiques vont fatalement s'étendre sur tout le continent chinois et que la Chine va bientôt entrer dans l'« âge psychique », l'ère des médiums. Si c'est le cas, ceux-là pourront réaliser une quantité incroyable de choses par le seul pouvoir de leur pensée comme, par exemple : contrôler à distance la production ; recevoir télépathiquement les nouvelles du jour ; superviser des robots en tous genres pour effectuer les travaux les plus ingrats ; guérir autrui et se soigner ; combattre le vieillissement, etc.

DES VAISSEAUX DE L'ESPACE YIN-YANG

Si l'on suppose que les extra-terrestres ont atteint l'âge psychique voici trois mille ans ou plus, leur puissance psy ne peut être que considérablement plus élevée que la nôtre. Il leur serait parfaitement possible de se rendre sur la Terre pour le seul plaisir de voyager ou à des fins d'exploration.

Lorsqu'au cours des exercices chi gong l'adepte entre en état de méditation, ou lorsqu'une personne possédant des pouvoirs psychiques se sert des ses facultés, l'énergie du corps est transformée en énergie yin : par exemple, elle n'est pas sujette à la gravitation ou au principe d'inertie, elle peut voyager à une vitesse supérieure à celle de la lumière (super-photonique ou superluminique) et peut traverser un obstacle (les phénomènes dits paranormaux témoignent en ce sens). De plus, cette énergie peut transgresser les limites du temps et de l'espace, permettant des expériences de sortie hors du corps physique et de voyages cosmiques.

Supposons que les extra-terrestres aient construit un formidable astronef à bord duquel ils n'utiliseraient que leur puissance mentale pour accélérer, au point de dépasser la vitesse de la lumière. Sous l'effet espace-temps, les voici transformés, eux et leur vaisseau spatial, en un tout de substance yin — un train d'ondes informatives qui peut rejoindre la Terre en un instant par « vol inobservable ». Puis les extra-terrestres se serviraient à nouveau de leur mental pour réduire la vitesse de leur vaisseau et repasser à une vitesse inférieure à celle de la lumière (subluminique ou subphotonique) où ils réapparaîtraient sous leur forme initiale. Si nécessaire, ils pourraient augmenter leur vitesse juste ce qu'il faut pour devenir inobservables, ou retourner chez eux. Tous les mouvements des vaisseaux spatiaux échappent aux lois de la gravitation et de l'inertie (c'est-à-dire qu'ils n'obéissent pas aux lois de la physique humaine) et peuvent ainsi effectuer des virages à quatre-vingt-dix degrés ou des arrêts brutaux (violant le principe d'inertie) ou rester immobiles dans l'espace (défiant la gravitation). Si la situation que je viens de décrire est de l'ordre du possible, alors ce qui était incompréhensible devient concevable, et la pensée qui nous vient immédiatement à l'esprit est que le seul moyen que nous ayons de communiquer avec les extra-terrestres est le pouvoir psy.

Ces hypothèses recoupent les conceptions occidentales de matière et d'antimatière, et de téléportation (comme dans la série télévisée *Star Trek*, par exemple, où une personne va se placer sous un appareil électromagnétique et, après qu'on a appuyé sur le bouton adéquat, se trouve dématérialisée puis transportée vers la destination souhaitée, où elle se re-matérialise). La différence est que les histoires occidentales de science-fiction se contentent de cela, alors que les phénomènes psy et le modèle yin-yang existent depuis des lustres. La Chine a appliqué les principes du yin et du yang à sa médecine il y a environ deux mille ans. La recherche psy en Occident ne date que de cent cinquante ans et c'est surtout au cours des trente dernières années que les facultés psy ont attiré l'attention d'une partie des scientifiques. Mais hélas, ces phénomènes demeurent toujours inexpliqués.

En résumé, les Chinois ont « fabriqué » un étonnant vaisseau spatial yin-yang qui n'a besoin d'aucun carburant, d'aucunes provisions de bouche ni de réserves de médicaments. Il n'est pas nécessaire non plus pour ses cosmonautes d'être plongé dans un bain cryogénique ou de planer dans une atmosphère d'apesanteur. La simple utilisation de la puissance mentale suffit à accélérer ou à ralentir la vitesse de leur engin : ils peuvent traverser des galaxies inexplorées et des systèmes stellaires à des vitesses superluminiques, et effectuer tout un voyage de reconnaissance en quelques heures, le processus dans son entier échappant totalement aux contraintes des lois physiques telles qu'elles s'imposent à nous sur Terre.

Tandis que j'écris ces lignes, j'ai pleinement conscience que les attaques ne vont pas manquer de fuser, notamment de la part de ceux qui ne voient dans ces hypothèses que des images de romans de science-fiction. Mais, parallèlement, je sais combien de chercheurs occidentaux, qui ont à cœur de percer le mystère des ovnis, ont eux-mêmes conscience de l'importance des phénomènes psy. De plus, il ne serait pas exclu que l'origine des ovnis se situât à l'intérieur même de la Terre, dans l'océan, dans le Triangle des Bermudes ou dans un espace bi-dimensionnel. Tout ceci ne serait-il pas aussi pure science-fiction ?

Nous ferions bien de méditer le célèbre aphorisme du philosophe chinois contemporain, le docteur Hu Shi, qui dit : « Échafaude hardiment des hypothèses hardies... et puis vérifie tout avec un soin méticuleux. » N'est-ce pas d'ailleurs l'attitude à adopter dans toute véritable recherche scientifique ?

Notes

1. Dong, Paul : *The Four Major Mysteries of Mainland China* (Les Quatre Grands Mystères de la Chine continentale), Prentice-Hall, New Yersey, 1984. On peut se procurer cet ouvrage auprès de distributeurs spécialisés (voir appendice).

2. Dong, Paul et Stevens, Wendelle : *UFOs over Modern China* (Ovnis au-dessus de la Chine moderne), UFO Books, Box 1053, Florence, Arizona 85232. On peut se procurer cet ouvrage auprès de distributeurs spécialisés (voir appendice). Pour plus d'informations sur les observations d'ovnis en Chine, voir le livre de Timothy Good : *Above Top Secret : The Worldwide UFO Cover-Up* (Ultra secret : tout sur les ovnis dans le monde), chez Sidgwick & Jackson, Londres, 1987 ; édité également chez Grafton Books, Londres, 1988 ainsi que chez Quill/William Morrow la même année à New York.

3. Dong, Paul : « UFOs in China, 1987-1988 » (Ovnis en Chine en 1987-1988) publié dans *The UFO Report 1990*, édité par Timothy Good, Sidgwick & Jackson Ed., Londres, 1989 (épuisé) ; publié également sous le titre *The UFO Report* chez Avon Books, New York, 1991.

4. — : « China Establishes UFO Stations » (La Chine installe des observatoires pour étudier les ovnis), publié dans *The UFO Report 1991*, édité par Timothy Good, Sidgwick & Jackson Ed., Londres, 1990 (épuisé).

5. — : « The Chinese Scene, 1990-91 » (Panorama de la Chine 1990-91) dans *The UFO Report 1992*, édité par Timothy Good, Sidgwick & Jackson Ed., Londres, 1991.

6. — : *Chi Gong : The Ancient Chinese Way to Wealth* (Le Chi Gong : méthode ancestrale chinoise de guérison), Paragon House Ed., New York, 1991.

Note de l'Éditeur

A la conférence scientifique de Beijing en juin 1992, la *China UFO Research Organization* (l'Organisation pour la recherche ufologique en Chine) annonça son intention d'organiser en 1993 une conférence internationale de grande envergure sur l'ufologie. Wang Changting, ancien ingénieur et président de cette organisation, mit l'accent sur le fait que l'intérêt porté par la Chine à toutes ces questions était bien plus vaste que dans aucun autre pays ; et il affirma qu'accueillir une telle manifestation devrait amener de nouvelles découvertes scientifiques ainsi qu'une plus grande stabilité sociale. L'organisation, créée en 1978, est membre de la *China Association for Science* (l'Association chinoise pour la science), en grande partie financée par le gouvernement, et compte trois mille six cents membres actifs en plus des quatre mille chercheurs adhérents ou associés. Les ufologues de l'Académie des sciences de Chine et autres instituts étaient présents à la conférence qui avait pour thème essentiel les lumières sous forme de boules de feu, la superconductivité et les technologies de propulsion dans l'espace.

6

Rencontres rapprochées en Roumanie

Gheorghita Florin

Gheorghita Florin est ingénieur. Il s'intéresse aux phénomènes des ovnis depuis des années. Il a publié de nombreux
articles sur le sujet et a écrit *UFOs : A Modern Problem* (Ovnis :
un problème actuel[1]). Il a habité Cluj, en Roumanie, où je l'ai
rencontré en 1970 ; à présent, il réside à Iasi, capitale de la
province de Moldavie.
Le document qui va suivre a d'abord été publié dans *FSR*[2].
Je remercie l'éditeur Gordon Creighton de m'avoir autorisé à
le reproduire ici (avec quelques coupures).

UN OVNI À FLAMINZI

Selon le magazine *Opinia Studenteasca*, publié à Iasi[3], plusieurs habitants de la commune de Flaminzi (dans la région
de Botosani, dans la province de Moldavie) déclarèrent qu'au
cours de la nuit du 20 octobre 1990 ils aperçurent un ovni
volant au-dessus de la contrée où se situait le village de
Poiana. Submergés par leurs tâches quotidiennes, les villageois oublièrent vite l'incident qui, s'il s'était produit en
Amérique, aurait fait la une des journaux et l'objet de contro-
verses passionnées. Mais ici, l'affaire fut rapidement enterrée ;
ceux qui avaient « vu » des choses lumineuses n'en démor-
dirent pas et les autres, qui avaient dormi à poings fermés,
prirent les premiers pour des fous. Les événements auraient
pu en rester là, sans aucun doute, et tout aurait été relégué
dans les oubliettes si deux reporters de la *Botosani Gazeta*

n'avaient débarqué à Flaminzi, bientôt suivis par ceux de la télévision.

La fameuse lumière avait été observée dans le ciel par Virgil Atodiresei, vers 21 h 30, comme il rentrait chez lui sur la grand-route en direction de la commune de Flaminzi. D'où il se trouvait, c'est-à-dire sur le macadam de la chaussée, il pouvait très nettement apercevoir un point brillant, mais assez diffus, juste au-dessus du village de Poiana. Virgil, jeune homme de 23 ans, raconte : « Je n'y fis pas beaucoup attention, mais il me sembla étrange qu'une voiture passe par là étant donné qu'il n'y avait pas de route, mais seulement des champs labourés. »

Pendant ce temps, au village de Poiana, l'électricité avait été coupée. Nicolai Bildea, professeur de mathématiques, s'était rendu au village pour se procurer une lampe (sans doute une torche électrique.) Il faisait nuit noire ; pas une seule étoile dans le ciel ni d'électricité dans tout le village.

La première chose que notre témoin remarqua, ainsi que son jeune camarade Iulian Preda, fut la lueur qui semblait danser au-dessus d'un jardin — un peu comme un feu en train de consumer des mauvaises herbes. Or, la chose paraissait se situer non pas au ras du sol mais plus haut dans les airs. Preda se rappela « qu'ils commencèrent alors à avoir peur que quelqu'un n'ait mis le feu aux récoltes de la famille Volochina ». Puis la lueur dansante s'éteignit pour à nouveau jaillir d'un seul coup jusqu'à devenir aussi éblouissante que la flamme d'une lampe à souder. Enfin, elle disparut.

UN GROS OBJET EN FORME D'OBUS

Si l'on en croit le témoignage de Virgil Atodiresei, l'objet volant était aussi gros qu'un sous-marin, et il se déplaçait au-dessus du village à une altitude d'environ 100 mètres. Mais sa silhouette restait assez floue — par moments on aurait dit « une sphère d'où partait une multitude de rayons lumineux ».

Les deux faisceaux de lumière émis par l'engin étaient de forme conique. A leur source, ils paraissaient avoir un diamètre d'un mètre ou deux, tandis qu'au sol ils projetaient un rond de lumière d'environ vingt mètres de diamètre. A un moment, Atodiresei put apercevoir un certain nombre d'autres lumières plus petites, disposées de façon symétrique sur l'objet, comme des feux de position. Parfois, la chose se déplaçait à toute allure, puis elle s'arrêtait net et virait de côté : ces brusques changements de direction se répétèrent à plusieurs reprises.

Quand le professeur Bildea vit l'objet pour la première fois, il pensa à une « gigantesque tortue ». Puis l'objet évolua à une vitesse très lente et le professeur grimpa sur un puits pour mieux voir. De là, il put observer une série de petites lumières placées de façon équidistante tout autour du « ventre de la tortue ». Du « ventre » lui-même partaient quatre rayons lumineux : l'un était dirigé directement vers le sol ; un autre les visa pendant un court instant, lui-même et Preda ; les deux derniers étaient dirigés en oblique vers la terre et effectuaient de lents balayages dans toutes les directions. En outre, depuis un autre angle de vue, le professeur put remarquer que les deux rayons situés à l'arrière étaient, en fait, des lignes lumineuses, comme stratifiées par des orifices spéciaux — des plans lumineux composés de fils minces tels des lasers. Sous un autre angle, en l'observant mieux, le professeur affirma que l'objet avait l'apparence d'un obus d'une cinquantaine de mètres de long et une douzaine de haut. Sur son dos, il y avait des zones transparentes qui rappelaient des hublots, et une faible luminosité s'en échappait — luminosité qui provenait certainement de l'intérieur même de l'« obus ». La dernière chose qu'il nota fut, une fois encore, les « feux de côté ».

Son épouse, Voichita Bildea, et sa mère, Maria Trifan, virent elles aussi les lumières et, selon leur témoignage, il y avait deux faisceaux lumineux, et non quatre. Elles ne purent pas vraiment donner une description précise de l'objet ; tout ce qu'elles purent voir fut une forme vaguement sphérique, d'où sortaient deux puissants rais de lumière — « si lumineux que vous auriez pu aller ramasser des perles dans le jardin ».

Tout le monde s'accorde sur le fait qu'il pleuvotait ce soir-là. Le professeur Bildea, pourtant, fut le seul à remarquer que, lorsque l'ovni apparut, la pluie cessa instantanément de tomber, et que, juste après qu'il eut disparu, il recommença à pleuvoir de façon aussi soudaine, mais cette fois il tombait des cordes. Autre chose : le professeur dit qu'il avait eu l'impression qu'à un endroit un des faisceaux lumineux *s'était recourbé* et avait conservé cette trajectoire pendant quelques secondes.

LA PANNE DE COURANT

Tous les témoins, sans aucune exception, déclarèrent que l'objet était apparu à plusieurs reprises et qu'à chaque fois, et simultanément, le courant électrique avait été coupé. Peu après que l'objet eut disparu, l'électricité fut rétablie graduellement dans les villages et rien ne devait plus perturber l'éclairage public jusqu'à l'apparition suivante de l'objet.

Les villageois témoignèrent le lendemain que quelqu'un avait été délégué depuis la centrale électrique de Botosani pour vérifier les installations et les compteurs, mais qu'il n'avait rien trouvé qui pût justifier pourquoi les plombs avaient ainsi sauté partout, dans la nuit du 20 octobre. Et pourtant, pendant deux heures la nuit précédente, le personnel de la centrale avait été complètement dépassé par les événements et incapable de contrôler le voltage distribué sur la commune de Flaminzi. Ils affirmèrent que cette coupure de courant ne provenait pas de la compagnie. De plus, *le compteur avait continué d'indiquer que, malgré la « coupure », il y avait toujours eu consommation du courant électrique* !

AUTRES OBSERVATIONS DIGNES D'INTÉRÊT

Durant cette même nuit, il faut noter un autre moment fantastique et qui concerne la ville de Cluj, capitale de la région nord-ouest de la Roumanie, déjà bien connue pour ses nombreux cas d'ovnis et ses excellents clichés photographiques[4]. Un journal de Cluj, *La Vérité libérée* (le nom original roumain n'est pas donné), publia un bref compte rendu de ces derniers événements[5]. Du coup, Monica Ghet, reporter au magazine *Écran* (traduit du roumain) arriva sur place et, en présence du docteur Savel Cheptea (maître de conférences à l'Université de Cluj), enregistra au magnétophone les déclara-

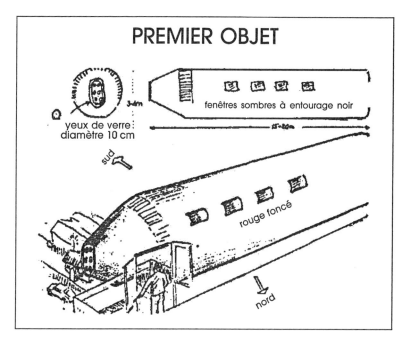

PREMIER OBJET

yeux de verre : diamètre 10 cm

fenêtres sombres à entourage noir

sud

rouge foncé

nord

Fig. 1

tions d'un témoin, Ioan Baghiu, conducteur de locomotives retraité. Voici ce que cet homme déclara :

Vers 2 h 30, dans la nuit du 20 au 21 octobre, je me levai et allai dans la cuisine pour fumer une cigarette. Comme je me tenais près de la fenêtre, je remarquai plusieurs « étoiles » particulièrement brillantes au-dessus des quartiers ouest de Manastur, et ça lançait comme des éclairs à une altitude d'environ 2 000 ou 3 000 mètres. En y prêtant plus d'attention, je me rendis compte que, si je suivais les contours d'une forme arrondie, il y avait en fait entre dix-huit et vingt petites lampes jaunes clignotantes. A la base de cette silhouette arrondie, on pouvait voir un énorme point lumineux jaune qui émettait par intermittence un rayon orangé très intense.

J'étais fasciné et restai là à contempler le phénomène jusque vers 4 heures. Durant cet intervalle, j'allai réveiller ma femme et mes filles dont seule l'aînée nous rejoignit à la fenêtre pour observer pendant quelques minutes ce truc bizarre. J'en informai également ma voisine de l'étage au-dessus, Aurora Balaj, car je l'avais entendue marcher dans sa cuisine.

Après 3 heures, j'avais commencé à remarquer un autre phénomène lumineux, cette fois plus proche de notre immeuble. Cela consistait, en fait, en deux lumières, l'une bleuâtre et l'autre violette,

81

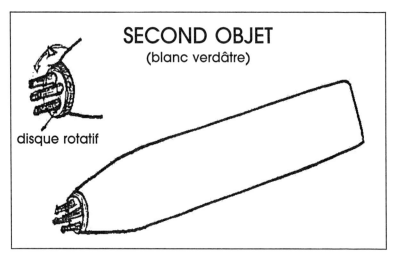

SECOND OBJET

(blanc verdâtre)

disque rotatif

Fig. 2

pareilles à des tubes fluorescents d'où sortaient des faisceaux lumineux très puissants en forme de cône et qui plongeaient vers le sol. Cela ne dura que quelques minutes.

Puis un peu plus tard, après 4 heures, ce fut le comble de l'étonnement lorsque je vis apparaître, juste à la hauteur du balcon de mon huitième étage, un énorme objet cylindrique qui glissait lentement dans les airs de la manière la plus silencieuse qui soit. La chose était d'un rouge sombre et n'émettait aucune lumière. Cela avait bien quinze mètres de long. Je pouvais très bien le voir (fig. 1) grâce à l'éclairage public de la rue juste en dessous. Au bout de son nez qui se trouvait à droite de mon balcon, je pus remarquer un plan vertical, comme une section d'un diamètre d'environ soixante-dix centimètres, sur laquelle il y avait six « yeux de verre », comme des lentilles, et de teinte sombre (comme six loupes, chacune d'un diamètre d'une dizaine de centimètres).

L'énorme « cylindre » avait lui-même un diamètre de trois à quatre mètres (l'équivalent de deux hommes, l'un juché sur les épaules de l'autre, y aurait tenu à l'aise). Je pouvais également distinguer quatre fenêtres sombres avec des encadrements noirs.

Le cylindre est resté là, près de mon balcon, au moins deux bonnes minutes. Je n'éprouvais pas de peur, mais je n'ai quand même pas osé sortir sur le balcon. Puis l'énorme objet est reparti à reculons avec quelques tremblements mais toujours aussi silencieusement, et il disparut. Après son départ, je me précipitai sur le balcon, mais il n'y avait plus rien à voir.

Et puis, quelques instants plus tard, un autre objet fit son apparition, cette fois encore près de mon balcon ! Bien qu'il fût de la même taille que le premier, c'était quelque chose d'autre car sa couleur tirait sur le blanc verdâtre [et] il ne possédait pas d'ouvertures. À son bout (que je perçus comme une large section arrondie avec un contour sombre), il y avait quatre tubes comparables aux téléobjectifs des photographes (fig. 2). Ces tubes, ainsi que tout l'espace frontal, tournaient lentement. Et ce deuxième cylindre se tenait en l'air dans une position oblique — à environ quarante-cinq degrés, je crois.

Ce second objet ne resta pas non plus très longtemps près de mon balcon. Je décrochai le téléphone et appelai mon voisin Bura, mais personne ne répondit. Le deuxième cylindre recula à son tour doucement avant de disparaître. Je courus sur le balcon pour la dernière fois et regardai les six lumières qui s'éloignaient lentement vers le nord, en direction de la forêt de Baciu. Il était 5 h 20.

UN OVNI À DOLHESTI

Un peu plus d'un mois plus tard, en décembre 1990, d'autres phénomènes du même genre purent être observés ainsi qu'une nouvelle panne de secteur, mais cette fois au-dessus de la commune de Dolhesti, à quarante kilomètres au sud-est de Iasi. Voici le compte rendu qu'en fit le journal local *Opinia*[6].

Une nuit, peu après 4 heures du matin, le personnel d'une entreprise fut alerté par une soudaine interruption du courant électrique. En allant examiner les installations pour tenter de réparer la panne, ces gens remarquèrent une vive lueur au-dessus de la région de Crasnita. Ils se rendirent sur le sommet d'une colline toute proche pour en savoir davantage et découvrirent alors la présence d'un objet ovale de dix à douze mètres de diamètre qui émettait une violente lumière blanche comme celle d'une lampe au sodium.

La même description fut faite, un peu plus tard, par un villageois réveillé par les aboiements des chiens. Selon les autres habitants du village, l'objet aurait été également vu par plusieurs hommes qui attendaient leur autobus pour Iasi.

Des villageois déclarèrent que, plus tard dans la journée, vers 13 heures, le courant avait encore une fois diminué « comme au théâtre, quand les lumières s'éteignent progressivement », mais avait été rétabli vingt minutes après, sans qu'il y ait eu de panne totale.

Notes

1. Florin, Gheorghita : *OZN : O Problema Moderna* (Ovnis : un problème actuel), éditions Junimea, Iasi, 1973.

2. Florin, Gheorghita : « UFOs over Romania in October and November 1990 » (Des ovnis au-dessus de la Roumanie, en octobre et novembre 1990), publié dans *FSR*, vol. 37, n° 1, 1992.

3. *Opinia Studenteasca*, Iasi, n° 47, novembre 1990.

4. Florin, Gheorghita : « Flying Saucers over Cluj, Romania » (Des soucoupes volantes au-dessus de Cluj, en Roumanie), *FSR*, vol. 15, n° 16, 1969.

5. *La Vérité libérée*, Cluj, 3 novembre 1990.

6. *Opinia*, Iasi, 8 décembre 1990.

7

Un énorme objet stationnaire au-dessus de Montréal

Docteur Richard Haines et Bernard Guénette

Chercheur scientifique bien connu, le docteur Richard Haines est en possession de trois diplômes en psychologie après des études au *Pacific Lutheran College* (Collège luthérien du Pacifique) de Tacoma, dans l'État de Washington, et à l'Université de l'État du Michigan ; il détient également un diplôme d'ingénieur, obtenu à l'université de Washington, à Seattle, ainsi qu'un brevet de l'Armée de l'air. Avant de prendre sa retraite, Haines a occupé divers postes chez Boeing et au Centre de recherches de la NASA où il dirigea le Bureau des facteurs humains de l'espace *(Space Humans Factors Office)* et travailla comme chercheur dans le domaine des Sciences de la vie *(Life Science Division)* ; il fit aussi partie des équipes de l'Institut de recherches avancées sur les ordinateurs *(Research Institute for Advanced Computer Science)*.

Le docteur Haines fut responsable de la « recherche sur la vision humaine concentrée » pour le programme spatial avec équipage, appliquée notamment au programme *Gemini* de rendez-vous de ravitaillement, au programme *Space Station Freedom* (Station spatiale autonome) pour la conception de ses hublots de capsule, et au problème de l'atterrissage sans visibilité pour les pilotes de ligne. En 1989, il fut nommé directeur du projet de la NASA pour le développement des Techniques d'entraînement à distance *(Remote Coaching Facility)* qu'il aida à mettre en place et à organiser. Ces dispositifs concernent les systèmes téléopérationnels, les moyens de transmission et autres nécessités technologiques que réclamera la bonne marche d'expériences à venir sur les plates-formes spatiales.

Parmi les inventions de Haines, il faut citer la conception d'un appareil d'examen optique et un système d'évaluation par simulation. Il est l'auteur de nombreux articles dans diverses revues scientifiques et il a produit pour la NASA trois films techniques. Il a publié *UFO Phenomena and the Behavioral Scientist* (Les phénomènes ovnis et le psychologue[1]), et signa *Observing UFOs* (Les ovnis sous étude[2]) ; *Melbourne Episode : Case Study of a Missing Pilot* (L'épisode de Melbourne : le cas d'un pilote manquant[3]) ; et dernièrement *Advanced Aerial Devices Reported During the Korean War* (Dispositifs aériens sophistiqués durant la guerre de Corée[4]). Ces ouvrages sont disponibles à l'adresse suivante : Dr Haines, P.O. Box 880, Los Altos, California 94023-0880.

Richard Haines a effectué plusieurs voyages scientifiques dans l'ex-Union soviétique afin de rencontrer des confrères sur les phénomènes des ovnis ; il a d'ailleurs rédigé un compte rendu de ses entrevues avec les savants (y compris ceux de l'Académie des sciences d'URSS) dans *The UFO Report 1992*[5]. En 1991, il a créé la *Joint American-Russian Aerial Anomaly Federation*, (la Fédération américano-russe pour l'étude des phénomènes aériens anormaux).

Bernard Guénette, quant à lui, est expert en infographie et informaticien professionnel. Il vit à Montréal et est membre du MUFON (Réseau international d'information sur les ovnis). Il est passionné par tous ces phénomènes depuis des années. Il a eu la chance d'être présent au moment où l'objet décrit dans l'article qui suit est apparu.

INTRODUCTION

Cet article décrit les circonstances et analyse les deux photos couleur prises lors de l'apparition d'un énorme objet angulaire et immobile, le 7 novembre 1990, entre 19 h 30 et 22 heures, heure locale, au-dessus du quartier des affaires de la ville de Montréal, au Canada. On trouvera également dans ce document les récits de nombreux témoins.

Bien que cet énorme objet ait pu être observé par quarante à cinquante-cinq personnes (dont des gendarmes), flottant au-dessus du toit de l'hôtel international Hilton Bonaventure (on l'appellera le Hilton, tout court), et au-dessus du sol de tout un secteur, et bien qu'il fût photographié par un journaliste de presse juché sur les terrasses dudit hôtel, on ne relève aucune suite officielle ni intérêt particulier de la part des membres du gouvernement. Les documents originaux, négatifs et positifs couleur de format 35 mm, ont été examinés au microscope et agrandis dans tous les sens. On les a comparés aux croquis et aux témoignages oraux de nombreux témoins.

A Montréal, ce mercredi 7 novembre 1990, le soleil se couchait à 16 h 28, heure locale. Toutes les heures citées ici sont en heure locale par rapport au méridien de Greenwich, sauf notification spéciale. Le temps était clair et froid. Mais, au niveau du sol, une humidité relativement importante se transformait peu à peu en une fine brume qui s'élevait jusqu'à plus de 1 000 mètres. Dans le ciel, on ne notait que quelques rares nuages à une altitude qui s'échelonnait entre 1 500 et 3 000 mètres.

A 19 h 30, mon co-auteur Bernard Guénette et un certain M. P. Lachapelle arrivaient à pied au croisement des rues Saint-Sulpice et de Bresolles, au cœur du vieux Montréal, à environ dix pâtés de maisons à l'est-sud-est du Hilton. Ils remarquèrent un attroupement de voitures de pompiers, de police et autres véhicules de secours, en plus d'une agitation qui bloquait toute la rue ; c'était une alerte au feu. Bernard leva alors le nez et remarqua comme une espèce de petite aurore boréale verdâtre avec de longues traînées de vapeur et qui resta fixe pendant les trente à soixante secondes pendant lesquelles les hommes l'observèrent : tous deux notèrent que le phénomène se situait à très haute altitude.

Tous les autres témoins à ce moment-là se trouvaient au dix-septième étage du Hilton, dans le quartier des affaires de Montréal. Le Hilton s'enorgueillit d'offrir à ses résidents, parmi d'autres services, une piscine d'extérieur chauffée. Une touriste américaine se livrait aux joies de la brasse coulée dans cette piscine lorsqu'elle aperçut, la première, l'étrange objet éclairé, juste au-dessus, se découpant sur le ciel nocturne, à environ 19 h 15. Plus tard, elle décrira l'apparition comme une forme ovale d'une couleur dans les tons jaunes. Elle en informa aussitôt Mme L.S.P., la surveillante de la piscine, qui alerta l'agent de sécurité de l'hôtel, Albert Sterling, tout cela vers 19 h 30. Ce dernier arriva cinq minutes plus tard et, à son tour, considéra avec perplexité l'énorme chose suspendue dans un « ciel presque sans nuages », puis téléphona immédiatement (19 h 38) à la Police urbaine de Montréal (MUCP

= *Montreal Urban Community Police*), et plus précisément au poste 25, pour réclamer du secours. La première impression d'Albert Sterling fut que cela devait être « des débris tombés du ciel, un satellite ou tout autre objet spatial ». Il essaya aussi d'appeler Dorval, l'aéroport international, pour leur demander ce que cela pouvait bien être, mais la ligne était occupée. Pendant ce temps, c'est-à-dire entre 19 h 30 et 19 h 35, Mme L.S.P. appela la rédaction du journal *La Presse* et tous les résidents qu'elle put joindre pour qu'ils accourent et voient l'apparition. M. Sterling dit que l'objet se trouvait dans l'angle sud-est de la piscine et qu'il y avait environ douze personnes présentes à cet instant. On dénombre en tout, selon Mme L.S.P., soixante-quinze personnes présentes durant toute la période où l'objet fut visible. A 19 h 55, après que l'objet eut commencé à devenir plus brillant, M. Sterling téléphona au poste de police pour la seconde fois.

A 20 heures, M. Laroche, le premier des trois journalistes à être impliqués, arriva, envoyé par *La Presse*.

L'officier de police F. Lippé fut détaché à 20 h 07 et arriva sur les lieux à 20 h 11. Il s'entretint avec M. Sterling et observa, à son tour, l'objet insolite. Plus tard (dossier de la MUCP N° 25-901107-059), il décrivit ce qu'il avait vu comme trois lumières jaunâtres, et de chacune sortait un rayon lumineux. L'objet lui-même était brillant et rond et paraissait immobile.

L'officier Lippé, M. Laroche et Mme L.S.P. virent tous trois un petit avion (de type Cessna) voler en ligne droite sous les nuages et à une altitude nettement inférieure à celle de l'objet. L'officier Lippé nota que l'objet était « ... beaucoup plus haut que l'aéroplane », et M. Laroche estima que ce dernier se situait à environ 400 mètres d'altitude. Mme L.S.P. et M. Laroche se souviennent que le petit avion privé avait vraiment l'air « minuscule » en comparaison de l'objet céleste. (Les petits avions particuliers qui n'assurent pas de vols réguliers doivent se maintenir à au moins 300 mètres au-dessus des plus hautes dénivellations du sol dans un périmètre de 600 mètres. Le Mont-Royal qui culmine à environ 400 mètres est le sommet le plus élevé de Montréal et il est situé au nord-ouest du Hilton. On y a d'ailleurs installé des antennes radio, de sorte que l'altitude minimale des vols aériens est obligatoirement de 400 mètres. De plus, les avions privés ne doivent pas non plus voler au-dessus de 650 mètres sans être équipés d'instruments agréés et sans que le pilote ait été autorisé à voler en accord avec les conditions météorologiques, ceci pour éviter les collisions avec les avions de ligne. L'aéroport de Dorval est tout près. Les avions privés se déplacent donc tous entre 500 et 600 mètres d'altitude.)

Jules Béliveau, autre reporter à *La Presse*, reçut une lettre (datée du 8 novembre 1990) d'un certain François Chevrefils qui affirmait que son ami (M. Jean...) avait observé l'objet entre 19 h 30 et 20 heures depuis son avion particulier. Bien que ce monsieur eût rempli une fiche d'observation pour le MUFON, il déclina toute invitation pour une autre interview et rien ne prouve qu'il ait été le pilote du petit avion que l'on avait vu ce soir-là dans le lointain.

A 20 h 15, une mère et sa fille qui roulaient en voiture sur le boulevard Champlain, dans la partie sud-ouest de Montréal, près de l'hôpital Douglas, racontèrent qu'elles avaient vu dans le ciel deux gros points lumineux tout blancs avec nombre de petites lumières qui semblaient immobiles et silencieuses. La localisation de cette observation a été définie aux environs de sept kilomètres à l'ouest-sud-ouest du Hilton.

L'officier Lippé téléphona au sergent Masson à 20 h 20 pour demander du renfort, et à 20 h 30 le sergent Masson arriva au sommet du Hilton. Complètement sidéré devant l'apparition, le sergent Masson appela la Police montée (RCMP = *Royal Canadian Mounted Police*) à 20 h 44. L'inspecteur Minkoff, de la Police montée, dit que l'agent Morin serait envoyé pour prendre l'affaire en main. Entre-temps, l'officier Lippé appela le chef de district de la Police urbaine, Denis Paré, qui téléphona aussitôt au quartier général de la Police montée pour une « opération de secours ». Lippé appela également la tour de contrôle de l'aéroport.

On l'informa (il était 20 h 52) qu'il n'était pas la première personne à téléphoner à propos de cette étrange chose, mais que rien n'apparaissait pour autant sur les écrans des radars de l'aéroport. Presque simultanément, le sergent Letendre, opérateur au central de la Police montée, appela de son côté l'aéroport international de Dorval où on l'aiguilla sur le Département des plans de vol.

M. Laroche retourna à sa voiture pour prendre son appareil photo 35 mm, entre 20 h 30 et 20 h 45, et revint au Hilton.

A 21 heures, M. Béliveau et Robert Mailloux, tous deux journalistes à *La Presse*, arrivèrent à leur tour sur la terrasse du Hilton. Plus tard, M. Béliveau décrivit ce qu'il avait vu comme le montre le dessin de la figure 1 (p. 95). A cause du coup de fil du sergent Masson réclamant de l'aide, Denis Paré arriva à 21 heures ; le commissaire Morin de la Police montée aussi. Mais, avant de quitter son domicile, il avait appelé le major Thompson (commandant des opérations militaires du Département de la Défense nationale canadienne, base de Saint-Hubert) pour savoir si des exercices militaires se déroulaient dans le secteur. Il fut informé que non.

Bien d'autres appels téléphoniques furent échangés tous azimuts ce soir-là entre 20 h 55 et 21 heures et il serait fastidieux de tous les énumérer ici.

LES PHOTOGRAPHIES

Il était entre 21 heures et 21 h 05 lorsque M. Laroche prit le premier des clichés. Quand il se rendit compte que l'obscurité était tellement importante que rien ne paraîtrait sur la pellicule, il appela un photographe de *La Presse*, et on lui conseilla de poser son appareil sur un banc et de tenter manuellement une exposition de trente secondes. La deuxième photo fut prise environ deux ou trois minutes après. Quand mon co-auteur Bernard Guénette contacta M. Laroche le 8 avril 1991 pour lui demander l'autorisation d'examiner les tirages et les négatifs, ce dernier répondit : « Je n'ai reçu aucune directive de la part des autorités — Département de la Défense, Police montée ou Police urbaine — à propos de tous ces événements. » M. Laroche était employé au sein du journal *La Presse* en tant que journaliste et non comme photographe et, par conséquent, il conservait l'intégralité de ses droits sur les photos qu'il avait prises. Néanmoins, à ce jour, il n'a jamais essayé de tirer un profit quelconque de ces documents. Il envoya au docteur Haines quelques tirages où l'on retrouve les deux photos d'ovnis, avec d'autres planches du même rouleau de pellicule sans rapport avec le sujet.

Une des deux photographies fut publiée avec un article, dans *La Presse* du 8 novembre. L'article, signé Jules Béliveau et Marcel Laroche, était intitulé : « Un ovni dans le ciel de Montréal ? » et se trouvait en page A3 du journal. Cet article relatait le fait que « M. Sterling avait remarqué quelques nuages dans le ciel. L'objet lumineux possédait six lumières fixées autour d'un large cercle et de chacune sortait un faisceau lumineux. La plupart des témoins affirmèrent que les faisceaux étaient de couleur blanche, mais certains pensent qu'ils étaient bleus, jaunes ou même rouges ».

LA SUITE DES ÉVÉNEMENTS

Appelé à son domicile, l'officier de service de la Police montée, le commissaire Luc Morin (Département général des Enquêtes) arriva au Hilton à 21 h 30, et constata, lui aussi, la présence de l'objet ; la description qu'il en fit est très similaire à celle de la figure 2 (p. 96). A peu près au même instant, les trois journalistes quittèrent les lieux pour retourner à leurs bureaux de *La Presse* afin de rédiger l'article qui devait paraître le 8 novembre. En plus de la Police montée et de la Police urbaine, un témoin (qualifié pour émettre ce genre d'affirmation) note la présence d'agents de la Police du Québec (*Quebec Province Police*) et des services secrets canadiens (*Canadian Security Intelligence Service*).

Également présent sur les toits du Hilton à 21 h 40 durant tous ces événements, un pilote de la compagnie Air Canada qui résidait à l'hôtel. Il estima l'altitude de l'objet entre 2 800 mètres et 3 300 mètres, bien que le plafond nuageux ne culminât qu'à environ 1 200 mètres à ce moment-là.

Très judicieusement, l'officier Lippé contacta le chef de la sécurité de l'immeuble commercial de quarante-cinq étages qui était en construction de l'autre côté de la rue, à l'ouest du Hilton (au n° 1 000 de La Gauchetière) afin qu'il veuille bien éteindre tous les projecteurs qui plongeaient sur le chantier depuis une grue gigantesque. Comme c'était prévisible, l'extinction des lumières du chantier ne changea rien à l'apparence de l'objet mystérieux. Il était donc impossible désormais de penser que l'objet pouvait être un reflet, direct ou indirect, de ces lampes de chantier juchées tellement haut sur des poutrelles qu'on les perdait de vue dans la brume ou les nuages. De même, l'angle entre le sommet du Hilton (à la verticale) et celui de l'immeuble en construction était d'environ 60°, ce qui était beaucoup plus bas que l'objet.

Comme à 21 h 45 l'officier Lippé téléphonait au lieutenant Proulx, du Département de Surveillance de la Police urbaine, pour qu'une caméra vidéo soit amenée sur la terrasse du Hilton, l'officier O'Connor était envoyé par le département de l'Identité judiciaire de la Police urbaine pour prendre des photos avec un appareil 35 mm. (L'officier Michel Coté, du Département de Surveillance de la Police urbaine arriva, lui, à l'hôtel, à 22 h 20 avec un camescope mais l'objet bizarre n'était plus visible et l'officier repartit comme il était venu.) Aucun cliché ne fut pris, cependant, parce que « les nuages étaient trop denses », même si l'objet lui-même était encore légèrement visible pour l'œil humain. Il est intéressant de remarquer que ce monsieur n'essaya pas pour autant d'obtenir une image, même sous-exposée, en augmentant le temps de pose comme l'avait fait le journaliste, et avec succès.

Le commissaire Morin téléphona au quartier général de la Police montée de Montréal à 21 h 58, quelque vingt-huit minutes après qu'il eut découvert pour la première fois l'objet, afin de demander du renfort pour « éclaircir ce mystère ». M. Morin déclara que l'objet disparut vers 22 h 10, à cause de l'épaississement graduel de la couche de nuages. Si cela est vrai, cela voudrait dire que l'objet était demeuré à une altitude constante alors que la couche nuageuse, elle, descendait progressivement ; et ceci est invérifiable. La couche de nuages à environ 1 200 mètres au-dessus du sol était très opaque, puis très épaisse entre 1 300 et 1 700 mètres, lorsque l'objet ne fut plus visible. Plus tard, M. Sterling estima que vers 22 heures l'objet s'était déplacé vers une autre position, davantage à l'angle nord-ouest de la piscine. L'officier Morin quitta le Hilton à 22 h 10 ; l'agent de la Police urbaine à 22 h 30. L'estimation à vue (angulaire) de la taille de l'objet par M. Sterling (fig. 2, p. 96) ne correspond pas à son affirmation selon laquelle l'objet s'est déplacé de l'angle sud-est à l'angle nord-ouest de la piscine durant le temps que dura cette observation. Si l'objet se trouvait à une altitude de seulement 1 000 mètres en sous-tendant un arc de 20°, il aurait eu alors 300 mètres d'envergure. Un mouvement horizontal d'un gros objet de seulement vingt mètres, c'est-à-dire la diagonale de la piscine, correspond à seulement six pour cent de la taille de l'objet. Ce très petit déplacement, effectué régulièrement sur une période de deux heures et cinq minutes, serait certainement resté invisible. Il est davantage probable que cette estimation de la position de l'objet soit erronée et directement influencée par la position de l'observateur lui-même.

Un certain M. Pierre Caumartin déclara que, tandis qu'il conduisait sa voiture pour rentrer chez lui après le travail, entre 22 h 30 et 23 heures, il vit plusieurs « lumières très bizarres, un objet étrange et lumineux en forme de boomerang et bas dans le ciel, à peu près à la limite des nuages ». Les lumières étaient « énormes et de grande puissance ». Il se rappela que cela avait pratiquement éclairé tout l'intérieur de sa voiture. Quand il arriva chez lui dans le quartier est de Montréal, non loin de la base militaire de Longue-Pointe, il observa mieux l'objet qui volait à proximité de la centrale électrique (Hydro-Québec Longue-Pointe) qui est censée recevoir 120 000 volts. En sortant de sa voiture, comme il entendait une espèce de « vrombissement », il se persuada que l'objet était seulement un dirigeable dont on ne pouvait percevoir que la nacelle émergeant de la couche de nuages. Il passa en tout dix à quinze minutes à observer la scène.

La base militaire de Longue-Pointe est la plus importante base militaire des Forces canadiennes de Montréal, regroupant quarante-huit corps d'armée, détachements et unités régulières, c'est-à-dire environ 1 900 hommes, vingt-cinq unités de réserve de 3 000 hommes et quatre-vingt-dix-sept corps de cadets comptant 7 500 soldats, en plus de trois écoles militaires. Or, à la base, personne n'a repéré quoi que ce soit ce 7 novembre ! Une panne de secteur (hors tension) eut lieu entre 23 h 08 et 23 h 50 à la base militaire de Longue-Pointe. La base est alimentée par une ligne de 12 000 volts acheminée depuis la centrale Hydro-Québec Longue-Pointe. C'est la seule qui lâcha ce 7 novembre 1990 entre 21 h 08 et 21 h 50. Après vérification, les réseaux de télécommunication, les radio-amateurs et les circuits du téléphone, durant cette même soirée, n'enregistrèrent aucun disfonctionnement particulier.

En résumé, parmi tous les témoins « professionnellement entraînés » qui observèrent l'objet lumineux stationnaire pendant une durée de une heure à deux heures cinq minutes, aucun ne fut capable d'obtenir un seul cliché photographique, un effet magnétique, une fréquence radio, une onde ultracourte ou tout autre preuve « solide » de la présence d'un objet céleste ; personne ne put non plus obtenir qu'un avion de reconnaissance soit envoyé en mission sur place. On peut se demander combien de temps un objet céleste inhabituel doit rester suspendu au-dessus de nos têtes, au su et au vu de tout le monde, avant qu'il y ait la moindre réaction, c'est-à-dire avant que l'on daigne se livrer à une quelconque analyse scientifique et/ou technique du phénomène. Il faut y voir encore une fois le mépris de la science traditionnelle pour l'ufologie.

DESCRIPTION ET CROQUIS DE L'OBJET, PAR LES TÉMOINS OCULAIRES

On trouvera ici la série des dix croquis dans l'ordre où ils ont été exécutés*. Mme. L.S.P., qui fut la deuxième personne à avoir aperçu l'objet, fut la première à parler d'une configuration de forme ovale faite de huit lumières séparées ; elle en avisa l'officier Lippé, du poste n° 25 de la Police urbaine, à

* Pour plus de clarté, le docteur Haines a repassé au stylo les originaux, à l'exception de la figure 3. (*N.d.T.*)

environ 20 h 12. Puisqu'il a lui-même vu l'objet, il est probable que le dessin de Lippé (exécuté sur les instructions de Mme L.S.P.) représentait en fait davantage sa propre vision de l'objet*. Mme L.S.P. rapporta plus tard que « cela ressemblait beaucoup à ce qu'elle avait vu dans le film *Rencontres du troisième type* ».

LUMIÈRES ORANGE

LUMIÈRES BLANCHES

Fig. 1

Le second témoin à donner une description (et par conséquent un croquis destiné au rapport de police) fut M. Sterling. La forme dessinée par le policier sous les directives de M. Sterling est reproduite dans la figure 2 (p. 96). Les dessins 3 et 4 (p. 96) sont les croquis exécutés par M. Sterling en personne et de mémoire le 9 octobre 1991. Notons la différence du nombre de sources lumineuses. M. Sterling pense qu'il y avait entre six et neuf lumières indépendantes et d'une blancheur éblouissante « comme celle d'un arc à souder » : ces sources lumineuses se situaient sur le pourtour de l'objet, et de chacune partait un faisceau de lumière. Ces faisceaux n'étaient pas orientés verticalement mais paraissaient être dirigés à l'horizontale depuis l'objet lui-même. M. Sterling émit également l'idée que l'objet devait être « quelque chose de fabriqué, d'artificiel et de non humain ».

Le commissaire Luc Morin téléphona à son quartier général pour réclamer du renfort afin d'éclaircir ce mystère. Sur son croquis (fait le 7 novembre 1990) apparaissent sept sources lumineuses rondes formant un ovale (fig. 5, p. 97) ; les trois lumières se trouvant sur la droite de l'ovale seraient les plus grosses (ou les plus brillantes ?) et il y aurait des lignes (des rayons lumineux) qui sortiraient de l'objet. M. Morin

* Non montré ici.

95

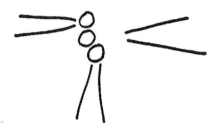

Fig. 2

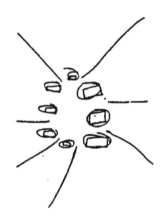

Fig. 3

COULEUR ORANGE

BLANC ÉCLATANT

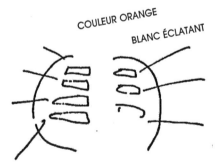

Fig. 4

remplit un formulaire destiné au MUFON le 9 juin 1991 et y ajouta un croquis (fig. 6). Il indiqua aussi que le temps était très couvert et que l'objet possédait une forme ovale et qu'il était doté de trois sources lumineuses.

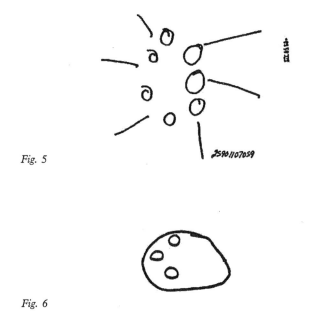

Fig. 5

Fig. 6

En mai 1991, Marcel Laroche dessina un croquis de ce qu'il avait vu entre 20 heures et 21 h 30 depuis la terrasse du Hilton : ce croquis est reproduit en figure 7 (p. 98). Il décrivit oralement l'objet qui lui parut de forme arrondie, d'un blanc brillant, avec six, ou plus, petites lumières rondes de couleur orangée comme le coucher du soleil, et d'un diamètre proche de celui de la pleine lune (ce qui correspond à un arc de 32'). L'objet est tout le temps resté au-dessus de lui. Il ne perçut strictement aucun bruit. Il est intéressant de noter la direction des faisceaux émis depuis les trois zones circulaires (des sources lumineuses ?), étant donné qu'ils n'étaient pas dirigés dans le même sens. Cela signifierait-il qu'il y eût d'autres sources lumineuses qui auraient émis le faisceau qui était pointé sur la droite ?

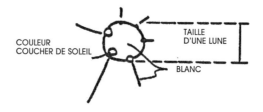

Fig. 7

Jules Béliveau était un des journalistes présents. La figure 8 montre le croquis qu'il fit de l'objet le 22 avril 1991. Il remarqua que l'objet était rond, avec au moins six lumières rondes réparties tout autour. Cette rangée de lumières était de couleur blanche ou tirant sur le jaune. Notons que, pour une raison inconnue, M. Béliveau ne reproduit que trois de ces lumières périphériques sur son dessin.

Comme il en a été question précédemment, Pierre Caumartin, producteur de films, put lui aussi observer l'objet tandis qu'il rentrait chez lui à bord de sa voiture après 22 heures. Il dessina deux croquis de l'objet (fig. 9 et 10, p. 99) qui sont censés représenter son aspect extérieur durant une période de dix à quinze minutes, dans un secteur situé à environ onze kilomètres à l'est-nord-est du Hilton.

Ce que tous ces croquis ont en commun est la représentation d'une forme généralement ovoïde, en partie ou complètement fermée, dotée de sources lumineuses rondes et petites d'un nombre estimé entre trois et huit, chacune émettant un faisceau lumineux de couleur à prédominance blanche. Plusieurs témoins rapportèrent ce qui suit : 1. Il y avait une

BLANC/JAUNÂTRE

Fig. 8

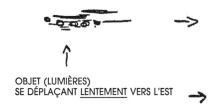

OBJET (LUMIÈRES)
SE DÉPLAÇANT LENTEMENT VERS L'EST →

Fig. 9

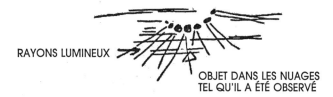

RAYONS LUMINEUX ⟶

OBJET DANS LES NUAGES
TEL QU'IL A ÉTÉ OBSERVÉ

Fig. 10

relation directe entre la dimension de chaque source lumineuse et la longueur des faisceaux lumineux, de sorte que la source dont le diamètre était le plus important émettait le faisceau le plus long. 2. La luminosité de chaque faisceau semblait constante sur toute la longueur de celui-ci. 3. Chaque faisceau commençait et se terminait « brusquement ». 4. Enfin, les sources de lumière les plus importantes se trouvaient toutes sur le côté gauche de l'objet. Bien sûr, ce qui peut être défini comme la gauche ou la droite de l'objet dépend de l'emplacement de l'observateur lui-même tandis qu'il regardait l'objet à la verticale. Ce qui signifie que ces témoignages ne peuvent guère nous aider à orienter les croquis. Mais que montrent à leur tour les photographies ?

LE TÉMOIGNAGE DES PHOTOGRAPHIES

Appareil, objectif et réglages : un Nikon modèle FG-20, reflex à simple objectif de 35 mm. L'appareil avait alors un autre objectif de 50 mm f. 1,8 Nikon série E, réglé sur l'infini. Le ciel relativement sombre exigeait un long temps d'exposition,

99

l'appareil devant être fixe, était en l'occurrence calé sur un banc. *Pellicule et développement* : un rouleau de pellicule Astral couleur 35 mm (100 ASA) était déjà engagé dans l'appareil avant que le journaliste n'arrive au Hilton. Les épreuves 1 à 3 montrent des scènes de reportage dans des milieux ouvriers. Les épreuves 4 à 12, ainsi que la 15, étaient sous-exposées et on ne distinguait rien. Le reste du film était vierge. La figure 11 donne la sensitométrie et la figure 12 (p. 101) la courbe caractéristique de ce type de pellicule. Le film a été développé dans les laboratoires du journal *La Presse* entre 22 heures et 23 heures le 7 novembre, comme on le verra plus loin.

En ce qui concerne la première photo, les faibles rayons lumineux en étoile sont manifestement une aberration optique sous forme de réflexions produites par les intervalles entre les lentilles à l'intérieur de l'objectif. La vague silhouette de l'objet lui-même peut être repérée en se fiant aux emplacements des extrémités des différentes zones lumineuses : elle pourrait être évaluée d'après la largeur et la longueur d'un ovale aplati dans le rapport de 0 à 66. Ce rapport correspond à ce que nous percevrions si un cercle était décrit à partir d'un arc de 33,5° suivant l'angle de la ligne de visée. Cette forme ovale se retrouve dans au moins six des croquis présentés ici.

Le second cliché fut pris par M. Laroche vers 21 h 12, avec,

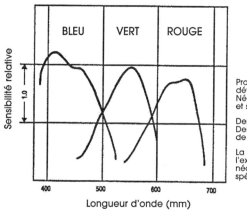

Procédé de
développement :
Négatif combiné image
et son : 16

Densitométrie : statut M
Densité : 1.0 au-dessus
de D-min.

La sensibilité égale
l'exposition (ergs/cm²)
nécessaire à une densité
spécifique.

Fig. 11

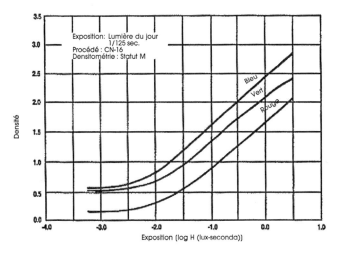

Fig. 12

encore une fois, l'obturateur maintenu manuellement ouvert pendant un minimum de trente secondes. On voit clairement les trois sources lumineuses sur le même côté de l'objet et possédant relativement la même luminosité, comme cela est montré sur la figure 7, mais sans les effets d'optique de l'objectif si gênants sur l'autre photo.

ANALYSE DU TRAITEMENT DES NÉGATIFS

Les épreuves 13 et 14 ont été agrandies au format 8 x 12. L'espace entre les deux zones lumineuses les plus éloignées l'une de l'autre sur l'image équivaut respectivement à 0,370 et à 0,384, suggérant l'hypothèse que l'objet diminuait en altitude, virait de bord, ou bien changeait réellement de dimension entre les deux instants où les photos ont été prises. Pour une longueur focale de 50 mm, la largeur d'angle des clichés correspond à 40° [6]. Ainsi, la distance angulaire entre les deux sources lumineuses les plus éloignées sur l'objet égale 1° 14' d'arc sur l'épreuve 13, et 1° 17' sur l'épreuve 14.

Les négatifs couleur originaux ont été digitalisés grâce aux systèmes Perceptics NuVision (système très complet de scanner, digitaliseur, programmation et traitement). On obtint un

101

agrandissement couleur qui faisait remarquablement ressortir les subtiles différences de brillance par l'utilisation de deux couleurs primaires (le bleu pour le fond et le rouge pour les objets). Le résultat montra clairement que les effets d'optique au nombre de trois, qui parasitaient le côté gauche de la photo et qui étaient extrêmement brillants, étaient en fait dix fois moins lumineux que la partie centrale. Un objectif Nikon de 50 mm (f/1,8) contient neuf lentilles qui peuvent produire de nombreux effets de réflexion[7]. La zone centrale d'une luminosité maximale se situe sur la droite sous la forme d'un ovale entourant l'image d'un disque.

La densité des contrastes a été déterminée, pour la première photo prise par M. Laroche, par deux lignes droites parallèles. L'une d'elles traversait le ciel en arrière-plan pour aboutir à gauche des trois zones lumineuses visibles sur ce cliché. Le contraste qui en résulte pour cet arrière-plan est mis en évidence en figure 16 (p. 112) par le tirage agrandi du fond. Notons que la densité au niveau du ciel se situe entre 0,6 et 0,75, sachant que l'étalonnage va de 0 (obscurité maximum) à 1 (brillance maximum) et est relativement régulière, ce qui indique que la luminosité du ciel avait été constante. Cela correspond à ce que nous aurions pu obtenir avec des phares éclairant à travers du brouillard ou des nuages. Puis on examina les trois zones lumineuses de la première photo. On observe alors un changement dans la densité optique produite par l'objet céleste et représentée par la région la plus sombre de la figure 16. On peut voir que l'objet est si brillant qu'il en sature l'émulsion de la pellicule dans un espace correspondant à au moins la moitié de son diamètre.

COMPARAISON DES MESURES VISUELLES ET PHOTOGRAPHIQUES DE L'ANGLE DE VISION DE L'OBJET

Si la taille angulaire et la distance de l'objet céleste peuvent être définies, sa dimension réelle peut alors être calculée. Si une estimation, de mémoire, de la distance ou des angles est souvent sujette à caution[8], le repérage de la hauteur approximative de la couche nuageuse (plus ou moins 150 mètres) et

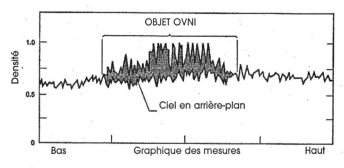

Fig. 13

une estimation du champ de vision angulaire donnent généralement de bonnes bases au calcul de la distance (et par conséquent de la taille) d'un objet.

Cinq estimations différentes ont été données sur la largeur d'angle de l'objet. Ces estimations sont résumées dans le tableau 1 que l'on trouvera page suivante. Toutes ces estimations ayant été effectuées de mémoire, on peut penser qu'elles sont probablement erronées dans des proportions variables et inconnues. Certaines sont certainement exagérées, d'autres au-dessous de la réalité. Mais elles indiquent cependant la taille relativement importante de cet étrange et silencieux objet céleste.

Notes relatives au tableau 1

1. Ces deux témoins pensent que la distance totale qui sépare deux extrémités de deux faisceaux lumineux opposés est d'environ 1,50 m (en se référant à la longueur du bras), c'est-à-dire l'équivalent d'un arc de 112° 40' !
2. En admettant que la longueur du bras soit de quarante-huit centimètres pour les hommes et de quarante-cinq pour les femmes.
3. Disons que l'estimation a été effectuée à 20 heures.
4. Il estime que la distance entre deux extrémités de deux faisceaux lumineux opposés était d'environ 1,50 m à la longueur du bras, ce qui correspond à un arc de 112° 40'.
5. L'angle visuel embrassant la totalité du phénomène lumineux

Tableau 1

Estimations de l'angle visuel du corps ovale de l'objet

Nom du témoin	Date de l'estimation Durée de l'observation	Taille/distance supposées (à longueur de bras) sur lesquelles on a fondé le calcul des angles	Angle visuel calculé en degrés et en minutes (en divisant le chiffre de la troisième colonne par la longueur du bras) (2)
L.S.P. (1)	24/9/91 19 h 30-21 h 30	45 cm (2) environ	rapport = 1,0 45°
Laroche (1)	9/91 20 h-22 h	25 cm environ	0,526 27°45′
Sterling	23/8/91 20 h-22 h (3)	45 cm environ	0,947 43°28′
	24/9/91 20 h-22 h (4)	25 cm environ	0,526 27°45′
	29/10/91 20 h-22 h	45 cm environ	0,947 43°28′
Lippé (5)	15/10/91 22 h 12-22 h 30	30 cm environ	0,632 32°19′
Guénette (6)	7/11/90 19 h 30-19 h 45	1 ou 2 cm (sans doute 1,5 cm) (7)	0,032 1°50′
Caumartin (8)	31/10/91 22 h 30-22 h 45	8 ou 10 cm	0,211 11°55′

(d'un extrême à l'autre des faisceaux de lumière) était d'environ quatre-vingt-dix centimètres, c'est-à-dire un arc de 87° !

6. Le témoin se trouvait à l'angle des rues Saint-Sulpice et De Bresolles et au niveau du sol, à environ un kilomètre et demi du Hilton, et il vit l'objet céleste juste au-dessus de lui. Cet angle visuel est remarquablement proche de celui obtenu par calcul à partir des deux photographies.

7. Il est probable que le témoin ne vit qu'un des faisceaux lumineux parce qu'il se trouvait au niveau de la chaussée et que les immeubles alentour lui bouchaient la vue. Il décrivit ce qu'il a observé comme une zone de lumière fixe et vert clair qui lui rappelait certaines aurores boréales.

8. Le lieu d'observation se situait à l'angle de l'avenue Saint-Donat et du boulevard du Roi-René, à environ onze kilomètres du Hilton. Il estima que l'objet de trouvait seulement à sept ou huit pâtés d'immeubles à ce moment-là.

Les énormes différences d'appréciation de la valeur de l'angle sont chose courante dans ce genre d'observation, et résultent de l'état émotif des témoins, de leurs expériences personnelles dans le passé, et des erreurs que ces calculs « à vue de nez » ne manquent jamais d'occasionner. Néanmoins, il est raisonnable d'estimer que la taille « corps ovale central » de l'objet, vu de la terrasse du Hilton, se situe vers les 27° d'arc. Si le corps principal de l'objet répondait vraiment à une largeur d'angle de 27° et se situait à une altitude de 1 100 ou 1 200 mètres, cela voudrait dire qu'il avait une envergure de plus de 550 mètres ! S'il se trouvait à 3 000 mètres d'altitude, comme le pilote d'Air Canada l'affirma à 21 h 30, il aurait une envergure de 1 500 mètres. Mais les nuages s'épaississaient et descendaient de plus en plus bas, et il est probable qu'on aurait perdu de vue l'objet à une telle altitude.

QUELQUES DÉTAILS SUR L'ENVIRONNEMENT

Comme on peut le voir sur la figure 14 (p. 106), la ville de Montréal est construite sur l'île de Montréal, au confluent du Saint-Laurent et de la rivière Ottawa, et s'étend principalement du nord-est au sud-ouest. Son point culminant est le Mont-Royal (Mount Royal : son sommet atteint 400 mètres et est surmonté d'une antenne radio). Il est situé en plein centre de la ville, à environ 1 600 mètres de l'hôtel Hilton. L'aéroport international de Dorval se trouve à une douzaine de kilomètres au sud-sud-ouest du Hilton et du Mont-Royal.

LES RADARS

Le radar (type ASR5) de l'aéroport international de Dorval était opérationnel le soir du 7 novembre, selon Alain Jacques, le directeur de la tour de contrôle. Sa portée est de 11 000 mètres pour une altitude qui varie entre 400 et 700 mètres, de 60 000 mètres pour une altitude située entre 700 et 5 500 mètres, et de 190 000 mètres pour une altitude dépassant les 5 500 mètres. Si l'objet s'était trouvé à une hauteur d'environ 150 mètres près du Hilton, il aurait été hors de portée du faisceau radar, caché alors par les collines et les bâtiments situés entre l'aéroport et le Hilton. L'estimation de la hauteur de la couche nuageuse a montré que l'objet devait être à au moins 2 000 mètres à 19 h 30, au moment où il fut découvert pour la première fois — et là, le radar aurait pu parfaitement le capter. L'angle d'élévation minimum du radar pour cette altitude n'aurait été que de 8° 10' d'arc.

M. Jacques rapporta que les membres de son personnel avaient été contactés (par la Police montée) pour savoir si le système radar avait détecté un objet aérien quelconque au-

RÉGION DE MONTRÉAL
Localisation des lieux d'observation *(Tania Long)*

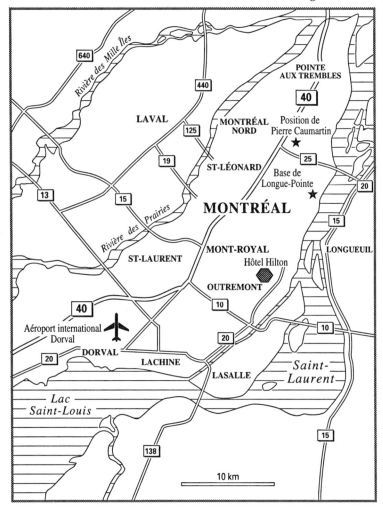

Fig. 14

dessus de Montréal, à l'est de l'aéroport. Selon lui, aucun contact radar n'a été effectué à aucun moment durant toute cette soirée et « ... s'il y avait eu quoi que ce soit... les systèmes de camouflage auraient dû opérer ». (Ce commentaire a été obtenu au téléphone par Bernard Guénette en février 1991.) L'objet aurait très bien pu être un de ces avions furtifs américains parce que l'on ne connaissait rien d'autre qui pût traverser ainsi le ciel dans le plus parfait silence. L'avion de type Lockheed F-1174 n'a que vingt-deux mètres de long, et une altitude de 1 600 mètres correspondrait à un angle de vision de 0,42°, c'est-à-dire cent fois inférieur à celui de l'objet.

Donc, rien n'est apparu sur les écrans du radar de la tour de contrôle de l'aéroport de Montréal.

CONDITIONS ATMOSPHÉRIQUES ET ASTRONOMIQUES

Dans l'ensemble, le temps était clair à 19 h 30, au-dessus de l'agglomération de Montréal, le soir de l'événement, avec seulement quelques nuages le long d'une ligne se situant à environ 2 200 mètres au-dessus du sol. La visibilité était de vingt-trois kilomètres. A 20 heures, la température de l'air

Tableau 2

Les conditions atmosphériques à l'aéroport de Dorval

Heure locale	Air		Vent		Humidité relative (%)	Point de condensation (0,1 °C)	Base des nuages au-dessus du sol
	Tempér. (°C)	Pression (kPa)	Direct.	Vitesse (km/h)			
18 h	4		Ouest	4	64	− 56	n.épars
19 h	− 3		Ouest	6	64	− 59	1 700 m
20 h	− 6	101,53	Ouest	4	69	− 57	1 700 m
21 h	0	101,53	O.-N.-O.	4	69	− 52	1 400 m
21 h 30							1 150 m
22 h	0	101,53	N.-N.-O.	9	69	− 52	1 200 m (1)
23 h	− 2		N.-N.-O.	9	74	− 41	Néant

(1) Les nuages se transformaient en un front neigeux, dense et opaque d'une épaisseur d'environ 1 200 à 1 600 mètres.

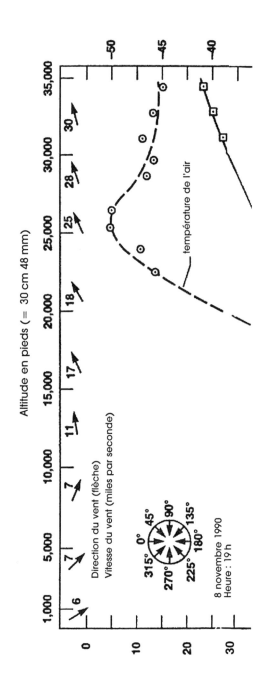

Fig. 15

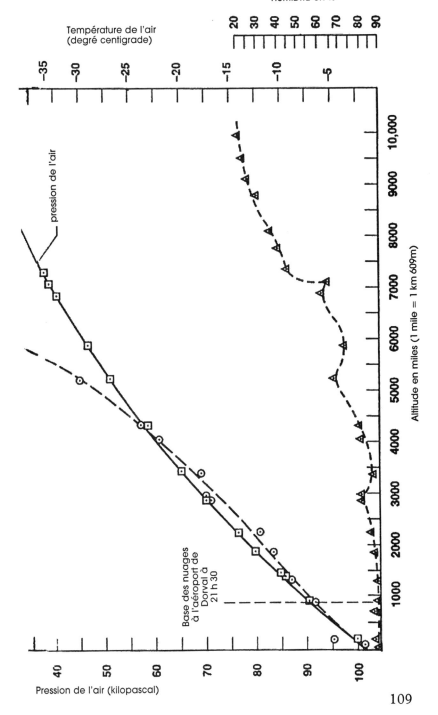

HUMIDITÉ en %

Température de l'air
(degré centigrade)

pression de l'air

Base des nuages
à l'aéroport de
Dorval à
21 h 30

Altitude en miles (1 mile = 1 km 609m)

Pression de l'air (kilopascal)

109

était de -1° C au niveau du sol, et le vent d'ouest soufflait à quatre kilomètres à l'heure. Tandis que la température de l'air ne tomba que de 1° durant les deux heures qui suivirent, la vitesse du vent augmenta jusqu'à neuf kilomètres à l'heure, venant du nord-ouest (variable). Un front d'air froid, avec petites chutes de neige, approchait de Montréal par l'ouest. Ces conditions atmosphériques traversèrent, au cours de la nuit, toute la région de Montréal en direction de l'est. La pression de l'air demeura à 101,53 kPa (kilopascal) entre 20 heures 22 heures. Vers 20 h 30 se forma une mince couche de nuages à 1 000 mètres d'altitude, puis une autre à 1 500 mètres. Vers 21 h 30, le plafond nuageux était déjà descendu à 1 150 mètres et resta relativement stationnaire jusque vers 23 heures. A l'aéroport de Dorval, il n'avait pas plu depuis midi le jour précédent (total des précipitations : deux centimètres ; le sol était encore détrempé le 7 novembre). Une neige poudreuse commença à tomber à 22 h 21 et pendant plusieurs heures à Dorval.

Le tableau 2 donne un résumé des conditions atmosphériques du 7 novembre 1990 à l'aéroport international de Dorval, qui est situé à une douzaine de kilomètres à l'ouest de l'hôtel Hilton.

Sur la figure 15 (pp. 108-109) sont indiquées les données atmosphériques en date du 8 novembre 1990, communiquées par le service météorologique — *Environment Canada* — pour la station de Maniwaki (7034480), située à 206 kilomètres au nord-ouest de Montréal. Comme on peut le constater, la pression de l'air augmente régulièrement avec l'élévation en altitude, tandis que la température décroît depuis le niveau du sol jusqu'à environ 850 mètres d'altitude, malgré un petit réchauffement (5 ° C) dans un couloir d'une épaisseur de 400 mètres au-dessus de cette altitude. La relative humidité diminue de quatre-vingt-neuf à vingt-deux pour cent de façon irrégulière entre le niveau du sol et 1 100 mètres d'altitude. Les vents se déplacèrent graduellement du nord-ouest à l'ouest-nord-ouest et augmentèrent de magnitude proportionnellement à leur altitude. Il n'y a rien dans ces conditions météorologiques qui aurait pu produire un effet optique du genre de celui décrit par les témoins. Aucun éclair d'orage ne fut signalé à aucun moment dans toute la région. (Nous remercions le météorologiste Joël Bartlett pour l'aide qu'il nous a apportée dans l'analyse de ces données et le résumé technique du tableau 2.) La lune se leva à 21 h 12 et était près de l'horizon à environ 60° du point nord. Elle venait de dépasser son dernier quartier. Tout ce qu'elle aurait pu créer, c'est une lueur apparentée à celle d'une bougie. Malheureusement, ni la lune ni les étoiles n'étaient visibles à cause de la masse nuageuse qui planait à une hauteur de 1 000 à 1 700 mètres.

CONCLUSION

Le fait qu'il y ait eu dans le ciel un objet volant totalement inhabituel, silencieux et de grande envergure, est indiscutable, comme cela s'est déjà produit à maintes reprises dans le passé[9]. Le cas qui nous occupe ici fait intervenir le témoignage de plus de dix personnes adultes dignes de foi et de deux clichés photographiques couleur. Un des croquis montre un objet de forme arrondie possédant à sa périphérie au moins six petites lumières rondes. La plupart des autres croquis évoquent généralement un arc de cercle avec trois, ou plus, petites lumières disséminées sur toute sa longueur. Quel type d'objet matériel pourrait bien créer ce genre d'image d'où partent des faisceaux de lumière ?

La figure 16 (p. 112) présente trois diagrammes de profil montrant comment un objet peut émettre un rayonnement lumineux comparable à ce que l'on peut voir sur la figure 13 (p. 103). Sur le dessin de droite, l'objet en forme de rectangle aplati représente notre objet avec son aile gauche orientée vers le sol à environ 30° depuis la ligne de visée (par rapport à un témoin oculaire en observation depuis la terrasse du Hilton). Ici, on admet que la forme de l'objet est approximativement celle d'une pièce de monnaie (vue sur la tranche) avec sur son pourtour toute une série de sources lumineuses, chacune étant dirigée vers l'extérieur par rapport au plan de l'équateur. On s'accorde également sur le fait que toutes les sources lumineuses ont des propriétés luminescentes équivalentes et possèdent des lobes (ou sources) de distribution représentés par les ovales aplatis à chaque extrémité de l'objet. A présent considérons le seul lobe inférieur.

Étant donné que l'idée même d'un lobe (L) lumineux inférieur est très importante, on en trouvera un agrandissement au centre de la figure 16. On peut remarquer un petit polygone à six côtés qui représente une source lumineuse isolée dont l'axe optique est X-Y, inclinée à 30° par rapport à la ligne de visée. Son apparente intensité est définie par la position de l'observateur ; l'intensité apparente est proportionnelle à la longueur de la ligne qui relie la source à la limite du lobe, comme on peut le voir ici entre les « sources » et a' (ce qui correspond à la ligne de visée de l'appareil photo). Si la source avait été située sur les lignes d' ou e', elle aurait été huit fois et demie plus brillante que sur la ligne a'. En bref, la forme du lobe lumineux définit l'intensité lumineuse apparente de la source en accord avec le point d'observation.

Puisque notre objet céleste est apparu à un moment où il y avait du brouillard et des nuages, la propriété qu'a un air chargé de gouttelettes d'eau de réfracter la lumière doit également être pris en considération. Il est bien connu que chaque gouttelette microscopique possède son propre foyer de réfraction qui renvoie la lumière sous une forme à peu près similaire

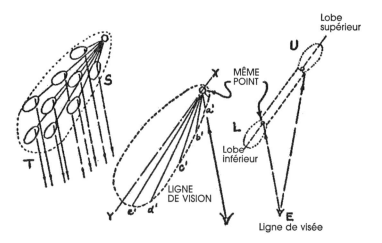

Fig. 16

à celle que l'on peut voir sur la figure 16 (les neuf œufs sur la gauche). Toutes ces gouttelettes accolées les unes aux autres dispersent chacune un rayon lumineux dans une direction, chaque foyer de réfraction produisant un rayon lumineux. Pourtant *seuls les rayons qui atteignirent l'œil des observateurs installés sur la terrasse du Hilton nous concernent.* Notons que la longueur de chaque rayon émis depuis chaque gouttelette et atteignant l'œil d'un des observateurs est approximativement la même. Le résultat visuel est que l'intensité lumineuse du rayon sur toute sa longueur semble relativement homogène pour tous les rayons allant de S à T.

La même démonstration s'applique aux sources lumineuses situées sur le côté opposé de l'objet (le lobe supérieur, dessin de droite sur la figure 16). Ici, la longueur de chaque rayon de lumière depuis chaque particule microscopique en direction des observateurs est si courte que le rayon en devient presque invisible. C'est ce que montrent les deux photographies ainsi que la plupart des croquis exécutés par les témoins.

Cette analyse démontre qu'une batterie de rayons lumineux de couleur blanche était logiquement observable sur un des flancs de l'objet dans la mesure où celui-ci se tenait dans une position inclinée par rapport au plan de vision. Ceci explique pourquoi presque tous les croquis montrent des petites lumières seulement sur un côté du corps ovoïde.

Mais cette explication ne rend pas compte du fait que chaque rayon semble s'achever brutalement plutôt qu'en s'estompant progressivement jusqu'à complète disparition. Ces rayons seraient-ils un effet d'une ionisation de l'air et suivraient-ils des lignes de force énergétiques particulières, ce qui ne les rendrait visibles qu'occasionnellement ?

A côté du phénomène lui-même, peut-être faudrait-il davantage s'étonner du silence et de l'immobilisme général des autorités administratives. Aucune action d'aucune sorte ne fut mise sur pied par les responsables de la base militaire de Saint-Hubert même après qu'ils eurent connaissance de la présence de cet objet inconnu au-dessus du cœur de la ville. A ce que l'on sait à présent, ils ne prirent même pas la peine d'envoyer un rapport auprès du centre de coordination du haut commandement de la Défense aérospatiale d'Amérique du Nord (NORAD). Toute autorisation pour faire intervenir les forces de défense canadiennes doit passer par le bureau du Premier ministre de la province concernée (Robert Bourassa). Mais, comme le phénomène ne paraissait pas devenir une menace, et comme les militaires ne reçurent aucun ordre précis leur enjoignant de se rendre sur les lieux et d'étudier la situation, l'armée ne contacta pas le Premier ministre pour solliciter l'autorisation d'intervenir. En somme, on ne fit rien, hormis quelques officiers des Polices urbaine et montée qui furent présents au Hilton. A ce jour, l'objet reste donc parfaitement non identifié.

Notes

1. Haines, Richard F. (éditeur) : *UFO Phenomena and the Behavioral Scientist* (Les phénomènes des ovnis et le psychologue), Scarecrow Press, New Jersey, 1979.

2. Haines, Richard F. : *Observing UFOs : An Investigative Handbook* (Manuel d'observation des ovnis), Nelson-Hall Ed., Chicago, 1980.

3. Haines, Richard F. : *Melbourne Episode : Case Study of a Missing Pilot* (L'épisode de Melbourne : le cas d'un pilote manquant), LDA Press, Los Altos, California, 1987.

4. Haines, Richard F. : *Advanced Aerial Devices Reported During the Korean War* (Dispositifs aériens sophistiqués durant la guerre de Corée), LDA Press, 1990.

5. Haines, Richard F. : « A Scientist Research Trip to the Soviet Union » (Le voyage d'étude d'un scientifique en Union soviétique), dans *The UFO Report 1992*, édité par Timothy Good, Sidgwick & Jackson, Londres, 1991.

6. Neblette, C.B. et Murray, A.E. : *Photographic Lenses* (Les objectifs photographiques), Morgan & Morgan Ed., Hastings-on-Hudson, New York, 1965, page 13.

7. *Ibid.*, page 106.

8. Haines, Richard F. : *Observing UFOs : An Investigative Handbook* (Manuel d'observation des ovnis), Nelson-Hall Ed., Chicago, 1980.

9. Anonyme, 1991 : *Vague d'ovnis sur la Belgique : un dossier exceptionnel*, Société belge d'étude des phénomènes spatiaux (SOBEPS), Bruxelles, 1992.

8

Vague d'ovnis sur Williamsport

Docteur Samuel Greco

Le docteur Samuel Greco est major retraité de l'Armée de l'air des États-Unis et ex-ingénieur de l'aérospatiale. Il obtint son doctorat de gestion d'entreprise à l'Université du Pacifique de Columbia, en Californie, et un diplôme d'ingénieur en mécanique à l'Institut technologique d'Indiana.

Le docteur Greco commença à se passionner pour l'ufologie durant la Seconde Guerre mondiale lorsqu'un compte rendu d'observations effectuées par des « chasseurs d'ovnis » fut publié en 1944 dans la revue *Stars and Stripes* (journal de l'armée destiné à ses propres troupes). Après sa libération de l'Armée de l'air et des écoles militaires, son intérêt pour les ovnis rebondit en 1952 au moment de la guerre de Corée lorsqu'il reçut, en tant qu'officier de jour, des documents concernant des observations d'ovnis. Depuis ce moment-là, Greco n'a pas cessé d'étudier ces phénomènes, et il est devenu conseiller sur les problèmes de propulsion au sein du MUFON (Réseau international d'échanges d'informations concernant les ovnis) ainsi que directeur d'une section MUFON dans un des États d'Amérique.

A l'exception du dernier paragraphe de cette analyse, l'essentiel de cet article a été primitivement publié dans le *MUFON UFO Journal* n° 290 (Copyright MUFON, 1992), et je remercie son éditeur Dennis Stacy de nous autoriser à le reproduire ici.

INTRODUCTION
par Stan Gordon, de la PASU

De nombreuses observations d'ovnis ont été effectuées dans tout l'État de Pennsylvanie durant l'année 1991, et cela continue en 1992. Beaucoup de cas restent à l'étude, mais plusieurs concernent des objets gigantesques dont la forme générale a été décrite comme triangulaire ou comparable à un boomerang. Le 6 février 1992, le standard de la PASU (*Pennsylvania Association for the Study of the Unexplained* : Association de Pennsylvanie pour l'étude des phénomènes inexpliqués) commença à recevoir des informations à propos d'une série d'observations, assez incertaines, d'ovnis qui, selon les témoignages, eurent lieu, la veille, près de la ville de Williamsport, dans le comté de Lycoming, en Pennsylvanie. La PASU, qui a été conçue comme une espèce de « chambre de compensation » scientifique et bénévole à l'échelle de la région, s'occupe de l'étude des ovnis ainsi que de tous les autres phénomènes étranges, et collabore étroitement avec le MUFON ; et il arrive souvent, en effet, que les enquêtes sur ce type d'événement exigent une coopération serrée entre ces deux organismes.

Après avoir pris connaissance de quelques informations préliminaires sur ce qui s'était déroulé, je décidai que l'enquêteur le plus qualifié pour cette tâche délicate était Samuel D. Greco. Je connaissais Samuel depuis assez longtemps pour savoir que son passé d'ingénieur et de militaire serait des plus utiles pour tenter d'éclaircir toute cette affaire. Sam est à présent à la retraite mais il fit une brillante carrière d'ingénieur dans l'aérospatiale, avec, à son actif, des tas de diplômes. J'ai donc pris contact avec Sam et il manifesta aussitôt sa joie de participer à cette nouvelle aventure. Il s'attela à mettre sur pied, dans les moindres détails, le projet de recherche qui devait lui imposer, des semaines durant, d'incessants déplacements et d'innombrables rencontres avec les divers témoins. Que Sam trouve ici exprimée toute notre profonde gratitude pour le temps et l'immense énergie qu'il a bien voulu dépenser sans compter lors de ces très importantes recherches.

117

Tandis que Sam se rendait sur le terrain pour procéder aux interviews, de mon côté je passais mon temps au téléphone pour interroger d'autres personnes et pour obtenir des renseignements complémentaires auprès de divers organismes. Notre bureau regroupait toutes les informations, montait les dossiers et tenait Sam au courant, heure par heure, de tout ce qui nous parvenait et pouvait l'aider, notamment pour découvrir de nouvelles sources de renseignements en la personne d'interlocuteurs supplémentaires. Comme l'incident était récent et encore frais dans les esprits, il était impératif de récolter le maximum d'informations dans les plus brefs délais. Il est bien évident que beaucoup de gens, dans un vaste périmètre géographique, avaient assisté à un événement tout à fait inaccoutumé, et nous avions besoin d'examiner toutes les explications normales ou naturelles plausibles avant de les éliminer et d'envisager la version « inconnu ». J'ai dans le même temps formulé diverses requêtes relevant du FOIA (*Freedom of Information Act* : loi américaine qui permet au citoyen d'avoir accès à tout type d'information) auprès d'organismes gouvernementaux ou militaires avec le secret espoir que quelqu'un me donnerait des réponses.

Une heure après avoir reçu la toute première information concernant cet événement, l'enquête démarrait. Les données météorologiques locales furent communiquées par le service de la Météorologie nationale. J'appelai alors le poste de police de Montoursville. Je parlai à une standardiste qui, en effet, s'était bien rendu compte qu'ils avaient reçu toute une série de coups de fil pour signaler qu'un gros objet à peine distinct se promenait dans le ciel, mais elle ajouta qu'aucune alerte n'avait été déclenchée. Elle précisa que les appels avaient clairement exprimé l'idée que cela n'avait rien à voir avec un avion conventionnel. Je contactai alors la tour de contrôle à l'aéroport de Williamsport-Lycoming. J'obtins un contrôleur aérien qui en était à plus de vingt appels téléphoniques de gens qui voulaient savoir ce que cette étrange chose, qui venait de passer au-dessus de la région, pouvait bien être. Il me donna les informations dont il pouvait se souvenir, sur le moment, et me dit qu'il venait de joindre le bureau de contrôle aérien d'Harrisburg pour savoir s'ils se livraient actuellement à des essais militaires, ou bien s'ils étaient au courant de manœuvres aériennes dans le secteur. Il n'y avait rien de tel.

A la tour de contrôle de Williamsport également, on n'eut confirmation d'aucun trafic aérien d'ordre militaire au-dessus de la région, mais on estime que cette source d'information n'est pas une garantie car les couloirs aériens d'entraînement militaire sont tout proches. Rien de particulier n'était non plus apparu sur les écrans des radars de l'aéroport durant toute la durée des observations, même si au moins un témoin affirme avoir vu l'objet à seulement quelques kilomètres de l'aéroport. L'espace aérien de Williamsport est sous le contrôle du centre new-yorkais de l'Armée de l'air fédérale, dont je contactai un contrôleur général : lui aussi avait reçu des demandes de renseignements sur ce qui se passait dans cette zone. Et lui non plus ne put trouver ni rapports ni plans de vol concernant d'éventuels appareils militaires en activité dans le secteur durant cette même période d'observation. Entre-temps, aucun organisme ne put fournir la moindre donnée qui aurait servi à accréditer la thèse de manœuvres aériennes d'avions militaires dans le secteur et dans le même intervalle de temps, ce qui ne prouve absolument pas qu'un appareil n'ait pas pu traverser cet espace aérien à ce moment-là. Mais, en examinant le rapport d'enquête de Sam, on peut se demander si vraiment quelque chose sans rapport avec un avion normal était effectivement présent dans le ciel de Williamsport.

L. Lee Janssen, reporter au *Sun Gazette* de Williamsport, rédigea plusieurs articles sur ces événements, et le journal reçut également de nombreux témoignages de lecteurs. La plupart des témoins, même s'ils se confiaient volontiers, ne souhaitaient aucune publicité ; et comme cela correspond parfaitement à notre éthique, les témoins qui souhaitaient garder l'anonymat se virent aussitôt protégés de toute intrusion publicitaire par Sam et moi-même. Il apparaît comme probable, d'après de nombreuses déclarations écrites envoyées à notre bureau et les informations que nous avons obtenues sur le terrain, qu'au moins plus de cent personnes purent observer quelque chose d'insolite dans le ciel de Pennsylvanie. Laissons à présent la parole à Sam Greco pour cette enquête. Pour toute information à nous communiquer, me contacter à la PASU, 6 Oakhill Avenue, Greensburg, PA 15601.

Les croquis qui ont été exécutés d'après les descriptions des témoins oculaires sont signés d'un ami artiste de la PASU, Charles M. Hanna.

UNE VÉRITABLE INVASION

Je regardais la télévision, ce 5 février 1992 vers 20 h 30, lorsque le téléphone sonna. Au bout du fil, c'était mon ami Stan Gordon, directeur du MUFON pour la Pennsylvanie. Tout excité, il m'informa que venait de se produire ce qui semblait être une vague d'ovnis d'une importance majeure.

Deux espèces différentes d'objets, en forme de boomerang et de triangle, avaient été repérés dans le ciel, en soirée, et de nombreuses personnes avaient assisté à cet événement. Stan avait reçu des appels de quelques-unes d'entre elles et toutes désiraient simplement raconter ce qu'elles avaient vu. Il me demanda si j'étais disposé à me rendre à Williamsport pour commencer à enquêter auprès des témoins, étant donné que le MUFON ne disposait de personne d'autre dans la région de Lycoming et que j'étais à la fois le plus proche et le plus qualifié de ses membres pour cette mission. J'acceptai la tâche bien volontiers et demandai à Stan de me dicter les noms et les adresses d'au moins deux témoins. Ce soir-là, je pris rendez-vous par téléphone avec deux personnes pour le vendredi 7 février 1992.

Ce vendredi passa à une rapidité folle. Comme je quittais Mont-Carmel vers 8 heures du matin pour me rendre à Williamsport, je notai qu'il faisait beau mais assez frisquet, autour de 20 °C, et sans précipitations.

Lorsque j'eus accumulé treize interviews en l'espace de huit semaines, je pus me faire une idée de l'étendue du phénomène. J'avais aussi acquis suffisamment de données concernant ces observations pour les reporter sur une carte de la région de Williamsport.

Selon mes rapports, des observations du phénomène ont été effectuées dans un périmètre couvrant quatre comtés. Dans le comté de Lycoming, sept eurent lieu à Williamsport ou ses environs. Deux se situèrent dans ou autour du bourg de Linden, qui se trouve sur la Route 220 Ouest. Une autre eut lieu près de Cogan Station sur la Route 15 Nord. Dans le comté de l'Union, vers le sud, on note une observation dans les environs de Lewisburg. Enfin, un dernier témoignage a été recueilli dans la petite ville de Selinsgrove, dans le comté de Snyder.

LES TÉMOINS

Les témoins étaient des gens des classes moyennes vaquant à leurs occupations habituelles au moment des faits. Au cours des entretiens, ils se montrèrent courtois, honnêtes, dignes de foi et sincères dans leurs déclarations, sans exagération, et capables de décrire ce qu'ils avaient vu avec clarté et précision. Ils ne cherchaient ni publicité ni profit en racontant leur histoire et ne souhaitaient pas que leur nom soit publié. Leur désir était simplement de raconter cette aventure à quelqu'un qui en saurait plus qu'eux sur les phénomènes ufologiques. Juste après les événements et le jour suivant, les témoins dessinèrent des croquis de ce qu'ils avaient pu observer. Deux personnes qui n'avaient jamais admis l'existence des ovnis changèrent d'avis.

Quelques-uns des témoins avaient eu l'occasion de voir le film *Rencontres du troisième type*. Deux parmi eux avaient lu quelques ouvrages ou articles sur les ovnis, mais pour la plupart, ils n'en avaient jamais entendu parler auparavant, ou bien savaient très peu de choses, ou même rien du tout, ou encore avaient de vagues échos par des émissions de télévision. Huit d'entre eux regardaient régulièrement la série télévisée *Star Trek*. Quatre adoraient les documentaires de télévision traitant de tous ces sujets, tels ceux présentés dans la série *Unsolved Mysteries* (Mystères non résolus). Deux personnes enfin prétendirent posséder des pouvoirs psychiques. Tout le monde était apparemment en bonne santé, aussi bien avant qu'après tous ces événements. Quelques personnes portaient des verres correcteurs ; un témoin déclara ne pas percevoir les couleurs. Tous entendaient parfaitement, sauf une personne qui s'aidait d'un appareil correcteur à l'oreille droite, mais grâce à cela, son audition était alors parfaite. Personne ne souffrait de problèmes mentaux, du genre dépression, amnésie ou toute autre perturbation ou anomalie.

LES CONDITIONS MÉTÉOROLOGIQUES

Ce soir-là, le temps était clair mais froid, entre 13 et 20° C. Il y avait peu ou pas de vent et aucune précipitation. Quelques témoins pensent qu'il y avait la lune, mais ils n'en sont pas sûrs. Un témoin déclara que la lune, étant haute dans le ciel, avait projeté l'ombre de l'objet sur le sol. Tous les témoins affirmèrent que la luminosité ambiante était suffisante, même après le coucher du soleil, pour repérer dans le ciel la forme ou la silhouette de l'objet.

LES DONNÉES GÉNÉRALES

Toutes les observations, sauf une qui débuta alors que le témoin marchait dans la petite allée qui le menait à l'entrée de sa maison, s'effectuèrent à partir des habitations et suivirent le même scénario.

D'abord, les choses commençaient alors que les témoins étaient occupés à diverses tâches au sein de leur foyer. Soudain, un énorme vacarme, comme un roulement, passait au-dessus de la maison dont les murs se mettaient à trembler et les fenêtres à vibrer. Alors, quelqu'un sortait en trombe pour voir ce qui se passait ; ayant découvert l'ovni dans le ciel sombre, il appelait sa famille pour que tous le voient aussi. Ils restaient alors un moment à regarder l'objet et ses évolutions jusqu'à ce qu'ils le perdent de vue complètement. Ils s'en retournaient ensuite à l'intérieur de la maison et se mettaient fébrilement à échanger leurs impressions sur ce qu'ils venaient de voir. Ils avaient besoin de se rassurer mutuellement sur leur santé mentale et sur le fait qu'ils n'avaient pas été victimes d'hallucinations. C'est seulement après qu'ils se précipitaient sur le téléphone pour appeler parents et amis de la même région et leur demander s'ils n'avaient pas vu, eux aussi, un ovni ou entendu le même effroyable raffut. En général, des observations du même genre avaient eu lieu dans une vaste contrée, et toutes similaires à celles rapportées dans *Night Siege : The Hudson Valley UFO Sightings* (Veillée nocturne : les ovnis de la vallée de l'Hudson[1]). Mais ces observations offraient des caractéristiques qu'on ne retrouvait pas dans le livre.

LES FAITS

Systématiquement, comme préliminaire aux événements qui vont suivre, on note qu'un bruit assourdissant est d'abord venu secouer la tranquillité de la soirée. Ce bruit, comparable au vrombissement qui illustrait la bande sonore du film *Rencontres du troisième type*, ou bien au roulement d'un train de marchandise surchargé, ou aux chutes du Niagara, ou même à une avalanche, ou encore à un monstrueux camion à moteur diesel, ce bruit, donc, était unique pour deux raisons : la première est qu'il fit trembler toutes les bâtisses et vibrer horriblement les vitres lorsqu'il surplomba les maisons ; et deuxièmement parce que, dans toutes les descriptions sauf une, les témoins n'entendirent pas le bruit se rapprocher de chez eux : ils ne le perçurent que lorsqu'il fut juste au-dessus de leurs têtes.

Lorsque le premier témoin se trouvait dehors, soit sur le pas de sa porte ou dans l'allée qui y menait, l'objet avait quitté sa position à l'aplomb de la maison : il se trouvait alors entre trente et cent trente mètres devant la maison et à une altitude se situant entre vingt-cinq et cent soixante mètres. La personne qui vit un objet triangulaire déclara qu'il s'était trouvé, juste au moment où il sortait de chez lui, exactement sous l'objet et qu'il lui était possible de tracer un croquis de la forme de l'objet depuis cet angle de vue. Après ce premier contact visuel, le premier témoin avait appelé les autres personnes de sa maisonnée pour venir voir avec lui l'étrange chose qui passait dans le ciel.

Tous les témoins rapportèrent que, l'objet se déplaçant avec une lenteur tout à fait inhabituelle, ils auraient pu aisément marcher dessous et le suivre, simplement en gardant un bon pas ou en courant à petites foulées tranquilles.

En se découpant contre le ciel du soir, l'objet apparaissait sombre ou noir, et sa forme ou silhouette était parfaitement perceptible de tous les points de vue des témoins. La forme la plus décrite fut celle du boomerang, interprétée aussi comme un V ou une banane. Quelqu'un parla d'un disque qu'on aurait essentiellement vu sur la tranche. Un autre avait vu une forme triangulaire. On note aussi un « moule à tarte retourné » avec une petite frange tout autour et une légère tendance à se bomber comme pour prendre la forme d'une cloche. L'objet paraissait solide aux yeux des témoins à cause du bruit infernal qu'il faisait, de sa forme ou silhouette si facile à définir, et de ses dimensions incroyables. Pour une seule personne, l'objet parut solide parce que son ombre était projetée sur le sol. La forme boomerang avait une longueur totale d'environ trente à deux cents mètres, selon différents témoignages. La forme triangulaire avait environ dix-huit mètres à la base ou d'écart entre les deux obliques. La forme moule à tarte, un diamètre d'une cinquantaine de mètres. Le renflement de la partie centrale de l'objet fut comparé à celui des avions de ligne et d'une hauteur évaluée entre trois et huit mètres ; mais un des témoins affirma qu'elle était de trente mètres.

Des lumières blanches étaient visibles à l'arrière de l'objet et leur intensité a été jugée assez faible par la plupart des témoins, mais pour deux personnes ces lumières possédaient un haut degré de luminosité. Elles ne brillaient pas beaucoup mais elles dispensaient suffisamment d'éclairage pour créer des ombres portées. Leur nombre variait de une à quatorze. Un témoin pensa que c'étaient peut-être des hublots. Aucun rayon lumineux ou phare d'exploration n'était projeté vers le sol, excepté pour un témoin qui prétendit avoir vu un faisceau lumineux clignoter vers la terre. Il lui a même semblé que ce faisceau fouillait le sol à la recherche de quelque chose. Dix lumières de couleur ambrée et deux autres vertes ont été également observées sur l'objet à forme triangulaire en même temps qu'une lumière blanche qui, elle, paraissait se trouver au bout.

L'objet semblait contrôlé avec intelligence parce qu'il suivait une ligne relativement droite et se maintenait toujours à une même altitude au-dessus du sol et de la cime des arbres. Pour un témoin de Linden, l'objet vira à gauche au-dessus de la rivière Susquehanna en direction de Williamsport. D'autres personnes assurèrent l'avoir vu s'immobiliser une fois ou deux pendant cinq à dix secondes au cours de sa trajectoire. Dans un autre cas, le témoin déclara que l'objet était resté stationnaire au-dessus de chez lui pendant au moins cinq bonnes secondes. A Williamsport, l'objet resta cinq minutes au-dessus d'une ruelle et à Selinsgrove, il musarda cinq minutes au-dessus du champ de courses.

LES RÉACTIONS

Après le choc de la première vision, la plupart des témoins restèrent complètement abasourdis. Ils ignoraient ce que pouvait bien être un pareil engin qui, à la tombée de la nuit, leur passait ainsi au-dessus des oreilles. Ils se demandaient aussi comment un objet à ce point volumineux pouvait tenir dans les airs, comment et pourquoi il se déplaçait si lentement, et ce qui pouvait bien causer un tel grondement. Mais d'une manière générale, ils surent presque aussitôt qu'il ne s'agissait pas d'un avion dans le sens habituel du terme, ou même d'une fusée, d'un météore, d'un ballon, d'oiseaux en migration et de la planète Vénus en promenade. Presque tous avaient déjà pris l'avion, sur des lignes civiles normales ou à bord d'appareils militaires. Et si c'est en termes sensés qu'ils exprimèrent leur ignorance concernant la nature réelle d'une si étonnante vision, en revanche ils savaient parfaitement ce que cet objet ne pouvait pas être.

Quelques personnes manifestèrent tout d'abord une certaine peur au moment où elles découvrirent, pour la première fois, l'objet dans le ciel. Mais lorsqu'elles se rendirent compte que c'était quelque chose d'inhabituel, la curiosité l'emporta. Dans les observations où il est question de triangle ou de disque, les témoins eurent peur que l'objet ne vînt s'écraser, avec toutes les conséquences dramatiques que cela aurait occasionné fatalement. Deux témoins, en des lieux différents, déclarèrent que c'est bien après tous ces événements, c'est-à-dire plus tard dans la soirée, qu'ils se rendirent compte qu'ils avaient attrapé un bon coup de froid. Mais au lieu de durer entre trois et dix jours, ce rhume cessa après vingt-quatre ou trente-six heures.

A ces remarques, il faut ajouter trois autres caractéristiques originales. La première était que le fameux bruit d'enfer n'était pas audible jusqu'au moment où il se trouva juste à l'aplomb de la maison. Mais pour un des témoins, il fut cependant encore perceptible alors qu'il s'éloignait de la maison. La deuxième caractéristique remarquable fut l'absence de problèmes de santé, bénins ou non (à l'exception des rhumes cités plus haut), comme on aurait pu le craindre par le fait que les témoins s'étaient trouvés juste sous l'objet ou tout près de lui à si basse altitude — entre seize et deux cents mètres. Or, personne ne se plaignit de troubles liés à d'éventuelles radiations, d'effets électrostatiques ou électromagnétiques, paralysants ou hypnotiques, de pertes de mémoire, de rêves étranges, de comportements bizarres, que ce soit durant cette nuit-là ou plus tard. Une femme remarqua qu'elle se sentit davantage léthargique pendant environ trois semaines après l'événement, mais elle attribua cela au fait qu'elle venait de changer d'emploi. Les seuls effets électriques constatés au sein de la maison furent, pour ceux qui regardaient alors la télévision, des lignes qui traversaient l'écran ; un témoin qui était en conversation téléphonique se plaignit d'avoir capté une telle quantité de parasites qu'il fut obligé de raccrocher.

LES LUMIÈRES

La troisième caractéristique sur laquelle nous aimerions insister fut la présence étrange de lumières autour de l'objet : certaines étaient rouges, d'autres rouge et vert. Ces lumières n'étaient pas fixées à l'objet mais semblaient l'entourer, l'escorter ou le poursuivre. Les témoins ont comparé ces lumières à des petits avions. C'est pourquoi un des témoins pensa que l'objet était, en fait, en train d'essayer de leur échapper. La lumière rouge se mouvait dans l'espace de façon indépendante, et celles qui étaient rouge et vert se déplaçaient par paires, à l'unisson. Pour un témoin, il sembla que ces avions minuscules devinrent comme fous au moment où l'objet disparut brusquement au-dessus du champ de courses. Selon deux autres témoins, l'objet disparut tout à coup à deux reprises, au-dessus de deux emplacements de la rivière Susquehanna. Pour une personne, les petits avions semblèrent désemparés puis s'évanouirent dans la nuit ; pour une autre, ils ne firent que s'évanouir dans la nuit ; pour une autre, ils ne firent que disparaître à leur tour.

LE COMPORTEMENT ANIMAL

Le comportement des animaux domestiques fut celui auquel on s'attend généralement en pareil cas, et comme on le constate dans toute l'histoire de l'ufologie. Des chiens, des chats, des perroquets et un lapin commencèrent à se comporter de façon anormale. Les chiens devinrent très excités, tournant comme des enragés autour de la maison pour finir terrorisés. Deux chiens refusèrent le lendemain de sortir de la maison et l'un d'eux passa la nuit, tremblant de peur, sous le lit de son maître. Un autre chien ne manifesta aucune réaction, ni à la vue de l'ovni ni au bruit, probablement parce qu'il était sourd. Trois perroquets devinrent hyper-nerveux, gonflèrent leurs plumes et restèrent tout le temps sur le qui-vive. Un lapin chercha refuge tout au fond de son nid. Tous les animaux reprirent leur comportement normal au bout d'une semaine.

DISPARITION DE L'OBJET

Pour presque tous les témoins, le contact visuel fut perdu au moment où l'objet disparut derrière Bald Eagle Mountain, au sud de Williamsport. Un témoin de l'objet de forme triangulaire affirma que celui-ci disparut d'un seul coup au pied d'une petite colline à environ 750 mètres de chez lui. Deux autres témoins, vivant dans des endroits différents, déclarèrent que l'objet disparut brusquement au moment où il atteignit la rivière Susquehanna. Pour deux autres personnes, la même soudaineté se produisit au-dessus du champ de courses après que l'objet se fut attardé cinq minutes ; enfin, pour quelqu'un d'autre, le même phénomène eut lieu au pied d'une petite montagne.

LES ÉCHOS DANS LA PRESSE

La presse fut très présente lors des événements et j'ai réussi à obtenir des copies de quelques articles parus dans trois journaux locaux. Entre-temps, je fus moi-même interviewé par un reporter de Williamsport.

Comme j'avais un moment libre entre mes deux premières interviews, j'en profitai pour appeler Laura Lee Jenssen, du *Sun-Gazette* de Williamsport. Elle venait d'échanger quelques propos avec Stan Gordon sur toutes ces questions et apprit que j'allais me rendre à Williamsport le vendredi 7 février pour rencontrer des témoins. J'avais reçu un appel de sa part le mercredi soir pour me demander une entrevue. Le vendredi, pendant le déjeuner, je la mis au courant de mon travail, de ce que réalisait le MUFON et je lui fournis suffisamment d'informations sur les ovnis pour qu'elle puisse rédiger un article à paraître le lendemain, intitulé « Enquête sur les ovnis observés dans notre ciel : faits réels ou hallucinations ?[2] ». Quand je revins chez moi ce soir-là, je lui envoyai trois revues sur les ovnis afin d'aider ses propres recherches.

Mlle Jenssen rédigea deux autres articles sur tous ces événements. L'un était intitulé « Rencontres avec d'autres êtres de la galaxie : est-ce possible ?[3] » et l'autre « Le mystère ovni continue : la controverse s'échauffe[4] ». Ces articles se référaient aux nombreuses personnes qui avaient vu les objets et à celles qui avaient téléphoné aux autorités locales et au personnel de l'aéroport. On apprend notamment que pour quelques témoins les objets étaient des avions de différentes sortes. Dans ces mêmes articles, on trouve les commentaires de responsables aussi bien de l'Armée de l'air, de la base militaire, de la tour de contrôle de l'aéroport local, de la police régionale et d'État ainsi que d'autres membres du personnel concerné par ce genre d'affaire. La police d'État passa beaucoup de temps à renvoyer les gens qui appelaient au numéro du Centre national de renseignements sur les ovnis (*National UFO Reporting Center*).

Un autre journaliste, Leon Bogdan, de *Press-Enterprise*, journal de Bloomsburg, rédigea, quant à lui, un article intitulé « Le bruit infernal des ovnis secoue toute la région[5] ». Il salue d'ailleurs les efforts et les informations que lui a fourni Lester Derr sur le sujet. Lester est un membre du MUFON, section ovnis, et chercheur indépendant.

Dans le *Daily Item* de Sunbury parurent deux articles rédigés par la journaliste Karen Blackledge. L'un titrait « Des habitants de la vallée de la Susquehanna observent d'étranges lumières volant dans le ciel », et l'autre « Les ovnis seraient-ils des avions militaires ?[6] ». Le premier article enquêtait sur au moins une douzaine de témoins habitant la région et qui avaient remarqué des objets bizarres dans le ciel. Le journal reçut une foule d'appels pour en savoir davantage, depuis les villes de Milton, Lewisburg et Shamokin. Les autorités de Fort Indiantown Gap et Muir Field, ainsi que le personnel des aéroports de Montoursville, Selinsgrove et Harrisburg, croulèrent également sous les appels téléphoniques ; mais personne, nulle part, ne put donner de réponse quant à la nature exacte de ces objets.

Au cours du second article, cependant, la journaliste annonçait que d'autres aéroports plus importants, dans le reste du pays, avaient suggéré l'idée qu'il devait probablement s'agir d'avions militaires en exercice. Une personne prétendit que c'était une bombe volante et « furtive ». Une autre, que cela aurait pu se trouver juste au-dessus d'elle.

DERNIÈRES NOUVELLES

Voici les résultats de ma seconde enquête sur la vague d'ovnis de Williamsport après celle que j'ai rédigée en date du 14 avril 1992. Après avoir envoyé mes documents au quartier général du MUFON, j'eus le sentiment, à ce moment-là, que je devais passer une annonce dans la presse pour essayer d'entrer en contact avec d'autres témoins, car j'étais sûr qu'il y avait eu beaucoup plus de monde, dans le secteur concerné par tous ces événements, à avoir observé les objets, et que je pouvais à présent espérer en interroger. Donc les 12, 13 et 14 mai 1992, je confiai un encart au *Daily Item* de Sunbury et au *Sun-Gazette* de Williamsport, les deux journaux les plus lus dans la région qui m'intéressait. L'idée porta ses fruits et dix-neuf témoins supplémentaires me contactèrent. Six d'entre eux résidaient autour de Williamsport, et treize dans les environs de Sunbury.

Parmi tous ces gens, seule une personne m'accorda une entrevue, les autres préférant s'exprimer au téléphone. Aussi est-ce au magnétophone que j'enregistrai ce qu'ils voulurent bien me raconter. La plupart ne souhaitaient pas en dire trop, ni entrer dans trop de détails ; ce qui leur importait avant tout

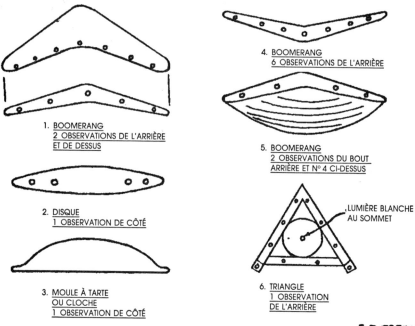

1. BOOMERANG
2 OBSERVATIONS DE L'ARRIÈRE
ET DE DESSUS

2. DISQUE
1 OBSERVATION DE CÔTÉ

3. MOULE À TARTE
OU CLOCHE
1 OBSERVATION DE CÔTÉ

4. BOOMERANG
6 OBSERVATIONS DE L'ARRIÈRE

5. BOOMERANG
2 OBSERVATIONS DU BOUT
ARRIÈRE ET N° 4 CI-DESSUS

LUMIÈRE BLANCHE
AU SOMMET

6. TRIANGLE
1 OBSERVATION
DE L'ARRIÈRE

S. D. GRECO

Fig. 1

TYPES DE FORMES VUES
LE 5 FÉVRIER 1992

c'était de témoigner auprès d'une oreille attentive du fait qu'ils avaient vu un ovni dans la soirée du 5 février 1992. Malgré tout, je réussis à solliciter leur bonne volonté suffisamment longtemps pour obtenir tous les renseignements nécessaires à cette seconde enquête. Et ces renseignements se révélèrent précieux.

La plupart de mes correspondants étaient des femmes qui n'étaient pas très habiles à juger des distances ou des altitudes, et elles donnaient le plus souvent des informations de façon imagée. Mais c'était bien assez pour me prouver que la vague d'ovnis de ce soir-là était beaucoup plus importante que je ne l'avais cru la première fois.

ANALYSE COMPLÉMENTAIRE

Bien que toutes ces nouvelles informations ne fussent pas quantitativement aussi importantes que celles collectées durant ma première enquête, publiée dans le *MUFON UFO Journal*, j'en ai [l'éditeur] extrait, pour les reproduire ici, quelques commentaires du docteur Greco — excepté les illustrations. Les données se référaient essentiellement aux faits observés et recoupaient les précédentes. Les chiffres qui sont à présent soumis à la réflexion du lecteur sont fondés sur les observations des témoins du 5 février 1992 et font suite à l'analyse de l'enquête originelle, dans le même type de formulation que celui utilisé dans *Night Siege*.

1. Forme des ovnis et de la configuration lumineuse

	Nombre de témoignages	%
Boomerang	18	54,6
Boomerang/Banane	1	3
Boomerang/Northrop B2	2	6,1
Boomerang/Lockheed C5A	1	3
Boomerang/Aile volante Northrop	1	3
Boomerang/Triangle	3	9,1
Triangle	22	6,1
Boîte	1	3
Moule à tarte ou cloche	1	3
Disque	1	3
Pas d'information	2	6,1

La forme du boomerang a fait l'objet de 54,6 % des observations et deux spécificités y ont été accolées dans 24,2 % des cas, soit un total de 78,8 %. L'hypothèse du Boomerang/C5A a été abandonnée parce qu'elle faisait référence à un avion de transport de l'Armée de l'air. Les deux « pas d'information » signifient que les témoins n'osèrent pas sortir de leur domicile pour observer les objets.

La forme de l'objet varierait donc selon l'emplacement où se trouvait l'observateur. Un témoin situé à l'aplomb de l'objet raconte qu'il a vu la forme d'un parfait triangle.

2. Estimation de la taille de l'objet

	Témoignages	%
16 mètres	2	6,3
30 à 50 mètres	8	25
50 à 70 mètres	4	12,5
70 à 100 mètres	3	9,3
150 mètres	1	3,1
200 mètres et plus	2	6,3
Pas d'information	12	37,5

L'estimation qui revient le plus souvent se situe dans la fourchette des trente à cent mètres d'envergure. Les dimensions minimale et maximale sont soixante et quatre-vingts mètres, avec une moyenne de soixante-dix mètres d'envergure. Les témoins se rendirent compte eux-mêmes qu'il était très difficile d'évaluer la taille réelle de l'objet sur fond de ciel sombre. Mais tous firent des rapprochements entre les dimensions de l'objet et la distance qu'il y avait entre des arbres de leur propriété, ou bien la taille de leur propre maison ou celle des autres immeubles de la rue.

3. Bruit entendu par les témoins

	Témoignages	%
Grondement sourd	4	12,5
Grondement fort	14	43,8
Grondement assourdissant	4	12,5
Vacarme	2	6,2
Vrombissement de moteur d'avion	1	3,1
Grondement	7	21,9
Pas d'information	-	-

La plupart des témoins entendirent un énorme grondement qui variait d'intensité : sourd (12,5 %), fort (43,8 %) jusqu'à assourdissant (12,5 %). Tous affirmèrent que leur maison en fut secouée de la cave au grenier, et que les fenêtres se mirent à trembler.

4. Déplacement de l'objet

	Témoignages	%
Très lent (presque au pas)	13	40,6
Lent (petite foulée)	14	43,8
Stationnaire	4	12,5
Pas d'information	1	3,1

L'objet se déplaçait extrêmement lentement — beaucoup plus lentement qu'un Piper Cub, à la limite du vol plané. Presque tous les témoins (84,8 %) racontèrent qu'ils auraient pu marcher au sol à la même vitesse, ou suivre l'objet simplement en petites foulées ; 12 % des témoins ont observé que l'objet était resté, à certains moments, stationnaire dans le ciel.

5. Durée de l'observation visuelle

	Témoignages	%
15 secondes ou moins	3	9,3
30 secondes à 1 minute	2	6,3
2 à 5 minutes	16	50
5 à 10 minutes	4	12,5
10 à 15 minutes	1	3,1
15 à 20 minutes	2	6,3
pas d'information	4	12,5

La durée totale de ces observations fut inhabituellement longue ce soir-là pour la majorité des témoins. Mais pour certains (15,6 %), cela ne dépassa pas une minute, c'est-à-dire le temps normal, selon nos enquêtes dans le passé, dans ce genre d'observation.

6. Comment les témoins perdirent l'objet de vue

	Témoignages	%
Disparition progressive	25	78,1
Disparition subite	4	12,5
N'a rien pu observer	3	9,4

La plupart des témoins (78,1 %) rapportèrent qu'ils virent l'objet se perdre progressivement dans la nuit. Mais 12,5 % affirmèrent l'avoir vu disparaître complètement en l'espace d'une seconde.

7. Direction du bruit

	Témoignages	%
L'entendit arriver	11	23,9
L'entendit seulement quand il fut juste au-dessus de la maison	20	43,5
L'entendit s'éloigner	13	28,3
Aucun bruit	2	4,3

La majorité des témoins n'entendit le fameux bruit que lorsqu'il se trouva juste au-dessus de la maison (43,5 %). D'autres (23,9 %) l'entendirent approcher, et d'autres encore (28,3 %) s'éloigner. Quelques personnes (4,3 %) prétendirent que l'objet qu'elles avaient vu n'émettait aucun bruit.

8. L'objet était-il parfois stationnaire ?

	Témoignages	%
Oui	4	12,5
Non	28	87,5

Seulement 12,5 % des témoins remarquèrent que l'objet pouvait parfois rester stationnaire au cours de sa trajectoire.

9. Durée des stations

	Témoignages	%
5 à 10 secondes	1	3,1
1 à 2 minutes	1	3,1
5 minutes	2	6,2
Pas de station	28	87,6

Le moment où les objets s'immobilisèrent dura au maximum cinq minutes (6,2 %), parfois une à deux minutes (3,1 %), et même moins de dix secondes (3,1 %).

10. Couleur des lumières

	Témoignages	%
Ambre et blanc	1	3,1
Vert et blanc	1	3,1
Vert et rouge	1	3,1
Rose rougeâtre	1	3,1
Jaune clignotant	1	3,1
Jaune fixe	1	3,1
Jaune pâle	1	3,1
Blanc	23	71,9
Rien	2	6,4

La couleur qui revient le plus souvent (71,9 %) par rapport aux autres couleurs est le blanc.

11. Couleur et nombre de lumières observées

	Témoignages	%
Ambre	7	3,98
Vert	2	1,14
Rouge	1	0,57
Rose rougeâtre	14	7,95
Jaune clignotant	27	15,34
Jaune fixe	26	14,77
Jaune pâle	21	11,93
Blanc	78	44,32

Le plus grand nombre de lumières observées était de couleur blanche (44,32 %) ; ensuite le jaune, avec quelques variantes (42,04 %) ; puis le rouge (8,52 %), lui aussi avec quelques variantes dans les combinaisons.

12. Nombre de lumières perçues par des témoins comme de petits avions.

	Nombres de lumières	Nombre de témoignages	%
Rouge et vert	5	1	3,1
Rouge	12	1	3,1
Rouge	50	1	3,1
Orangé	3	1	3,1
Pas d'information	-	28	87,6

135

Les lumières rouges, rouge et vert et orangées prises pour des petits avions ne peuvent donner lieu à vérification supplémentaire, car nous ne possédons pas d'autres renseignements à leur sujet. Le rouge, qui revient le plus souvent, a été observé par deux témoins (6,2 %) ; le rouge associé au vert par un témoin (3,1 %) ; et l'orangé par un témoin également (3,1 %). Presque tous les autres témoins n'ont pas remarqué ces lumières (87,6 %).

Ces fameuses lumières auraient été vues comme si elles avaient été indépendantes de l'objet : c'était le cas des rouges simples ou celui des rouge et vert, volant comme à l'unisson. Elles n'étaient ni émises par l'objet ni fixées à lui. Elles se déplaçaient à une certaine distance de l'objet et semblaient soit lui faire escorte, soit le poursuivre. Là s'arrêtent les observations à leur propos et rien ne nous permet donc d'épiloguer davantage sur ce qu'elles sont réellement : ces lumières demeurent un mystère.

13. *Heure et position de l'objet* %

18 heures-19 heures	Sunbury	
18 heures-19 heures	Sunbury	
18 heures-19 heures	Lewisburg	15,60
18 heures-19 heures	Williamsport	
18 heures-19 heures	Linden	
18 heures-18 h 15	Linden	3,13
18 h 05-18 h 15	Coagan Station	3,13
18 h 05	Williamsport	3,13
18 h 10	Williamsport	3,13
18 h 10-18 h 15	Williamsport	3,13
18 h 15	Williamsport	3,13
18 h 15-18 h 30	Williamsport	3,13
18 h 15-18 h 30	Williamsport	3,13
18 h 20	Williamsport	3,13
18 h 20-18 h 30	Williamsport	3,13
18 h 30	Hummels Wharf	
18 h 30	Sunbury	
18 h 30	Selinsgrove	21,8
18 h 30	New Columbia	
18 h 30	Williamsport	
18 h 30	Lewisburg	
18 h 35	Linden	3,13
19 heures-19 h 15	Linden	3,13

19 heures-21 heures	Warrensville	3,13
19 h 15	Linden	3,13
19 h 15-19 h 20	Stonington	3,13
19 h 30-20 h 30	Selinsgrove	3,13
20 heures-21 heures	Sunbury	3,13
20 h 14	Winfield	3,13
20 h 45	Treverton	3,13
21 h 30	Natalie	3,13

On comprend, d'après ce tableau, qu'il est apparu dans le ciel à certains moments bien plus d'un objet. Par exemple, entre 18 heures et 19 heures, on observe cinq objets en même temps et dans des endroits différents. Malheureusement, les témoins ne purent pas préciser, à la minute près, le moment exact où ils virent l'objet. Mais à 18 h 30 — et tous les témoins sont d'accord — il est évident que plusieurs objets se présentèrent dans le ciel au-dessus de régions différentes.

Dans le secteur de Linden, les observations indiquèrent très clairement que deux objets en forme de boomerang avaient été repérés en soirée : l'un des deux, entre 18 heures et 19 heures (trois témoignages), se dirigeait vers le sud, sud-est, sud et puis enfin vira à l'est vers la rivière Susquehanna en direction de Williamsport. Mais rien ne garantit l'exactitude de cette trajectoire et de sa suite.

Entre 18 heures et 18 h 30 dans le secteur de Williamsport, il semble qu'un des objets ait pu être suivi par huit témoins tandis qu'il se dirigeait du nord au sud. Cela pourrait bien être le même objet qu'a également observé le groupe de la tranche horaire 18 heures-19 heures.

Il est de même évident que les objets aperçus vers 19 heures, 20 heures et 21 heures étaient en solitaires puisqu'ils ont été repérés à différents endroits éloignés les uns des autres.

Mais tous ces renseignements peuvent subir des changements en vertu d'ajustements et de corrections apportés en cours de route afin de mieux définir la trajectoire de chaque objet. Une telle entreprise n'en demeure pas moins extrêmement délicate parce que quatre de ces objets se volatilisèrent littéralement sous les yeux des témoins et l'on peut alors imaginer que soit ils réapparurent au même instant dans un autre secteur, soit ils disparurent pour de bon.

14. Trajectoire

	Témoignages	%
Nord — sud	21	65,7
Nord-ouest — sud-est	5	15,7
Nord-est — sud-ouest	3	9,3
Est — ouest — sud-est	1	3,1
Est — ouest	1	3,1
Ouest — est	1	3,1

La plupart des objets volaient du nord au sud (65,7 %), du nord-ouest vers le sud-est (15,7 %), et du nord-est vers le sud-ouest (9,3 %). D'autres directions totalisent 21,1 % des suffrages.

15. Altitude

	Témoignages	%
16 à 30 mètres	10	31,2
30 à 65 mètres	4	12,5
65 à 80 mètres	1	3,2
80 à 160 mètres	5	15,6
160 mètres et plus	7	21,9
Pas d'information	5	15,6

La plus basse altitude — c'est-à-dire juste au-dessus de la tête ou à l'aplomb — se situa entre seize et trente mètres (31,2 %), et la plus élevée vers 160 mètres (3,1 %).

16. Distance entre l'objet et l'observateur

	Témoignages	%
16 à 30 mètres	9	28,1
30 à 50 mètres	3	9,4
30 à 65 mètres	4	12,5
65 à 80 mètres	5	15,6
160 mètres et plus	1	3,1
Pas d'information	10	31,3

La plus courte distance entre un observateur et l'objet sur le plan horizontal serait de seize mètres (28,1 %), et la plus longue de 160 mètres (3,1 %). Tous les témoins furent capables d'évaluer la distance qui les séparait de l'objet dès qu'ils se retrouvèrent hors de leur domicile et qu'ils purent détailler l'apparition.

17. *Secteurs qui totalisèrent le plus d'observations*

	Témoignages	%
Williamsport	10	31,3
Linden	5	15,6
Sunbury	4	12,5
Lewisburg	2	6,25
Selinsgrove	2	6,25
Coagan Station	1	3,12
Hummels Wharf	1	3,12
Natalie	1	3,12
New Columbia	1	3,12
Northumberland	1	3,12
Stonington	1	3,12
Treverton	1	3,12
Warrensville	1	3,12
Winfield	1	3,12

Cinquante pour cent des observations eurent donc lieu dans la région septentrionale du secteur le plus privilégié — c'est-à-dire le nord de New Columbia — et cinquante pour cent dans la région sud. La plupart des observations effectuées depuis une ville le furent depuis Williamsport.

AVION OU OVNI ?

Une telle vague d'observations est extrêmement stimulante pour l'esprit et invite à mettre tout en œuvre pour essayer de savoir ce qui est arrivé exactement le soir du 5 février 1992. Les données reproduites ici montrent clairement que des objets inhabituels ont été repérés dans le ciel par de nombreux témoins qui ont été, par la suite, interrogés et qui ont raconté leur aventure à l'enquêteur telle qu'ils l'avaient vécue. D'autres gens ont vu l'objet ou entendu le bruit, et ont témoigné de ces faits en appelant les autorités locales. Deux personnes qui ont également assisté à ces événements depuis deux endroits complètement différents, et qui ne « croyaient pas à tout cela » auparavant, sont aujourd'hui convaincues que les ovnis sont une réalité.

En essayant de donner un sens à toutes ces observations, notre analyse nous a menés à définir tout ce que l'objet *ne pouvait pas être*, à savoir :

A. Un avion

Les témoins, sans exception, sont familiarisés avec les avions, aussi bien civils que militaires. Certains ont eu l'occasion de voler sur des appareils de l'armée, et tous sur des avions de ligne normaux. Et tout le monde s'accorde sur le fait que ce qu'ils ont observé ce soir-là n'avait rien de commun avec un avion traditionnel. Plusieurs personnes s'informèrent auprès des tours de contrôle des aéroports locaux, nationaux et même étrangers pour toujours s'entendre répondre que rien sur les écrans radar n'avait signalé la présence d'un avion au moment et aux endroits décrits plus haut.

Un porte-parole de l'Administration fédérale de l'aviation (FAA), contacté par divers témoins, fit une déclaration, rapportée dans plusieurs articles de presse, selon laquelle aucun plan de vol n'avait été prévu au-dessus de la région concernée et aucune infraction aux règles de la navigation aérienne n'avait non plus été enregistrée étant donné qu'aucune plainte n'avait été déposée dans ce sens.

Le directeur de l'information attaché à l'Armée de l'air, lui-même contacté par Stan Gordon, affirma de son côté qu'aucun appareil militaire n'avait survolé ce secteur au moment des observations.

B. Même heure, localisations différentes

De nombreux témoins virent l'ovni au même moment depuis des endroits différents. Quelques-uns virent l'ovni depuis deux lieux différents et à des heures différentes ce même soir (voir le tableau 13 dans les pages précédentes).

Puisque officiellement aucun avion ne traversa le ciel du secteur d'observation, la probabilité pour que les objets soient autre chose qu'un ovni diminue considérablement.

C. Des vitesses extrêmement lentes

Tous les témoins affirmèrent que l'ovni volait à une vitesse soit lente, soit extrêmement lente, et qu'il aurait été facile de le suivre à pas rapides ou à petites foulées, ce qui revient à évaluer cette vitesse aux alentours de vingt-deux à trente kilomètres à l'heure.

Or, à cette vitesse, les petits avions de tourisme ont du mal à se maintenir en l'air à cause de leurs caractéristiques aéro-dynamiques et des risques encourus de se retrouver en perte de vitesse. Les gros appareils, quant à eux, ne peuvent en aucun cas réduire à ce point leur vitesse de vol, ils tomberaient comme des fers à repasser. Même la technique de l'atterrissage réclame des vitesses nettement supérieures jusqu'au moment où le train d'atterrissage touche la piste, après quoi seulement le pilote amorce la manœuvre de freinage.

D. L'ovni était gigantesque

Selon les témoignages, la taille de l'ovni était de proportions considérables, d'une envergure évaluée entre seize et deux cents mètres. Parmi les avions militaires, l'envergure la plus imposante que l'on connaisse ne dépasse pas soixante-quinze mètres (le Lockheed C-5A Galaxy), et parmi les avions commerciaux, soixante-cinq mètres (le Boeing 747). Mais on n'a pas signalé que ces types d'appareils aient survolé la région des observations.

E. L'ovni est parfois resté stationnaire dans le ciel

Il n'existe, à ce jour, que trois types d'engins capables de s'immobiliser en l'air — l'avion britannique à décollage vertical Harrier, un hélicoptère et un dirigeable éclaireur. Excepté le dirigeable, ces appareils sont tous de petites dimensions comparées à ce qui a été observé par les témoins.

On ne voit des ballons dans le ciel qu'à certaines occasions, et très rarement la nuit. Il faut savoir qu'ils sont complètement dépendants des vents dominants et que leur trajectoire est assez incertaine. En tout cas, aucun de tous ces appareils n'a été inscrit sur les plans de vol des services gouvernementaux ou des tours de contrôle, tant militaires que civils.

F. Les lumières de l'ovni étaient plus nombreuses et plus volumineuses que ce qu'on peut voir couramment sur les avions

Chaque témoin a fait état de grosses lumières blanches situées à l'arrière de l'ovni et que l'on pouvait très bien observer. Un des témoins a pensé à des hublots.

Ces lumières n'auraient pas pu appartenir à de petits avions à cause de leurs dimensions et du poids que cela devait représenter. Tous les appareils, civils et militaires, sont dotés de lumières conformes aux réglementations en vigueur (édictées par l'Administration fédérale et par l'Armée de l'air) et n'ont pas le volume de celles observées sur l'objet mystérieux. Les lumières de cabine elles-mêmes suivent la ligne du fuselage des deux côtés de l'appareil et sont en plus grand nombre que celles repérées par les témoins au cours des diverses observations.

G. Les mêmes formes d'ovni ont déjà été décrites au cours des années précédentes

Les formes décrites par les témoins — boomerang, disque et triangle — ont déjà été répertoriées à de multiples reprises aussi bien aux États-Unis que dans d'autres pays.

H. L'ovni disparaît en un instant à la vue des observateurs

Quatre témoins rapportèrent que, tandis qu'ils observaient l'ovni, celui-ci disparut totalement en moins d'une seconde. Il n'existe pas d'avion au monde capable d'effectuer ce type de performance.

L'aile volante (le bombardier fantôme ou furtif B-2 de l'Armée de l'Air américaine) et l'avion de chasse F-117A sont, en principe, invisibles au radar, mais ils ne peuvent pas se « volatiliser » en une seconde. En tout cas, s'ils le pouvaient, ce serait un secret militaire... bien gardé ! (Voir la note de l'Éditeur.)

I. Les observations d'ovnis s'étalent sur une vaste région géographique

Les observations d'ovnis eurent lieu à l'ouest de Williamsport (Linden), à l'est (Loyalsock Township), au nord (près de Coagan Station), et au sud (Selinsgrove).

Bien qu'il existât de petits aéroports, et d'autres de moyenne importance, dans ces régions, aucun trafic aérien n'a été signalé par les opérateurs des tours de contrôle.

QUE VIRENT DONC LES TÉMOINS ?

A l'enquêteur, tous les témoins firent un honnête et véritable compte rendu de ce qu'ils avaient vu le soir du 5 février 1992. Ce fut même une expérience qu'ils ne sont pas près d'oublier. En fait, ces gens ignorent tout de la nature exacte de cet objet volant inconnu, mais ils restent inflexibles sur le fait qu'ils sont persuadés que ce n'était pas un objet fait de la main de l'homme. Alors, qu'est-ce que cela pouvait bien être ?

Beaucoup de gens continueront certainement à épiloguer et à proposer des explications en tous genres. Mais je crois qu'il faut avant tout tenir compte des données recueillies exposées précédemment.

Il y avait indubitablement dans le ciel un objet étrange que les témoins ne pouvaient en aucun cas reconnaître. Cet objet avait une forme ou silhouette et des dimensions impressionnantes ; il semblait fait de matière solide et produisait un bruit effrayant ; il portait aussi des lumières ; enfin, il est resté visible un bon laps de temps.

L'objet paraissait contrôlé par quelque intelligence car il volait en ligne droite, virait de bord, s'immobilisait pour un instant, disparaissait brutalement, se maintenait à une certaine altitude et à une vitesse d'une lenteur inhabituelle.

Il n'y avait pas de trafic aérien dans le secteur durant la même période, si l'on en croit les renseignements fournis par l'aviation civile, l'Administration fédérale et l'Armée de l'air.

A ce jour donc, aucune explication rationnelle ou simplement raisonnable n'a été avancée qui mettrait en scène un engin fabriqué par l'homme ou un objet interplanétaire, par exemple un météorite entré dans l'atmosphère terrestre.

Espérons que de nouvelles données, à l'occasion de futures observations, permettront d'aboutir enfin à une conclusion concernant certains types d'objets volants. Jusque-là, ce que les témoins ont vu demeure sur la liste des phénomènes inexpliqués.

Notes

1. Hynek, Dr J. Allen ; Imbrogno, Philip J. ; Pratt, Bob : *Night Siege : The Hudson Valley UFO Sightings* (Veillée nocturne : Les ovnis de la vallée de l'Hudson), Ballantine Ed., New York, 1987.
2. *Sun-Gazette*, Williamsport, Pennsylvanie, 8 février 1992.
3. *Ibid.*, 6 février 1992.
4. *Ibid.*, 15 février 1992.
5. *Press-Enterprise*, Bloomsburg, Pennsylvanie, 8 février 1992.
6. *Daily Item*, Sunbury, Pennsylvanie, 6 février 1992.

Note de l'Éditeur

Un secret fort plausible qui cacherait deux modes de propulsion, particulièrement pour les F-117A et leurs dérivés, ainsi que pour le fameux *Aurora*. Dans les annexes de son roman-vérité *E BE 2 : L'Entité noire d'Andamooka* (Éditions Vaugirard), Jimmy Guieu, sur la foi d'une source US généralement bien informée, rapporte que ces bombardiers mis au point à Nellis Air Force Range, Nevada (réputé abriter une base technique géante des « Gris »), auraient été dotés d'un système de propulsion « GM » ou gravito-magnétique (antigravitatif) hérité d'un transfert de technologie des Gris. Selon les missions à accomplir, ces engins « GM » sont pourvus d'un équipage mixte : humain et « gris ».

9

Une stratégie extra-terrestre pour la Terre ?

Docteur James Deardorff

Diplômé des universités de Stanford et de Washington en sciences physiques et météorologiques, James Deardorff servit comme officier dans la marine américaine entre 1951 et 1955, puis devint enseignant à l'université de Washington jusqu'en 1959. En 1962, il entra au *National Center for Atmospheric Research* (Centre national de recherches sur l'atmosphère) comme directeur de recherche. En 1978, il devint maître de recherche au Département des sciences atmosphériques de l'Université de l'État d'Oregon où il est actuellement professeur honoraire.

Le docteur Deardorff est membre de l'Association américaine pour le développement des sciences et, en dehors de plusieurs ouvrages, il a écrit de nombreux articles dans diverses revues scientifiques et techniques dont celui-ci, d'abord publié dans le *Quarterly Journal of the Royal Astronomical Society*, n° 27, 1986 (Revue trimestrielle de la Société royale d'astronomie) et reproduit ici avec l'aimable autorisation du docteur Deardorff et de l'éditeur du *Quarterly Journal*. L'auteur a épluché pendant des années tous les rapports d'observations d'ovnis et il est à présent convaincu que le contact avec les extra-terrestres a déjà été établi.

Au cours de ces deux dernières décennies, de nombreuses études ont mis en évidence la haute probabilité que des ethnies ou civilisations extra-terrestres très avancées abondent au sein de notre propre galaxie[1][2][3][4], sans parler des galaxies voisines ou du reste de l'univers. En suivant la formule de Drake[5], le nombre des planètes de notre galaxie qui seraient habitées, N, est généralement évalué à environ 10^6, ce qui nous donne déjà un ordre de grandeur[1]. On présume que les extra-terrestres auraient sur nous une avance technologique de seulement quelques milliers ou millions d'années.

De nombreux chercheurs en déduisent que le temps nécessaire à n'importe quelle race de ce type pour coloniser toutes les autres planètes habitables de la galaxie n'est que d'environ cent millions d'années ou moins[6][7][8], en vertu du fait qu'elle se déplacerait à des vitesses de l'ordre de un pour cent de celle de la lumière, et en imaginant qu'il lui faudrait quelques milliers d'années pour consolider son implantation sur chaque nouvelle planète conquise avant d'en investir une autre. Même pour une telle migration, si la seule motivation était de fuir le destin lié à la planète-mère en quittant la principale séquence, on ne compterait pas moins de 0,1 N sociétés extra-terrestres ayant réalisé ce projet à l'heure actuelle[9]. C'est pourquoi il devient de plus en plus difficile de soutenir l'hypothèse que notre petit « coin » de galaxie a échappé à l'attention de civilisations extra-terrestres avancées. Acceptons plutôt l'idée qu'elles existent.

Dans le même temps, on s'est, bien sûr, rendu compte qu'aucune présence ou communication extra-terrestre n'avait été à ce jour détectée au radio-télescope ou au moyen d'autres techniques astronomiques[10]. Ce fait a souvent conduit les commentateurs à la conclusion que l'humain était un phénomène unique dans notre galaxie en tant qu'être pensant capable de réfléchir sur sa propre existence et, techniquement, apte à explorer son propre système solaire, et même au-delà. Cette conclusion a été étayée par des études qui démontrent la forte improbabilité que la vie ait pu apparaître : autrement dit, les acides aminés nécessaires à la première forme de vie se seraient, un beau jour, organisés de telle manière qu'à un moment propice ils auraient produit un agrégat d'enzymes capable de se multiplier[10][11][12]. Ces raisonnements affirment donc que la vie sur Terre, humanité comprise, ne serait qu'un formidable coup de chance statistique qui aurait très bien pu ne jamais arriver, et pourrait bien, par conséquent, être unique dans son genre.

Pourtant, ces deux arguments sur le caractère unique de la vie sont traditionnellement réfutés par le fait que la première apparition de la vie sur Terre a été datée aux alentours de 100 millions d'années seulement après la formation de la planète elle-même. Puisqu'elle n'a donc pas attendu des milliards d'années pour apparaître, on ne voit pas pourquoi la vie serait un événement si rare, surtout si l'on tient compte de la durée astronomique de nos systèmes planétaires. Cette simple constatation a amené les scientifiques à une autre conclusion qui dit qu'une espèce de système moléculaire primitif et reproductible, de beaucoup plus simple que tout ce que nous pouvons imaginer aujourd'hui, peut se développer à partir d'acides aminés et démarrer le processus de la vie, ou bien que d'une certaine manière, la vie est ensemencée sur de jeunes planètes par des intelligences extra-terrestres. Cette dernière hypothèse, bien évidemment, impliquerait que, dans le passé, il y ait eu sur Terre des extra-terrestres colonisateurs, ce qui sous-entendrait qu'ils existent bel et bien.

En poussant encore le raisonnement dans ce sens, nous sommes obligés d'évoquer l'argument de type copernicien qui veut que toutes les anciennes croyances selon lesquelles l'humanité occuperait le centre de l'univers se sont un jour révélées complètement fausses. Ces croyances étaient fondées sur une vision de la Terre plate, avec « nous » dessus, et les planètes, soleil et étoiles formant un ballet autour de nous, la Voie lactée étant la seule galaxie, ou du moins la galaxie centrale plutôt qu'une galaxie typique appartenant à un groupe de galaxies, elles-mêmes reliées à un supersystème astronomique. D'autres arguments soutenant indirectement la théorie sur l'existence de multiples civilisations extra-terrestres au sein de la galaxie proviennent de récentes observations effectuées sur des nébuleuses proto-planétaires entourant de jeunes planètes[13], soutenant ainsi l'idée de l'ubiquité des systèmes planétaires des étoiles.

Ces arguments n'ont pas manqué de soulever des débats dans le style « Mais où sont-ils ?[10] » ou bien « Pourquoi ne les a-t-on pas encore rencontrés ? » Plutôt que de rester indéfiniment sans réponse, les chercheurs se sont davantage attachés à étudier les hypothèses sur les extra-terrestres, qui pourraient justement expliquer notre échec apparent au niveau du contact ou de la collaboration avec eux.

La première de ces hypothèses envisage la Terre comme une sorte de zoo maintenu en activité par les extra-terrestres, comme nous le faisons nous-mêmes pour les réserves naturelles, animalières et de vie sauvage[14]. Mais pourquoi des extra-terrestres évolués auraient-ils à notre égard ces attentions et cette bienveillance ? C'est la question à laquelle se sont efforcés de répondre Newman et Sagan[15], qui ont alors suggéré l'idée que des forces universelles feraient obstacle à tout impérialisme cosmique, et peut-être même un *Codex galactica* qui servirait à éduquer les jeunes sociétés afin qu'elles apprennent à se conduire correctement. Sagan et Newman[16] ajoutent que des civilisations avancées, possédant un long passé historique, ont dû apprendre comment se comporter de manière positive et bienfaisante, comment traiter avec délicatesse une société adolescente.

Harrison[17] reprit ces thèses et les développa en proposant l'idée qu'une loi « biogalactique » existerait naturellement là où des formes de vie intelligente, dont l'agressivité apparaîtrait comme destructrice, chercheraient à s'étendre au sein du système solaire qui les a vues naître : ces formes de vie seraient alors arrêtées dans leur élan de colonisation galactique. Selon la conclusion de Harrison, nous n'avons pas encore repéré de civilisation avancée dans la galaxie parce que le processus de sélection a mis en place une sorte d'embargo sur les contacts directs avec toute civilisation encore reliée de façon primaire à la planète. Cet embargo serait tel que « les civilisations ne doivent pas être encouragées ou aidées à quitter leur planète prématurément. Auparavant, elles doivent faire la preuve de leur aptitude à se mêler aux autres (créatures d'autres planètes), et pour cela il n'existe pas de meilleure démonstration d'immaturité que l'autodestruction ».

Papagiannis[18] s'exprime un peu différemment :

« Les limites de la croissance deviendront la contrainte par excellence qui déterminera la sélection naturelle de ces civilisations. Celles qui parviendront à dominer leurs tendances innées à poursuivre indéfiniment la croissance matérielle et à les remplacer par des objectifs non matériels, celles-là seront les seules à survivre à la crise. Le résultat sera que toute la galaxie, dans un temps cosmiquement très court, sera peuplée de civilisations stables, hautement éthiques et spirituelles.» Autre argument en faveur de civilisations extra-terrestres avancées, pleines de bienveillance, ou hautement éthiques, pour expliquer notre existence actuelle préservée... Pourtant, il existe différentes variations sur ces thèmes et leurs conséquences, qui méritent qu'on s'y attarde. Par exemple, on note une vision plus large de ladite « bienveillance » et de la manière dont les extra-terrestres pourraient communiquer avec nous, s'ils considéraient que nous fussions à la veille de mériter un tel contact. Le propos de cet article est en effet d'explorer quelques-unes de ces considérations afin de trouver une logique à une éventuelle stratégie extra-terrestre.

QUALITÉ DE LA BIENVEILLANCE EXTRA-TERRESTRE

On devrait s'attendre de la part d'extra-terrestres à une bienveillance de haut niveau si l'on considère le nombre faramineux de civilisations avancées censées exister, les énormes différences probables de leurs formes et de leurs cultures, les degrés infiniment variables d'évolution que cela implique, et l'immense difficulté ou effort que toute collectivité de civilisations de cet ordre ne peut manquer de rencontrer pour faire régner l'ordre dans une galaxie et en éliminer les manifestations qui se révéleraient agressives. De plus, ce qui serait jugé « agressif » ne serait pas toujours aisé à déterminer : deux factions adverses appartenant à une même planète peuvent très bien ne pas complètement s'anéantir, l'une survivant et reconstruisant une société sur une autre planète proche du même système. Ce groupe survivant aura-t-il suffisamment pris la leçon de son expérience pour être jugé désormais non agressif et éviter des représailles de la part de civilisations technologiquement supérieures ? Et quels autres scénarios pourrait-on envisager ?

Ainsi donc, quelques petites fractions de ces civilisations de la galaxie pourraient très bien être considérées par nous comme hostiles, mais elles seraient tenues en échec par une ou plusieurs autres civilisations plus généreuses qui, pour telle où telle raison, manifesteraient quelque intérêt envers la planète Terre ou ses habitants. Une de ces raisons pourrait être que l'*Homo sapiens* ressemble fort à leur propre forme de vie, ou bien à la forme de vie que ces extra-terrestres avaient alors qu'ils en étaient au même stade d'évolution que nous aujourd'hui. Une autre pourrait être que ces extra-terrestres, ou leurs ancêtres, se sont servis, un jour, de la Terre et des autres planètes de notre système solaire, et ce bien avant que l'humanité n'y fît son apparition, selon les lois hypothétiques d'embargo que nous avons déjà évoquées. Ou bien peut-être parce que ces civilisations ont elles-mêmes été aidées de cette manière au début de leur histoire, alors qu'elles commençaient à développer une technologie spatiale, elles se sentiraient dans l'obligation d'aider à leur tour une autre race moins évoluée qu'elles. Il est difficile, bien sûr, d'imaginer ce que pourraient être les motivations d'un maternage de la Terre par une civilisation aussi, ou beaucoup plus, avancée technologiquement que nous, un peu comme nous le sommes nous-mêmes par comparaison avec l'état des sciences et des techniques il y a cinq cents ans, par exemple.

QUELQUES HYPOTHÈSES SUR LA COMMUNICATION EXTRA-TERRESTRE

Comme Bracewell[19] l'a fait remarquer, si les extra-terrestres communiquaient avec nous depuis l'espace grâce aux ondes radio, ou par l'intermédiaire d'une sonde émettrice qui couvrirait le globe tout entier d'un réseau, il ne fait aucun doute que des essais assidus et patients seraient aussitôt effectués sur ordre du ministère de la Sécurité nationale du pays, qui détecteraient ces messages afin de les garder secrets. Il serait naïf de raisonner autrement. Pourquoi le secret ? Comme toujours, dans l'espoir de tirer de cette situation, grâce à l'originalité présumée des informations ainsi captées, des avantages militaires et économiques sur les autres nations, et principalement les nations ennemies. Même si la détection de messages venus de l'espace était réalisée par des groupes de recherche indépendants de toute instance gouvernementale et annoncée au monde entier immédiatement par les médias, le gouvernement concerné pourrait aisément démentir les faits comme une erreur ou une plaisanterie dès le lendemain et refermer ainsi l'étau du secret sur toute cette opération. Si cette tactique ne fonctionnait pas, la lourde censure d'État prendrait le relais et la loi du silence (la non-information) s'installerait partout inexorablement. Bracewell tenait le raisonnement suivant : les extra-terrestres sauraient anticiper ce genre de réaction, et feraient en sorte que les communications parviennent tout de même aux peuples de toutes les nations. A mon avis, cependant, ceci obligerait les extra-terrestres à employer des moyens d'action complètement différents pour éviter d'interférer de façon violente ou trop vaste dans les affaires humaines, ce qui reviendrait à violer l'hypothétique embargo.

On pourrait dire aussi que l'utilisation par les extra-terrestres d'une méthode différente résulterait de notre échec à capter toute communication venue d'ailleurs, que ce soit avec le programme SETI (*Search for Extraterrestrial Intelligence* : Recherche d'intelligence extra-terrestre) ou tout autre projet d'écoute spatiale durant les dix ou quinze dernières années. Zuckerman[9], par exemple, pense que dans une galaxie pratiquement saturée d'extra-terrestres, notre capacité à capter un message quelconque venant de l'espace doit, en fait, signifier que les extra-terrestres se servent de techniques supérieures à celles des ondes électromagnétiques. Pourtant, si l'on s'en tient aux arguments précédents, il est peu probable qu'on soit jamais informé si, effectivement, le contact a vraiment déjà eu lieu. En outre, si un programme comme SETI devait immanquablement réussir, ce « succès » pourrait se révéler un désastre pour les raisons que nous allons aborder plus loin.

Autre scénario possible : la mission des extra-terrestres consisterait essentiellement à apparaître ou à déployer de grandioses démonstrations de force simultanément dans toutes les capitales des principaux gouvernements mondiaux, pour, seulement ensuite, commencer à communiquer. Mais, même si les extra-terrestres pouvaient réaliser cette mise en scène, son éventualité serait immédiatement rejetée à cause des conséquences catastrophiques possibles au niveau de l'éthique, conséquences qu'une civilisation extra-terrestre avancée serait parfaitement à même de prévoir. (Depuis le début de ce chapitre, il est bien entendu que nous présumons, de la part des extra-terrestres, une bienveillance et une déontologie de haut niveau.) Une réaction d'hystérie collective du même type que celle qui suivit, en 1938, le programme radiophonique d'Orson Welles *The Invasion from Mars* (Les Martiens attaquent) et qui secoua toute l'Amérique, ne devrait pas, en principe, se reproduire aujourd'hui, grâce au développement de la culture populaire depuis une vingtaine d'années, que ce soit en matière de films de science-fiction ou de programmes vidéo « intergalactiques ».

Les extra-terrestres, avec leur éthique très évoluée, sauraient certainement éviter que se produise ce genre de scénario-catastrophe si d'autres voies étaient possibles, même si leurs vaisseaux spatiaux devaient être, ici ou là (ce qui semble inévitable), détruits par les hommes, entraînant du même coup l'éventualité d'actions de représailles.

Même une prise de conscience progressive de la population concernant la réalité de l'existence extra-terrestre et la possibilité d'une intervention, resterait, pour une période d'au moins plusieurs mois, une révélation traumatisante qui pourrait entraîner un véritable chaos économique et le renversement des gouvernements. Les conséquences religieuses, à elles seules, pourraient prendre des proportions inimaginables : des masses d'individus commenceraient à remettre en question les fondements de leurs propres croyances si l'existence des extra-terrestres était confirmée. Le fait est que toute religion, fondée sur le culte ou l'adoration d'une figure humaine, perdrait sa validité et son universalité par la seule révélation qu'il existe des êtres appartenant à d'autres mondes et ayant une histoire datant de plusieurs milliers ou millions d'années ; ces êtres auraient même peut-être des enseignements religieux ou spirituels à faire partager. C'est pourquoi des extra-terrestres bienveillants sont ce que nous espérons pour éviter toute brutalité dans ces révélations qui, à coup sûr, changeront la face du monde.

Au nom de la méthode de l'élimination, on est amené à imaginer comme probable que des communications extra-terrestres avec la Terre iraient en progressant au cours d'une très longue période, comme par exemple deux ou trois générations, et d'une manière prévue pour atteindre d'abord les gens dont le système de valeurs est apte à recevoir le message que les extra-terrestres sont prêts à délivrer. En même temps, les communications seraient effectuées de telle sorte que les gouvernements ne pourraient pas en avoir connaissance ou faire main basse dessus pour les raisons exposées plus haut. Cela voudrait dire que la communauté scientifique dans son ensemble serait également exclue de la fête ; sinon, il est bien évident que l'information finirait par transpirer et siffler aux oreilles des gouvernants. Ce système sélectif de communication respecterait le toujours hypothétique embargo de la Terre aussi longtemps qu'il n'y aurait pas d'interférence avec les actions des dirigeants ou des communautés scientifiques. Même si l'on n'est pas absolument sûr qu'il puisse seulement exister un tel type de communication, une possibilité est à présent proposée à nos lecteurs.

UN PLAN DE COMMUNICATION EXTRA-TERRESTRE COMPATIBLE AVEC L'EMBARGO

En supposant que la race extra-terrestre ait étudié, à notre insu, la société humaine pendant un temps considérable et ait saisi en profondeur les ressorts de notre psychologie, une possibilité nouvelle peut être envisagée :

Les communications extra-terrestres pourraient être conçues de telle sorte qu'elles soient facilement accessibles au grand public, mais parfaitement inacceptables ou inimaginables pour les scientifiques.

Les organismes d'État, sur l'avis des scientifiques, n'entreprendraient alors aucune action, et l'embargo resterait plus au moins total. La prise de conscience de ce qui serait en train de se mettre en place ne progresserait que très lentement — pas plus vite que ce dont l'humain aura intrinsèquement besoin pour se préparer à accepter les messages venant d'intelligences extra-terrestres. De cette façon, l'intelligence extra-terrestre, de son côté, n'a pas la nécessité de prendre des décisions hâtives concernant le moment propice ou la possibilité pour l'humanité de se préparer à recevoir leurs communications. Plus de souci non plus pour savoir si les gouvernements seront fiables, au point de laisser passer fidèlement les messages auprès des populations. Comme il n'y aurait pas d'ingérence extra-terrestre dans les affaires humaines, tous les gouvernements resteraient libres de provoquer un holocauste nucléaire quand ils le voudraient, ce qui serait la réponse la plus immédiate à la question de savoir si, oui ou non, l'humanité est éthiquement prête à entrer dans le nouvel âge « cosmique ».

Ce type de scénario sur la stratégie extra-terrestre imaginée implique que la communication s'effectue en direction de quelques rares récipiendaires dispersés à travers le monde. Un contacté recevrait des messages compréhensibles sur une longue période, de sorte qu'il, ou elle, pourrait en saisir pleinement tout le sens, et serait capable de rassembler un grand nombre de preuves de la réalité de ces événements afin de devenir crédible auprès du public. Mais pour que rien ne vienne malencontreusement mettre la puce à l'oreille des scientifiques en général, seul le contacté serait autorisé à participer aux séances de communication et de rencontres avec les extra-terrestres eux-mêmes.

De plus, les messages devraient contenir de vagues descriptions de réalisations technologiques extra-terrestres qui seraient perçues comme des contes de fées ou de science-fiction. Ils devraient même contenir quelques bonnes grosses absurdités qui, en l'absence de toute instruction détaillant le fonctionnement de certaines inventions techniques hyper-sophistiquées, ne manqueraient pas de faire sourire tout scientifique qui aurait eu vent de ces messages et qui n'y verrait plus alors que des divagations romanesques. La preuve de tous ces contacts serait également rejetée par ce qu'on appelle l'« esprit scientifique » et qui exige, pour admettre définitivement une réalité, que l'expérience soit renouvelable, systématiquement, pareille à elle-même et à volonté, ou encore qu'elle ait été dûment observée par des chercheurs officiels et reconnus. Entre-temps, les messages seraient publiés, traduits dans toutes les langues et divulgués à travers le monde parmi d'autres textes de la littérature ésotérique. Un grand nombre d'éditeurs se sont déjà spécialisés dans ce genre d'ouvrages.

En suivant le raisonnement de Papagiannis, les messages seraient censés véhiculer des enseignements spirituels, ou du moins éthiques, qui pourraient, par la suite, décourager la curiosité fouineuse des scientifiques. Et si cela n'était pas suffisant pour prévenir toute acceptation scientifique prématurée, l'existence de communications similaires, qui se révéleraient être des canulars, viendrait tout naturellement rendre la situation extrêmement confuse. Et cela pousserait davantage encore les scientifiques à ne pas s'intéresser à la question.

Le problème reste celui de savoir comment cette fraction du grand public qui lira les ouvrages ciblés pourra les identifier comme des messages extra-terrestres et les distinguer des éventuelles supercheries ; à cet égard, les cultes pourraient bien apparaître comme une partie de la solution plutôt que comme un problème. Le fait est que surmonter cette difficulté exigerait une longue période de transition pour que s'élabore l'acceptation des communications extra-terrestres, minimisant ainsi toute panique populaire ou révolution religieuse, et solliciterait du même coup l'esprit de logique humain pour déterminer si tel message est vrai ou faux. Il se peut que ces qualités — une pensée indépendante chez le maximum de peuples possible et la déduction que notre niveau technologique est très nettement inférieur à celui des extra-terrestres — soient des conditions *sine qua non* pour que les extra-terrestres lèvent enfin l'embargo. Une autre exigence pourrait être aussi que nous ayons atteint un niveau de compréhension tel que nous ne traitions pas les extra-terrestres comme des dieux mais respectueusement, comme des créatures sœurs qui ont simplement quelques milliers d'années d'avance sur nous.

C'en serait alors fini de l'embargo contre la Terre : il aurait été institué pour faire obstacle aux scientifiques et aux gouvernements, tandis que les populations avaient graduellement accès à la connaissance.

La possibilité que nous venons d'exposer, avec ses conditions préalables, semblerait exiger que les groupes extra-terrestres chargés de cette mission aient maintenu une étroite surveillance sur notre monde durant une très longue période, et soient également capables de prendre contact avec des récipiendaires. Pour que toute cette aventure se soit passée dans notre dos jusqu'à maintenant, il fallait à coup sûr une technologie si avancée qu'on pourrait la qualifier de magique ou d'occulte. Mais Sagan[20] a bien fait remarquer que des événements d'ordre magique devraient se produire si les extra-terrestres sont véritablement en avance de plusieurs milliers d'années, ou davantage, sur nous. En fait, l'absence même de toute description de réalisation magique au sein d'un supposé message extra-terrestre pourrait être interprétée comme une farce dont l'auteur manquerait de la plus élémentaire imagination. Ainsi, il deviendrait extrêmement difficile de distinguer le vrai message extra-terrestre des licences romanesques de tout poil. Il faudrait très soigneusement passer au crible les preuves avancées par les récipiendaires, en essayant d'en juger les mérites sans faire appel à ce qui est raisonnable ou non dans les descriptions magiques des communications selon les critères du moment.

Les mêmes méthodes de surveillance au moyen d'une technologie avancée pourraient être nécessaires aux extra-terrestres afin de juger du niveau de compréhension et d'acceptation de leurs messages parmi les peuples.

Un exemple souvent cité est celui de nos connaissances actuelles qui paraîtraient de la pure magie à toute personne vivant cinq cent ans, ou seulement cents ans, en arrière : c'est le cas de la télévision et de la propagation de ses signaux invisibles à travers l'espace. Un autre exemple, mais cette fois de l'incertitude scientifique actuelle, est le fabuleux bond en avant, quasi magique, des connaissances depuis trente ou cinquante ans, qui reposent sur les résultats de certaines expériences sur la collision des particules à haute énergie, et qui furent menées en 1984 au cœur de l'accélérateur de particules du CERN. La meilleure théorie pour expliquer ces phénomènes observés semble faire appel à l'existence d'une « super-matière » qui aurait six ou sept nouvelles dimensions spatiales [21] [22] [23] [24].

Comme l'apparent embargo indiquerait que les extra-terrestres ménagent considérablement la race humaine, il serait intéressant de vérifier si les chiffres tiennent le même langage. Étant donné N civilisations avancées dans la galaxie, supposons que seule une fraction r conserve quelque intérêt à faire évoluer les autres civilisations dont la Terre ferait partie. Si la fréquence de civilisations nouvelles apparaissant dans la galaxie est f, et la période d'émergence est T, alors le nombre n de civilisations extra-terrestres en train d'observer chaque civilisation naissante pendant sa période d'éclosion et de développement est :

$$n = r\,N\,/\,(f\,T)$$

Une estimation traditionnelle pour N est 10^5, et pour r 0, 1 %. L'estimation pour f est 1 tous les 10 ans (1,25), et elle est indépendante de la longévité supposée de la civilisation extra-terrestre en question. On évalue T à 100 ans, comme par exemple entre 1950 et 2050 pour nous. La formule donne :

$$n = 10$$

ce qui suggère l'idée que d'immenses civilisations extra-terrestres existent, suffisamment mobiles pour nous surveiller et maintenir un embargo partiel sur notre race en plein devenir. En réalité, la fraction r peut varier jusqu'à ce que n ait atteint sa valeur optimale. Ce qui revient à ce que, pour r optimum, l'ancienne fraction $1-r$ puisse conclure que le processus d'émergence de telle ou telle civilisation s'effectue dans de bonnes conditions et qu'elle peut partir sur d'autres missions.

Cette hypothétique vision de la stratégie extra-terrestre à l'égard de la Terre exclut l'idée qu'une intelligence bienveillante puisse jamais être la cause d'un chaos social consécutif à la révélation de sa présence, ou à l'ignorance du fait que ses messages envoyés sur des fréquences électromagnétiques pourraient être confisqués par des gouvernements et gardés secrets pour des questions de sécurité nationale. Cette vision des choses sous-entend une autre réalité possible, à savoir que la réception des communications extra-terrestres sur Terre se trouverait sous le contrôle des extra-terrestres eux-mêmes.

Notes

1. Sagan, C. (Éd.). *Communication with Extraterrestrial Intelligence* (CETI) (Communication avec des intelligences extra-terrestres), MIT Press, 1973.
2. Oliver, B.M. *Icarus*, n° 125, 1985, pages 360-367.
3. Freeman, J. & Lampton, M. *Icarus*, n° 25, 1975, pages 368-369.
4. Field, G.B., Verschur, J.L. & Ponnamperuma, C. *Cosmic Evolution : an Introduction to Astronomy* (L'évolution cosmique : introduction à l'astronomie), Houghton Mifflin Ed., Boston, 1978.
5. Drake, F.D. Conférence à l'Académie des Sciences des États-Unis portant sur « La vie intelligente extra-terrestre », novembre 1961, à Green Bank, Virginie.
6. Jones, E.M. *Icarus*, n° 28, 1976, pages 421-422.
7. Jones, E.M. *Icarus*, n° 46, 1981, pages 328-336.
8. Walters, C., Hoover, R.A. & Kotra, R.K. *Icarus*, n° 41, 1980, pages 193-197.
9. Zuckerman, B. *Quarterly Journal of the Royal Astronomical Society* (Revue trimestrielle de la Société royale d'astronomie), n° 26, 1985, pages 56-59.
10. Hart, M.H. *Extraterrestrials*, « Where Are They ? » (où sont-ils donc ?), 1982, pages 154-165, Pergamon Press, New York.
11. Hoyle, F. *Ann. Rev. Astr. Astrophys.* (Revue d'astronomie et d'astrophysique), n° 20, 1982, pages 1-35.
12. Blum, H.F., *Nature*, n° 206, 1965, pages 131-132.
13. Neugebauer, G., Beichman, C.A., Soifer, B.T., etc. *Science*, n° 224, 1984, pages 14-21.
14. Ball, J.A., *Icarus*, n° 19, 1973, pages 347-349.
15. Newman, W.I. & Sagan, C. *Icarus*, n° 46, 1981, pages 293-327.
16. Sagan, C., & Newman, W.I. *Quarterly Journal...*, n° 24, 1983, pages 113-121.
17. Harrison, E.R. *Cosmology* (Cosmologie), Cambridge University Press, New York, 1981.
18. Papagiannis, M.D. *Quarterly Journal...*, n° 25, 1984, pages 309-318.
19. Bracewell, R.N. *The Galactic Club : Intelligence Life in Outer Space* (Le club galactique : la vie intelligente dans l'espace), Stanford Alumni Association, 1975.
20. Sagan, C. *Icarus*, n° 19, 1973, pages 350-352.
21. Thomsen, D.E. *Science News* n° 126, 1984, page 292.
22. Davies, P. *Superforce : the Search for a Grand Unified Theory of Nature* (Force supérieur : à la recherche d'une théorie englobant

tous les phénomènes naturels), Simon & Schuster Ed., New York 1984.

23. Green, M. B. *Nature*, n° 314, 1985, pages 409-414.
24. Freedman, D.Z. & Van Nieuwenhuizen, P. *Scientific American*, n° 252, 1985, pages 74-81.
25. Shklovskii, I.S. & Sagan, C. *Intelligent Life in the Universe* (La Vie intelligente dans l'univers), Holden-Day Ed., San Francisco, 1966.

10

Des changements importants dans l'ex-Union soviétique

Nikolaï Lebedev

Fils d'un pilote de l'Armée de l'Air, Nikolaï Lebedev est né à Valday, en Russie, en 1950. Entre 1968 et 1975, il poursuivit des études à l'Institut d'ingénieurs de Leningrad (aujourd'hui Saint-Pétersbourg), en même temps qu'il se spécialisait dans l'aéronautique et l'astronautique au sein d'une école militaire. A présent, Nikolaï Lebedev est ingénieur dans le secteur de l'irrigation et il vit avec sa femme et son fils à Saint-Pétersbourg où je l'ai, pour la première fois, rencontré en 1989. Nikolaï est également journaliste aux *Nouvelles du soir de Saint-Pétersbourg*.

Dans l'ex-Union soviétique, des changements drastiques, aussi bien dans la vie politique qu'économique, ont eu de très fâcheuses conséquences ces dernières années, et ont créé des difficultés considérables pour la recherche ufologique, au niveau gouvernemental et privé. Par exemple, par manque désespérant d'argent, il est devenu absolument prohibitif de passer des coups de téléphone ou d'envoyer des fax, ou même de poster de simples lettres à destination de mes collègues chercheurs — d'autant plus s'ils se trouvent à l'étranger. Néanmoins, il demeure essentiel, à mon avis, de continuer à rédiger des rapports détaillés des faits qui prouvent que nous ne sommes pas seuls dans l'univers ; des faits qui pourraient bien sauver, en dernier ressort, la seule chose qui vaille la peine — à savoir l'âme des gens.

161

LES UFONAUTES OBSERVENT NOS PROPRES COSMONAUTES

Il est bien connu que tous les engins spatiaux russes qui reviennent sur Terre effectuent leurs manœuvres d'atterrissage dans la région du Kazakhstan. Selon certaines rumeurs, chaque atterrissage de type *Soyouz* aurait été contrôlé par des aéronefs extra-terrestres. En octobre 1991, par exemple, le journal *Trud* révélait que, durant la nuit du 9 octobre 1991, la veille du jour prévu pour le retour de *Soyouz* TM-13, un objet en forme de disque apparut dans le ciel au-dessus de la ville d'Arkalyk. Cet objet envoyait des faisceaux lumineux qui traversaient le ciel tandis qu'il piquait droit vers le sud en direction du site d'atterrissage, mathématiquement déterminé par les ingénieurs. Il est important de noter les commentaires du *Trud* : « ... *Comme cela s'était déjà produit auparavant*, l'arrivée d'ovnis a pu être observée par de nombreux témoins à Arkalyk, et enregistrée par le département local des affaires intérieures[1]. » (C'est moi qui souligne le début de la phrase.)

L'heure d'atterrissage de *Soyouz* TM-13 était fixée à 6 heures du matin, le 10 octobre. On aurait aimé pouvoir demander aux membres de l'équipage (A. Arczebarski, T. Aubakirov et F. Fibek) s'ils ont eux-mêmes aperçu quelque chose. Mais peut-être l'ovni était-il plus curieux des sites sensibles du ministère de la Défense installés dans la région. Et puis, pour poser de telles questions, il faut une autorisation spéciale de l'état-major de la Défense aérienne.

Toutes les étapes de l'atterrissage de notre vaisseau spatial sont étroitement surveillées par les stations radar d'un personnel militaire, qualifié en l'occurrence de « cosmique », et qui utilise des équipements extrêmement sophistiqués. J'aimerais souligner qu'à Arkalyk même, il existe une base permanente de secours d'urgence dont la tâche principale est de récupérer, dans les meilleures conditions possibles, les navettes spatiales et leurs équipages. Ce groupe d'intervention se compose d'hommes hyper-entraînés qui disposent d'une quinzaine d'hélicoptères, de six avions et de cinq véhicules tout-terrain de style Land-Rover. Et, bien sûr, cette équipe était parfaitement préparée à l'arrivée de *Soyouz* TM-13. Malheureusement, l'affaire de l'ovni ne transpira que dans un seul journal, sans faire référence au groupe en question, et seulement neuf jours après l'événement.

Autre cas : lorsqu'une fusée spatiale fut lancée à Plesetsk vers 18 heures le 2 octobre 1991, des ufologues de la région d'Arkhangelsk (distante d'environ 200 km de Plesetsk), qui observaient à l'aide de puissantes jumelles les différentes étapes du lancement, eurent la surprise d'apercevoir un ovni derrière le premier étage de la fusée porteuse, après qu'il s'est séparé du reste de la fusée, et qui semblait le suivre. Et ce ne fut pas alors le dernier étonnement.

M. Alekseev, de la gare de Puksa près d'Arkhangelsk, écrivit au journal *l'Étoile rouge* (organe de presse du ministère de la Défense) en demandant quelle sorte de phénomène il avait bien pu observer le soir du 2 octobre 1991. C'est le lieutenant-colonel M. Arhipov, l'officier attaché de presse des fameuses troupes « cosmiques », qui répondit en confirmant qu'en effet les habitants de la région d'Arkhangelsk auraient observé une espèce de « phénomène atmosphérique » qu'on pouvait relier au lancement de la fusée exploratrice. « Plus précisément », expliquait-il, « en relation directe avec le passage de la fusée porteuse au sein d'une nuée d'orage, alors que ses tuyères dégageaient encore une énorme chevelure de feu ». Arhipov démentit le fait que ces observations « aient pu être associées à des activités extra-terrestres quelconques[2] ».

Ce genre de commentaire, venant d'un porte-parole de la milice cosmique, ne me surprend pas.

Tard dans la soirée du 3 août 1990 et jusqu'au lendemain matin, un événement ovni majeur eut lieu dans la partie nord de Leningrad (Saint-Pétersbourg). On m'informa que des observations se déroulaient dans les environs de la plate-forme de lancement de Plesetsk, et que c'en était justement l'explication. En tant que journaliste au *Vecherni Leningrad*, je pus officiellement envoyer des enquêteurs auprès du bureau de presse de la milice cosmique afin qu'ils se renseignent sur les activités à la base de lancement ce soir-là. La réponse officielle était signée de A.I. Radionov, unité n° 57275. Les informations qu'il me communiquait sur le lancement étaient assez complètes et cela me donnait l'occasion de démolir les tentatives de quelques « experts » pour expliquer de façon expéditive les phénomènes d'ovnis observés en les rattachant exclusivement au lancement de la fusée. Par exemple, le lancement eut lieu entre 23 h 45 et 23 h 55, alors que les ovnis se manifestèrent entre 21 h 30 et au moins 3 heures du matin suivant. Mais en ce qui concerne ces observations, Radionov me dit qu'« ils n'avaient reçu aucune information où il aurait été question de phénomènes ou objets anormaux ».

On voit bien avec ces exemples qu'il n'y a pas véritablement de changements dans la politique menée par l'administration spatiale relativement au problème qui nous préoccupe.

C'est d'ailleurs une situation en totale contradiction avec ce qui avait été annoncé au début de l'année 1992 sur toutes les chaînes de radio et de télévision, à savoir que le département de l'ex-KGB* avait signé un accord avec deux producteurs de films d'Hollywood, leur cédant le droit de tourner des films documentaires fondés sur des dossiers d'ovnis que le KGB avait jusque-là maintenus secrets[3] ! Je ne parviens pas à comprendre pourquoi le KGB n'a pas d'abord divulgué de telles informations auprès des médias russes.

DOUBLE ENLÈVEMENT

Dans *The UFO Report 1992*, je racontai comment un conducteur d'autobus de 42 ans, Aleksandr Pavlovich Dolotov, avait été apparemment enlevé par des ufonautes, à Leningrad, le 17 juin 1990[4]. Lors de l'interview qu'il m'accorda, je fus totalement convaincu de sa sincérité. Plus tard, je lui suggérai l'idée que sa rencontre nocturne ne serait peut-être pas la dernière, et qu'une autre expérience semblable pourrait bien l'attendre. « Si possible », lui demandai-je, « essayez, je vous en prie, de ne pas résister physiquement aux extraterrestres, mais mentalement, faites tous vos efforts pour conserver votre indépendance et votre personnalité en tant qu'être humain ».

* Aujourd'hui le ministère de la Sécurité et du Contre-Espionnage.

Il était évident qu'il ne me prenait qu'à moitié au sérieux. Néanmoins, au cours d'autres entrevues avec la femme d'Aleksandr, le docteur Rita Dolotova, je demandai à celle-ci de rester en contact avec moi au cas où il se produirait un nouvel événement. Vers la fin du mois d'avril 1991, je reçus un appel téléphonique de Rita. « Il lui est encore arrivé quelque chose », fit-elle en me priant de venir les rejoindre. Le texte suivant est une reconstitution des événements : pour cela, je me suis essentiellement appuyé sur les témoignages d'Aleksandr et de Rita.

Le 29 mars 1991, en fin de journée, le temps était maussade, avec de la neige et de la pluie. C'était le jour de congé d'Aleksandr, mais sa femme et son fils travaillaient. Rita donnait des consultations à la gare de Baltiyski depuis 9 heures du matin jusqu'au lendemain dans la matinée. Aleksandr était installé dans la cuisine et sirotait du thé en compagnie d'un ami. Avant cela, il avait promis à son fils de lui rendre visite sur son lieu de travail, et ils s'étaient entendus pour 19 h 50. Remarquons au passage qu'Aleksandr est un homme très ponctuel. Il annonça donc à son ami qu'ils devaient se séparer parce qu'il avait rendez-vous avec son fils, l'accompagna jusqu'à la porte et lui dit au revoir. Il était 19 h 35.

La première chose bizarre, selon Aleksandr, fut qu'il ne quitta pas la maison avec son ami alors que le lieu de travail du fils se trouvait sur le même chemin, et que vingt minutes étaient amplement suffisantes pour s'y rendre. Mais il referma la porte, alluma la télévision et se rassit. Aujourd'hui encore, il n'arrive pas à saisir pourquoi.

Soudain, il entendit une espèce de voix mécanique lui souffler : « Viens avec nous ! » Aleksandr ne se souvient pas s'il perçut cette voix de manière physique ou mentale, mais il se rappelle très bien qu'elle se combinait avec la violente sensation d'une présence, et que quelque chose ou quelqu'un se trouvait dans le corridor. « Je n'irai pas », répliqua-t-il aussitôt. Il se revoit en train de se lever, de quitter la pièce et de se diriger vers le couloir. La dernière chose dont il se souvient est qu'il y avait là au moins deux personnages de haute stature, ressemblant à des humains, dans une sorte de costume noir. Puis il perdit conscience.

Lorsqu'il revint à lui, Aleksandr se trouva dans ce qui lui semblait être un train en marche. D'abord, il fut incapable de lever la tête de ses genoux. Il pensa que peut-être il avait parlé avec quelqu'un qui était derrière lui dans le wagon. « Pourquoi est-ce que je voyage dans un train ? Je n'ai pas de billet », se dit-il après avoir vérifié le contenu de toutes ses poches. Une autre découverte, ses lacets de chaussures étaient dénoués. Ce n'était pas son habitude car il était toujours très soigné. Finalement, il entendit une annonce : la prochaine station était Vliyanka — proche de Baltiyski (voir fig. 1).

Il n'y avait que quelques voyageurs (et personne derrière lui), et Aleksandr descendit du train. Il était à présent 23 h 05. Quelques minutes plus tard, il était dans le bureau de consultation de sa femme Rita. Celle-ci me raconta qu'à première vue, son mari semblait tout à fait normal, même s'il était un peu perturbé, nerveux, et se plaignait d'une terrible migraine. Rita remarqua alors que les bottes d'Aleksandr étaient étonnamment propres et sèches, ce qui était pour le moins insolite puisque dehors il faisait un temps de chien, avec neige, pluie et boue. A ce moment-là, Rita se demanda si la porte de leur appartement avait bien été fermée ; elle téléphona aussitôt à un voisin pour le prier d'aller s'en assurer. Il apparut que la porte avait été tirée mais non fermée à clé. Normalement, son mari ne quittait jamais la maison sans verrouiller. Il était intéressant de voir comment Aleksandr essayait de rationaliser son extraordinaire aventure.

Il me paraît donc évident que : 1. Aleksandr était sous l'influence d'une force mentale extérieure de grande puissance, même pendant le temps qu'il passa à boire du thé avec son ami. 2. Il fut emmené hors de chez lui par deux, peut-être trois, hommes de grande taille, mais sans contrainte physique. 3. Il faut environ quarante à quarante-cinq minutes pour se rendre à la gare d'Oranienbaum, la gare d'Aleksandr, à celle de Baltiyski, ce qui signifie qu'Aleksandr a dû se trouver quelque part ailleurs pendant au moins deux heures d'horloge. 4. Quel que fût le moyen employé pour monter dans le train, il ne s'y rendit certainement pas à pied.

RÉGION DE SAINT-PÉTERSBOURG
Localisation des informations *(Tania Long)*

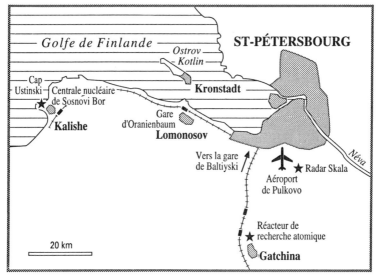

Fig. 1

Je crois fermement que les extra-terrestres ne font pas que nous observer : ils « travaillent » activement et précautionneusement parmi nous.

DES OVNIS AU-DESSUS DE TCHERNOBYL

La première grande catastrophe nucléaire de Tchernobyl, en Ukraine, survenue le 26 avril 1986, restera dans toutes les mémoires comme l'un des pires désastres du xxe siècle. En novembre 1991, un article des plus étranges parut dans les *Izvestia* avec ce titre incroyable : « Que font les extra-terrestres à la centrale atomique de Tchernobyl ?[5] » L'article faisait état d'un événement qui eut lieu au cours de la seconde terrible catastrophe sur le même site, dans la nuit du 11 octobre 1991, à 20 h 09.

A 19 h 46, le quatrième générateur commença à s'emballer et disjoncta : sa turbine continuait à fonctionner mais les circuits électriques étaient coupés à cause de la charge excessive. Ce qui signifie que le commutateur se trouvait sur la position « arrêt ». Et ce n'était que manuellement qu'on pouvait le ramener sur la position « marche ». Le système de réfrigération du générateur nucléaire utilise de l'hydrogène comme agent de refroidissement ; méthode efficace de transfert de chaleur, mais très vulnérable aux risques d'incendie.

Soudain, à 20 h 09, la chaleur du gaz contenu dans le générateur grimpa en flèche, puis s'enflamma, provoquant une explosion, même si — ce qui peut sembler incroyable — le générateur était déconnecté. Les hommes de la sécurité entrèrent immédiatement en action pour combattre le feu, mais celui-ci ne put être maîtrisé que vers 2 heures du matin le 12 octobre. Le quatrième générateur était détruit ; le troisième et le premier générateurs furent immergés sous l'eau par les pompiers et déclarés hors service. La couverture du bâtiment (haute de cinquante mètres) fut également détruite par l'explosion et l'incendie. La centrale était pratiquement « morte », mais le réacteur nucléaire n'était pas endommagé, or il était situé juste derrière le mur du bâtiment détruit !

Tout de suite après l'incendie, les experts conclurent (et c'est à présent officiel) que cet accident était dû au fait que le commutateur de haute tension était sur « marche », situation insensée qui ne pouvait pas avoir été provoquée toute seule ou par l'opération du Saint-Esprit. L'article dans les *Izvestia* se référait à plusieurs témoins qui, quelques instants avant l'explosion, avaient remarqué une lumière étincelante juste au-dessus du site de la centrale. Mais jusqu'à quel point les extra-terrestres seraient impliqués dans cette affaire, c'est là une autre question.

Désormais, par décision du gouvernement d'Ukraine, la centrale nucléaire de Tchernobyl est hors service. Les experts s'accordent à penser que cela aurait même dû être fait depuis la première catastrophe de 1986. Serait-il possible que les extra-terrestres soient intervenus en 1991 pour empêcher un nouveau désastre ?

Le 12 octobre 1991, le journaliste Vladimir Savran, de *L'Écho de Tchernobyl*, visita la centrale et prit différents clichés du bâtiment qui contenait le générateur endommagé. A sa grande surprise, lorsqu'il développa le film au laboratoire, il vit sur les photos des espèces d'objets flottant au-dessus de la centrale. Voici l'extrait d'un article rédigé par N. Burbyga, dans la même édition des *Izvestia*, et qui parle de cette photographie :

... Vladimir Savran rapporte : « Je me rendis sur le site le jour suivant (pour prendre des photos) durant la matinée et ne remarquai rien de particulier : ni avion ni hélicoptère ou tout autre objet qui aurait survolé la centrale. Mais lorsque j'examinai la pellicule, je notai la présence de quelque chose sur l'image que je n'arrivai pas bien à définir... » On aurait pu expliquer cela, par exemple, comme une chose que l'œil humain ne peut pas percevoir alors que celui de la caméra peut parfaitement le capter.

Cette chose était-elle un effet d'optique dans l'objectif de l'appareil photo ? La première analyse du film lui-même fut effectuée par une équipe de criminologues expérimentés de la police de Kiev, et montrait que l'objet n'était nullement une apparition résultant d'un défaut sur la pellicule ou dans les bains chimiques du laboratoire. Alors, qu'est-ce que cela pouvait bien être ? Si cela venait d'autres mondes, qu'est-ce qu'il pouvait bien faire au-dessus de la centrale atomique ? Peut-être cherchait-il à établir un contact, ou simplement à nous observer. Peut-être est-ce lui qui aura provoqué l'accident. Une seule chose est sûre : le feu a pris à partir de l'armoire à haute tension. L'objet lui-même pourrait-il faire partie de cette armoire ? Une telle éventualité est considérée comme impensable par des enquêteurs spécialisés et familiarisés avec les lieux[6].

Le fait que l'objet n'ait pas été réellement visible dans le ciel ne me surprend pas, puisque, selon mon opinion, les extraterrestres sont capables de se rendre invisibles à l'œil nu, s'ils le souhaitent. J'ajouterai qu'il existe des rumeurs persistantes selon lesquelles, juste avant et pendant la catastrophe de 1986, un ovni se trouvait au-dessus du bloc du quatrième réacteur. Je voudrais à présent apporter la preuve que les phénomènes d'ovnis au-dessus des sites nucléaires ne se produisent pas par hasard. L'incident que je vais relater pourrait même être plus important que ceux que nous venons de voir. Quant à son authenticité, nos lecteurs apprécieront.

RENCONTRE RAPPROCHÉE À L'AÉROPORT DE VORONEZH

Cela s'est passé à la fin du mois de septembre 1989. On venait de signaler plusieurs atterrissages spectaculaires d'ovnis dans la ville de Voronezh. Cette nouvelle sensationnelle fit le tour du globe[7]. Igor Yadigin, 29 ans, technicien dans l'aviation, se rendait à sa base située sur les terrains de l'aéroport de Voronezh. Igor commençait son travail à 20 heures et, pour prendre un raccourci entre son domicile et l'aéroport, il empruntait un itinéraire qui l'obligeait à traverser un ravin, dernier obstacle avant d'atteindre le périmètre de l'aéroport.

Comme Igor quittait le fond du ravin et commençait à remonter sur l'autre versant, il aperçut un peu plus loin sur sa gauche quelque chose de brillant. La lueur avait une teinte émeraude. La première pensée qui lui vint à l'esprit fut que cela devait être une vieille souche d'arbre pourrie sur laquelle se reflétaient les dernières lueurs du crépuscule, et il décida d'aller y voir de plus près. La lueur était en fait un objet sphérique d'un diamètre ne dépassant pas les soixante-dix centimètres : elle se tenait immobile un peu au-dessus du niveau du sol.

D'un coup d'œil rapide à sa montre, Igor nota qu'il était 19 h 40. Il continua à s'avancer vers l'objet flottant et s'en trouvait à environ six mètres lorsqu'il entendit soudain des craquements de branches sur sa droite. Sans pour autant être effrayé, il tourna la tête dans cette direction et vit un homme très grand et très bien proportionné, vêtu d'une tenue argentée. Il devait mesurer au moins 2,50 m.

Sa première réaction fut d'inviter ce personnage insolite à venir avec lui voir la sphère, mais Igor remarqua à ce moment-là que l'étranger avait toute la tête recouverte, jusqu'aux épaules, d'une sorte de heaume. Ce heaume avait une visière de forme rectangulaire, et comme il semblait contenir un liquide, il empêchait de distinguer les traits du visage.

Avant cette rencontre, Igor Yadigin était un garçon simple et détendu, ne connaissant que des soucis purement domestiques, ceux de tout le monde. Mais à partir de ce moment, ses pensées furent cn quelque sorte programmées et essentiellement fixées sur les centrales nucléaires. Simultanément, il y eut un léger éclair au niveau de la visière de l'homme et quelque chose obligea Igor à se retourner vers la sphère. Il eut alors la grande surprise de voir apparaître sur celle-ci une image « vivante » et parfaite sur un écran : celle de la centrale de Tchernobyl (qu'il connaissait bien). L'image n'était pas en couleurs mais il était clair que l'endroit d'où le « film » avait été pris n'avait rien d'habituel — juste au-dessus de l'énorme turbine de ventilation du fameux quatrième bloc qui enfermait le quatrième générateur. Igor visionna alors une explosion, suivie de l'arrivée d'hommes dans des voitures et d'un hélicoptère survolant les environs. Il n'y avait pas de son, mais les expressions de panique sur les visages des gens étaient suffisamment éloquentes.

Puis l'image sur l'écran fut remplacée par celle de la centrale de Novovoronezh (située à environ quarante-cinq kilomètres de Voronezh), où Igor s'était rendu à plusieurs occasions. A nouveau, la position d'où le « film » avait été pris se trouvait, de manière très surprenante, au-dessus du site. On pouvait voir les gens au sol parler entre eux puis, tout à coup, il y eut une explosion silencieuse et de la fumée. Les gens couraient dans tous les sens et on assista à l'évacuation massive de la population du secteur sud-ouest de Voronezh en direction de l'aéroport.

Bientôt les « images » s'éteignirent. Dans l'esprit d'Igor Yadigin passa une vision de la centrale de chauffage nucléaire de Voronezh, qui n'était alors qu'en construction. Igor regarda la haute silhouette. Une fois encore une faible lueur apparut sur la visière, et la sphère émit des images de la centrale complètement achevée. Les effets d'une explosion étaient visibles — flammes, fumée noire et visages horrifiés. Igor n'eut qu'une pensée : « Quand ? » L'image sur l'écran passa alors à la représentation du désastre de la centrale nucléaire de Novovoronezh, suivie de cinq points lumineux clignotants. Igor ne pouvait pas être certain de ce que cela pouvait signifier. Ces points indiquaient-ils le nombre d'années ? La catastrophe allait-elle se produire en 1994 ?

Immédiatement après cette extraordinaire expérience, Igor Yadigin perdit connaissance. Quand il revint à lui, il n'y avait personne alentour et la sphère avait disparu. Il était 20 h 05. Excepté un bon mal de crâne, il se sentait bien, et se dépêcha de rejoindre son poste de travail à l'aéroport où l'attendait une note de service de son patron lui reprochant son retard d'une demi-heure. Grâce à une copie de ce document, je pus prendre note de la date de cette aventure qui se situe un peu après le 20 septembre.

Un mois après l'incident, Igor fit une découverte intéressante. Il s'aperçut que lorsqu'il plaçait sa main à environ quarante ou cinquante centimètres de l'écran de sa télévision, il en inversait l'image. A mon avis, c'est l'indication que sa main agissait comme une source de fréquences radio. Deux mois plus tard, cet effet s'estompa progressivement jusqu'à disparaître complètement. Igor dut attendre cinq mois avant de pouvoir écrire la moindre lettre racontant cette expérience. Il me révéla que chaque fois qu'il avait alors essayé de prendre un papier et un stylo, il avait été saisi de spasmes effrayants au niveau de la gorge, de sanglots, d'engourdissements des doigts proches de la paralysie, et de violentes migraines. Peut-être les extra-terrestres avaient-ils donné à Igor des informations sur de futures catastrophes possibles, mais ne souhaitaient pas les voir couchées sur le papier, du moins pour le moment.

172

LES SOUCIS DU KGB

Enfin, une lettre décrivant toute cette aventure, et qu'Igor Yadigin envoya à la station de télévision de Voronezh, fut transmise à un certain nombre d'ufologues de la région qui, à leur tour, la firent parvenir au bureau local du KGB. Le résultat ne se fit pas attendre : Igor fut cérémonieusement invité à passer au bureau du KGB. Les agents de cet organisme écoutèrent attentivement Igor raconter son histoire, en essayant de ne pas manifester leur opinion. Mais, à la fin de l'entretien, ils informèrent Igor Yadigin qu'ils étaient en possession d'informations similaires par l'intermédiaire de deux autres citoyens. Le KGB prit les avertissements extra-terrestres très au sérieux parce que ses services étaient les premiers concernés en cas de catastrophe nucléaire : il leur appartenait en effet de prévenir toute éventualité de ce genre, que ce soit à cause d'un défaut de construction ou d'un acte de sabotage. Les agents dirent à Yadigin qu'ils allaient de toute urgence envoyer un courrier au président Gorbatchev pour lui demander l'arrêt immédiat des travaux sur le site de la future centrale nucléaire de Voronezh, et pour que celle de Novovoronezh soit mise hors service. Notons au passage que le chantier de Voronezh est à présent officiellement arrêté, et que d'extraordinaires mesures ont été prises pour augmenter la sécurité dans la centrale de Novovoronezh, ainsi que dans celle de Leningrad.

Selon les agents du KGB, le même jour où Igor Yadigin vivait son étrange rencontre, la station radar de l'aéroport de Voronezh détectait des vols d'ovnis dans les environs. Les contrôleurs aériens notèrent sur les écrans radar que trois cibles inconnues survolaient à très basse altitude l'espace aérien, à une vitesse d'environ 800 à 900 kilomètres à l'heure. (A mon sens, la sphère qu'Igor Yadigin a vue n'était pas un vaisseau spatial extra-terrestre proprement dit, mais un engin spécial affecté à une tout autre mission.)

DES OVNIS AU-DESSUS DE LA CENTRALE NUCLÉAIRE DE LENINGRAD

En juillet 1991, un ami m'apprit qu'un magazine venait de publier un article signalant la présence d'ovnis au-dessus de la centrale nucléaire de Leningrad (ou plus exactement la centrale nucléaire de Sosnovoborskaiya). Selon ce compte rendu, l'observation a eu lieu le 2 mars 1991. Parce que divulguée par un organe de presse non officiel, je ne prêtai que peu d'attention à cette affaire et commençai à passer quelques coups de fil directement à l'aéroport Pulkovo de Leningrad, en ma qualité de correspondant officiel du journal *Vecherni Leningrad* (à présent *Vecherni Saint-Pétersbourg*).

A.P. Egorov, chef du contrôle aérien, m'expliqua qu'il n'était pas très bien renseigné mais que, lorsque des objets non identifiés faisaient leur apparition sur les écrans radar, ils étaient toujours très méticuleusement consignés sur les registres. Je discutai alors avec V.P. Bazikin, le grand patron des inspecteurs de l'espace aérien, qui m'affirma ne pas avoir eu connaissance de ce genre d'incident. Même réponse de la part d'un commandant en second. Mais le lendemain, je reçus un appel d'Egorov qui me confirma qu'en effet il s'était produit quelque chose d'inhabituel sur les écrans des radars de l'aéroport ce jour-là, et il me donna le numéro de téléphone des personnes qui avaient alors suivi de près les événements. Le chef du département radar me suggéra l'idée de parler aux membres du personnel en poste au moment de ces observations. De fait, je reçus d'un certain Sergei Kotochigov un rapport exhaustif qui détaillait les différentes étapes de cette observation.

Avant tout, je veux souligner que Kotochigov est un ingénieur très qualifié et très rationnel, qui connaît parfaitement son métier. J'insiste aussi sur le fait qu'en décrivant cet incident, Kotochigov n'a pas un seul instant raisonné en termes d'ovnis ou d'extra-terrestres — même s'il est absolument certain de l'existence de tels phénomènes. Kotochigov nota que ses supérieurs souhaitaient cette nuit-là prendre quelque repos et qu'ils s'étaient désintéressés du phénomène

174

et de tout rapport d'observation officiel qu'il aurait fallu rédiger concernant des objets non identifiés se baladant au-dessus de l'aéroport Pulkovo. Kotochigov me confia donc tout un lot d'informations générales sur le fonctionnement du radar, dont la conception est assez récente : il a été fabriqué à l'Institut de radio de Leningrad et incorporé à un ordinateur dernier cri, avec une portée de 200 kilomètres pour une altitude atteignant les vingt-deux kilomètres. Son nom de code est *Skala* (roc).

Toute information arrivant sur les écrans du radar est immédiatement enregistrée sur une bande vidéo qui est conservée au minimum cinq jours avant d'être réutilisée. Chaque objet détecté dans l'espace par le radar apparaît sur l'écran sous forme de point lumineux ou « blip ». Sauf pour les cibles de grande envergure, les dimensions de ces blips ne dépendent pas de celles de l'objet repéré. S'il s'agit d'un avion de ligne, par exemple, celui-ci transmet des signaux particuliers, et une croix apparaît à côté du blip. Après rapide enquête sous forme de signal radio codé envoyé par les contrôleurs aériens, les renseignements concernant l'identification de l'appareil s'inscrivent sur l'écran. Des renseignements supplémentaires comme l'azimut (angle sur l'horizon ou direction du compas), la distance et la vitesse, sont déterminés par le radar.

Kotochigov me dit que le 2 mars 1991 était un jour comme les autres. Or, à 19 h 27, une cible apparut sur l'écran radar. D'abord, les contrôleurs aériens n'y attachèrent pas beaucoup d'importance, mais à 20 h 27 ils lancèrent un signal codé et remarquèrent immédiatement que l'azimut, la distance et même le vecteur de vitesse* changeaient constamment, ce qui est tout à fait inhabituel. Les chiffres étaient en moyenne : distance, 63 kilomètres ; azimut, 273°. La seule conclusion était que la cible inconnue effectuait des mouvements extrêmement rapides et chaotiques au-dessus d'un certain secteur — et ce secteur n'était autre que celui de la centrale nucléaire de Sosnovi Bor (voir fig. 1, p. 167).

---

* Toutes quantités physiques requises pour qu'une direction puisse être calculée et déterminée. *(N.d.É.)*

Donc, de toute évidence, un objet, brillant comme une étoile et de grande envergure, fut effectivement observé depuis la tour de contrôle de Pulkovo. A 20 h 32, l'objet commença à se déplacer à une allure ahurissante. Au début, son azimut était à 273° et à 88 kilomètres de distance pour une vitesse de 3 154 kilomètres à l'heure. A 20 h 33, le blip sur l'écran disparut tout à coup. (Peut-être l'objet était-il réellement parti, mais il reste l'hypothèse qu'il se soit rendu indétectable au radar.) Quelques minutes plus tard, l'objet réapparut au-dessus de Sosnovi Bor puis, au bout d'une minute, commença à se diriger vers le nord-est à environ 3 000 kilomètres à l'heure.

Lors d'un entretien que j'eus un an plus tard avec le capitaine A.P. Alekseev (unité n° 62728), j'appris que cette unité avait reçu un rapport à propos de l'observation ovni sur Sosnovi Bor le 2 mars 1991. Selon ce rapport, il fut impossible de déterminer la forme exacte de l'objet à cause de sa trop grande luminosité. Si je me souviens bien, l'objet se trouvait à une altitude qui ne dépassait pas les 1 500 mètres.

Durant mon entrevue avec Sergei Kotochigov, j'appris que le commandant en chef de la défense aérienne du district de Leningrad, ainsi que les membres du KGB de cette région et même les concepteurs du radar *Skala*, furent tous informés de l'incident. Il est intéressant de noter que les responsables de *Skala* repoussèrent toute éventualité d'un mauvais fonctionnement de l'ordinateur ou du système radar, qui aurait pu générer des phénomènes de ce type.

Le 17 mars 1991, un autre ovni (ou peut-être le même), fit son apparition au-dessus d'un site sensible de Leningrad : une cible non identifiée demeura sur les écrans radar entre 16 heures et 16 h 20. L'objet décrivait les mêmes mouvements anarchiques juste au-dessus du réacteur de recherche atomique dans les environs de Gatchina (voir fig. 1, p. 167). Remarquons au passage et avec intérêt qu'un incident potentiellement catastrophique eut lieu sur ce site en 1991. Kotochigov me dit que l'ovni quitta l'espace à une vitesse d'environ 2 243 kilomètres à l'heure. Il me promit de me tenir au courant de toute nouvelle information détectée sur les radars à Pulkovo.

Le docteur Rita Dolotova me révéla à son tour qu'à 6 heures du matin le 18 septembre 1991, alors qu'elle revenait de son travail dans la région de Sosnovi Bor, et s'apprêtait à monter dans le train reliant la gare de Kalishe à celle de Saint-Pétersbourg, elle remarqua dans le ciel un objet qui brillait comme une étoile. Il arborait une forme triangulaire et paraissait presque immobile. A 6 h 15, l'objet commença à se déplacer. J'appelai Sergei Kotochigov, mais il me dit que rien d'« intéressant » n'était visible sur le radar. Pourtant, une cible inconnue fut repérée trois semaines plus tard.

Le 10 octobre 1991, Kotochigov me dit que le radar *Skala* avait détecté la présence d'une cible non identifiée, positionnée au-dessus de Cap Ustinski (voir fig. 1, p. 167), non loin de la centrale nucléaire de Sosnovi Bor. Pendant un moment, la cible resta complètement stationnaire puis elle se mit à effectuer des déplacements dans tous les sens, comme on l'a déjà vu. A d'autres moments, elle disparaissait complètement. Les contrôleurs aériens et les ingénieurs observèrent attentivement la cible pendant plus de vingt minutes. Après quoi ils obtinrent l'autorisation d'utiliser le puissant ordinateur qui contrôle tout le trafic aérien de la région de Saint-Pétersbourg, et ils purent ainsi estimer entre 65 et 73 kilomètres la distance qui les séparait de la cible. A 16 h 22, la cible s'était totalement immobilisée à 72 kilomètres, puis soudain elle se mit à bouger en direction de l'est-sud-est, sans accélération brutale — à une vitesse constante de 1 852 kilomètres à l'heure. Aucun appareil terrestre, ou même appartenant à l'aérospatiale, n'est actuellement capable d'une telle manœuvre.

Quelques instants plus tard, la cible s'évanouit des écrans radar pour réapparaître dans les parages de Sosnovi Bor à 16 h 30, en effectuant les mêmes acrobaties apparemment insensées. Vers 17 h 45, le blip s'éteignit encore une fois sur l'écran du radar. Ou bien l'objet se déplaçait à une vitesse trop rapide pour être repérable au radar, ou bien il pouvait se rendre invisible pour les détecteurs.

Nous sommes obligés de nous demander si toutes ces observations n'étaient que des heureux hasards. La centrale nucléaire de Sosnovoborskayia est du même type que celle de Tchernobyl. Le 23 mars 1992, à 2 h 37 du matin, il y eut une fuite au niveau du troisième réacteur, suivie d'une montée de pression dans le sarcophage de plomb, provoquant un dégagement, dans l'atmosphère, d'iode et autres gaz inertes. Aussitôt, le réacteur fut désamorcé. Heureusement, on ne constata aucune augmentation de la radioactivité à Saint-Pétersbourg, mais il n'en reste pas moins qu'on assista là à un incident très grave.

Les ufonautes se contentent-ils de venir observer nos installations nucléaires potentiellement dangereuses, ou bien essaient-ils de prévenir tout accident tragique ? La réponse se perd en spéculations à l'infini. Mais je dois dire qu'en ce qui me concerne, je crois à la haute probabilité de ces deux hypothèses.

MYSTÉRIEUSE EXPLOSION À SASOVO

La petite ville de Sasovo se situe à environ 300 kilomètres à l'est-sud-est de Moscou. A 1 h 34 du matin le 12 avril 1991, à 700 ou 800 mètres au sud-ouest de Sasovo, on entendit une formidable explosion. De nombreux immeubles et maisons privées furent ébranlés, les vitres brisées ou secouées sur une distance de trente kilomètres ; on s'en ressentit même à Chuykovo. Sur le lieu de l'explosion, on trouva un immense cratère d'un diamètre de vingt-huit mètres et d'une profondeur de trois ou quatre mètres. Au centre du cratère on pouvait voir un monticule de terre d'environ 3,5 m de diamètre. De grosses mottes de terre gelée étaient éparpillées alentour sur un périmètre de 200 mètres. La force de l'explosion était telle que des mottes de terre s'étaient élevées dans le ciel à une hauteur considérable pour retomber comme des boulets, créant à leur tour des points d'impact profonds dans le sol. Selon les experts, il aurait fallu employer vingt-cinq tonnes d'explosif pour obtenir le même résultat.

L'onde de choc se propagea d'une manière étrange. Par exemple, des pylônes électriques distants d'une centaine de mètres seulement restèrent parfaitement intacts. Des experts de l'armée comme le colonel Prodan et le capitaine Matveyev (deux officiers du génie extrêmement qualifiés) conclurent catégoriquement que, selon eux, l'explosion de Sasovo n'était pas ce qu'on pourrait appeler une explosion ordinaire. Voici leurs arguments : on n'a retrouvé sur les lieux aucune matière chimique spécifique comme c'est toujours le cas pour une explosion de type traditionnel ; le monticule au centre du cratère est un phénomène inhabituel ; enfin, l'onde de choc n'avait rien de commun avec celle d'une explosion normale.

Le journal *Komsomolskaia Pravda* publia un reportage sur cet incident en se limitant à des suppositions et en omettant simplement de mentionner les faits suivants : 1. Juste après l'explosion, on entendit le bruit d'un chasseur à réaction qui s'éloignait de l'endroit. 2. Un témoin oculaire affirma qu'il y eut en fait *deux* explosions, suivies d'un éclair lumineux, et ensuite le bruit du chasseur à réaction. 3. Un autre témoin rapporta que, juste au-dessus des lignes électriques, à 100 mètres du cratère, il a pu voir une lumière bleuâtre comme celle d'une lampe à arc.

Le journal *La Russie soviétique* publia un article dans lequel la responsabilité des engrais de culture serait mise en cause. Certes, on utilisait des engrais dans cette région, mais les experts de l'armée réfutent absolument une telle explication.

Je ne m'attardai guère sur cette histoire lorsqu'à la fin de l'année 1991, tandis que je regardais un programme à la télévision, mon attention fut retenue tout à coup par l'interview d'un officier de la milice de Sasovo, qui disait que, juste avant cette explosion, il avait personnellement observé la présence d'un objet sphérique très lumineux dans la direction du lieu de l'explosion. Ainsi donc, un ovni — tout comme un avion militaire — pourrait être impliqué dans cette affaire de mystérieuse explosion.

LES OBSERVATIONS DE L'ÉQUIPAGE DU VOL 2523

A 1 h 35 du matin, le 20 août 1991, l'appareil n° 2523 de la flotte aérienne décolla de l'aéroport de Voronezh à destination de Saint-Pétersbourg. Un des passagers à bord était Igor Yadigin, le mécanicien dont l'aventure a été relatée précédemment (rencontre rapprochée alors qu'il se rendait à son travail à l'aéroport de Voronezh.)

Vers 2 h 05, un des membres de l'équipage convia Yadigin dans la cabine de pilotage. Comme il se rendait à cette invitation, Yadigin resta abasourdi en apercevant une chose extraordinaire dans le ciel (fig. 2, p. 181). L'avion volait à une altitude d'environ 10 000 mètres. Sur la droite de l'appareil, on pouvait voir un objet sphérique de couleur émeraude. Cette sphère était environnée d'une sorte de nuée blanchâtre à travers laquelle on pouvait quand même distinguer les étoiles. Au-dessus et à gauche, il y avait en effet la constellation de la Grande Ourse. Depuis le centre de la sphère partait un faisceau lumineux en direction du sol. Les membres de l'équipage estimèrent le diamètre de la sphère entre 400 et 800 mètres, et l'objet se tenait dans une position stationnaire à une distance d'au moins cinquante kilomètres. Igor et les pilotes remarquèrent les lumières de navigation d'un avion qui changeait sa ligne de vol pour éviter la sphère. D'après Igor, la taille de cet avion était alors comparable à celle d'un grain de blé par rapport à une assiette. La durée de l'observation dura au total une quinzaine de minutes, après quoi la vision fantastique s'évanouit.

L'INTÉRÊT DE STALINE POUR LES OVNIS

En 1991, une passionnante interview de V. Burdakov, de l'Académie des Sciences de Russie, était publiée dans la *Tribune des travailleurs*[8]. Selon cet académicien, un des premiers grands spécialistes des fusées, S. P. Korolev, fut convié, au début du mois de juillet 1947, à passer au bureau du ministre de la Sécurité de l'État (plus tard le KGB) à Moscou. Le grand patron de cet organisme précisa que cette invitation était faite à la demande expresse de Staline.

Korolev fut installé dans un appartement spécialement aménagé et on lui apporta toute une pile de documents étrangers en relation avec les phénomènes d'ovnis[*]. Il disposait à volonté d'une équipe de traducteurs. Trois jours plus tard, il eut un entretien avec Staline qui lui demanda son

[*] On pense que certains de ces documents concernaient l'incident de Roswell de juillet 1947. (*N.d.É.*)

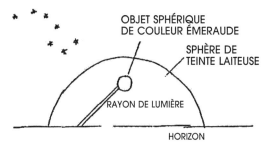

CONSTELLATION DE LA GRANDE OURSE

OBJET SPHÉRIQUE
DE COULEUR ÉMERAUDE

SPHÈRE DE
TEINTE LAITEUSE

RAYON DE LUMIÈRE

HORIZON

Fig. 2 (Nikolaï Lebedev)

opinion. Korolev répondit que les ovnis ne semblaient pas être des armes d'ennemis potentiels, mais que le phénomène existait réellement. Selon Korolev, d'autres éminents savants — Kurchyatov, Topchiev et Keldish — furent également questionnés sur ce qu'ils pensaient de ces phénomènes, et ils arrivèrent tous à la même conclusion.

Burdakov raconta que Korolev lui-même avait eu l'occasion d'observer un ovni en 1962 — un objet discoïdal qui lançait, en direction de la Terre, quatre faisceaux lumineux. Je ferai remarquer que Korolev, à cette époque, avait pratiquement les pleins pouvoirs dans son domaine. C'est lui qui organisa et équipa l'expédition chargée d'enquêter sur l'extraordinaire incident de Tunguska en Sibérie, le 30 juin 1908, quand de nombreux témoins aperçurent un objet très brillant qui vint s'écraser et exploser au sol, provoquant des dégâts comparables à ceux de la bombe d'Hiroshima en 1945. Selon Korolev, la catastrophe avait été causée par la chute d'un objet extra-terrestre, éventuellement d'un vaisseau spatial.

Dans l'article, Burdakov affirmait que les ovnis n'étaient pas que des phénomènes atmosphériques, et qu'ils pouvaient également être des engins matériels, technologiques. Il ajoutait qu'il avait eu connaissance d'un rapport sur ce sujet rédigé par un groupe de savants soviétiques et daté du milieu des années 1950 : il y était révélé qu'un fragment d'engin de forme conique, au bout endommagé, avait été récupéré et examiné. La structure du matériau était cristalline, et les savants conclurent à une origine non terrestre.

Le 12 avril 1992, à 14 heures, je regardais à la télévision une émission intitulée *Vesti in Saint-Petersbourg* lorsque soudain on annonça que, selon les informations de l'agence TASS, un objet, lumineux comme une étoile, avait été aperçu dans le ciel limpide de Chelyabinsk. Quelques instants plus tard, l'objet commença à descendre, puis on put distinguer une forme triangulaire, avec des lumières éclatantes à chaque bout, qui se tenait au-dessus des immeubles de la ville. Tout à coup, la forme s'éloigna pour reparaître cinq minutes après et enfin disparaître définitivement.

Un objet similaire fut observé par Anna Gromova juste au-dessus de Saint-Pétersbourg à 3 h 35 du matin le 17 novembre 1991. L'objet était immobile et de forme triangulaire, très haut au-dessus des toits des maisons, ses dimensions apparentes étant très proches de celles de la pleine lune. Par la fenêtre de son appartement, Anna put alors remarquer un autre objet, pareil au précédent, mais à une altitude encore supérieure. A 4 h 35, elle retourna se coucher. Le témoin m'écrivit et, un peu plus tard, m'appela au téléphone pour discuter de cette affaire. Bien qu'assez âgée, je trouvais qu'Anna était très rationnelle et parfaitement crédible.

TRAGIQUE INCIDENT AU TURKMÉNISTAN

Le Turkménistan est une des républiques de l'ex-Union soviétique. Le 25 mai 1990, en plein jour, un objet discoïdal gigantesque survola, à une altitude d'environ 1 000 mètres, la ville de Mary. Il était d'une couleur rouge orangé, avec ce qui pouvait être interprété comme des hublots tout autour ; son diamètre fut estimé à 300 mètres. Des militaires purent l'observer à une distance qui ne dépassait pas les 3 000 mètres.

L'espace aérien de cette région était à l'époque sous contrôle strict à cause du conflit avec l'Afghanistan. Toutes les forces de la Défense aérienne soviétique étaient réparties dans différentes bases régionales et le secteur de Mary se trouvait sous le commandement de la fameuse 12ᵉ Armée ; cette division de la Défense aérienne avait à sa tête le colonel Anatoli Kurkchy. Quand celui-ci apprit qu'un ovni était signalé dans son secteur, il donna l'ordre de tirer des missiles sol-air. Le colonel Kurkchy autorisa ensuite le décollage de deux avions d'interception. Mais à un point situé à environ 1 000 mètres du disque étrange, ces avions piquèrent vers le sol et s'écrasèrent. Les équipages, c'est-à-dire quatre pilotes, furent tués.

Le colonel Kurkchy fut immédiatement démis de ses fonctions par le commandant en chef de l'armée, et traduit devant la cour martiale de la 12ᵉ Armée de la Défense aérienne (en vertu de l'article 5, paragraphe I du Code de procédure criminelle du Turkménistan). Mais mon informateur, qui put discuter avec le département de la justice militaire, m'apprit que les enquêtes furent soudainement suspendues et tout renseignement concernant cet incident considéré désormais comme secret. J'ai su aussi, par la suite, que l'escadron auquel avaient appartenu les quatre pilotes tués avait été dissous.

J'eus du mal à persuader mon informateur de me laisser publier cette histoire, mais il finit par accepter. L'article parut dans *Les Nouvelles du soir de Saint-Pétersbourg* en novembre 1991[9]. Curieusement, l'éditeur supprima quelques détails pertinents concernant cette affaire. Par voix de petite annonce, j'avais invité à m'écrire au journal toutes les personnes qui avaient pu observer le disque mystérieux, et j'avais même laissé mon numéro de téléphone. Je reçus de nombreux

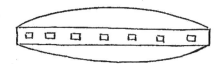

Fig. 3   (Nikolaï Lebedev)

appels, tous très intéressants, mais deux d'entre eux furent particulièrement importants. Ils provenaient de membres de la Défense aérienne de la région de Leningrad. Le premier appel fut celui du général Kremenchuk qui affirma que les informations données dans mon article étaient toutes fausses. Si elles avaient eu la moindre réalité, expliqua-t-il, il en aurait été informé d'une manière ou d'une autre. Il promit d'appeler lui-même la division de la Défense aérienne de la région de Mary pour en avoir le cœur net et savoir si, oui ou non, des faits de ce genre s'étaient produits, me demandant de le rappeler la semaine suivante. Ce que je fis.

Le général Kremenchuk m'apprit alors que non seulement cette division n'avait enregistré aucun incident relié de près ou de loin à des phénomènes d'ovnis ou à des appareils qui se seraient écrasés, mais qu'il n'existait dans ses services personne répondant au nom du colonel Kurkchy. Le deuxième appel provenait d'un certain lieutenant-colonel aux ordres du général Kremenchuk, et qui, lui aussi, me promit de faire tout son possible pour obtenir plus de renseignements, mais il ajouta qu'il ne croyait pas, en fait, que ce genre d'incident ait pu avoir lieu. Quelques jours plus tard, je le rappelai. Incapable de confirmer ou d'infirmer le contenu de mon article, il me dit que le colonel Kurkchy existait bel et bien mais qu'il était à présent à la tête d'une division de la Défense aérienne basée sur la vaste île de Novaya Zemlya (Nouvelle-Zemble). Ce territoire septentrional accueillait la deuxième base la plus importante d'armes nucléaires de la CEI (Communauté des États indépendants ou ex-URSS) ; et comme tout ce secteur était strictement interdit aux civils, il m'était désormais impossible d'obtenir une entrevue avec Kurkchy.

J'aimerais ajouter que si les militaires se doivent de garder le silence sur tout ce qui touche au secret de la défense, le KGB les oblige en plus à signer un document officiel qui stipule qu'en cas de non-respect de cette loi du secret dont dépend la sécurité du pays, ils seront exécutés *ipso facto* et sans autre forme de procès. Un ancien agent du KGB m'a récemment révélé qu'il existait (du moins en 1991) au sein de cet organisme une unité spécialement entraînée dont la tâche consistait à déplacer tous ceux qui risquaient de rompre ce serment.

OBSERVATION PAR L'ÉQUIPAGE D'UN AVION DE TRANSPORT MILITAIRE

Le 18 avril 1992, un objet volant inhabituel a été aperçu par tous les membres de l'équipage d'un avion de transport militaire volant au-dessus de la région de Komsomolsk-na-Amure, dans les territoires extrême-orientaux de la CEI. Les pilotes purent détailler cet objet pendant plus d'une heure, mais on ne put lire aucune description de sa forme dans l'article, qui rapportait cette histoire et qui avait été rédigé par le colonel Usoltsev, correspondant militaire de *l'Étoile rouge*. L'ovni volait juste devant le nez de l'avion en suivant la même trajectoire et en se livrant à d'ahurissantes acrobaties aériennes (des huit et des boucles). Des faisceaux lumineux, d'une couleur qui allait du vert au bleu pâle, sortaient de l'objet. Et pourtant, aucun radar, à bord comme à terre, ne détecta quoi que ce soit d'anormal[10].

On ne compte plus les observations de ce genre qui ont été, et continuent d'être, rapportées dans la CEI, et on n'en finirait plus de les citer toutes. Je conclurai cet article en affirmant, une fois encore, ma profonde conviction que la question des ovnis, conçue comme des visites d'extra-terrestres sur Terre, est pour notre gouvernement le problème le plus secret. Il est de notoriété publique que de nombreux savants, civils et militaires, sont directement concernés par les recherches sur ces phénomènes, mais la plupart de leurs découvertes demeurent des secrets d'État. A mon avis, ces savants devraient pouvoir s'exprimer librement sur ce sujet. C'est un crime de continuer à garder toutes ces informations inaccessibles au grand public : et c'est notre devoir de citoyens de la Terre de tout faire pour changer ces lois. Je suis totalement persuadé que si nous agissions ouvertement et rapidement, il deviendrait impossible à toute instance gouvernementale de bâillonner ceux qui voudraient briser le silence.

Nos divers groupes de recherches ufologiques sont divisés. Tous ne reconnaissent pas aux ovnis une origine extra-terrestre : l'opinion la plus répandue est que les ovnis ne sont que des produits de notre imagination, ou bien qu'ils proviennent d'autres dimensions et ne sont, par conséquent, que des phénomènes parapsychologiques. Parfois l'attitude adoptée par ces groupes est celle qui leur a été dictée par des agents de l'ex-KGB qui s'y étaient infiltrés, ou par les milieux politiques. L'influence de la politique est tout particulièrement réelle dans les républiques où la situation concernant les ovnis est exploitée à des fins nationalistes*.

Je crois sincèrement qu'une espèce de civilisation « mère » a donné naissance à toutes les formes de vie qui existent sur notre planète. La planète des planètes, d'où provient cette civilisation, ne se trouve pas dans notre système solaire, mais elle y entretient des bases permanentes. En fait, je suis aussi convaincu que des groupes, venus d'autres systèmes solaires, nous rendent également visite au moyen de divers types d'engins, et pour des raisons très variées.

* C'est très exactement aussi ce qui se passe en France, voire dans le monde entier, où des éléments déstabilisateurs des RG (Renseignements généraux), DST (Direction de la surveillance du territoire) et autres officines dites de « sécurité » (parfois avec la complicité d'un simple agent de police jouant les ufologues), vont perturber les travaux des ufologues honnêtes, les harceler, les menacer par téléphone, les discréditer à tout prix. Voir les récents romans-vérité de Jimmy Guieu : *EBE 1* et *EBE 2* (dans leurs annexes) et *Nos « maîtres » les extra-terrestres* (Éd. Vaugirard et Presses de la Cité).

Notes

1. *Trud,* 19 octobre 1991.
2. *L'Étoile rouge,* 10 octobre 1991.
3. Journal télévisé de Leningrad, 21 février 1992.
4. Lebedev, Nikolaï : « Panorama Soviétique pour 1990 », *The UFO Report 1992,* édité par Timothy Good, Sidgwick & Jackson, Londres, 1991.
5. *Izvestia,* 9 novembre 1991.
6. *Ibid.*
7. Jacques Vallée : *Chronique des ovnis en Union soviétique : Samizdat cosmique,* Ballantine Ed., New York, 1992. Creighton, Gordon : « Les Atterrissages d'OVNI à Voronezh », *The UFO Report 1991,* édité par Timothy Good, Sidgwick & Jackson, Londres, 1990.
8. *Rabochaya Tribuna,* 13 août 1992.
9. *Vecherni Petersburg,* 17 novembre 1991.
10. *L'Étoile rouge,* 2 juin 1991.

11

Dernier rapport sur les mutilations d'animaux

Linda Moulton Howe

Diplômée de l'université de Stanford, Linda Howe s'est consacrée à la production de films et d'émissions de télévision à caractère documentaire. A maintes reprises, elle a reçu des récompenses, tant régionales que nationales ou internationales, pour ses réalisations scientifiques, médicales et écologiques dont *Fire in the Water* (Le Feu dans l'eau) et *A Radioactive Water* (Une eau radioactive). En 1979, en tant que directrice des « Projets spéciaux » de la chaîne de télévision CBS de Denver, au Colorado, Linda Howe commença à mener des enquêtes sur le mystère des mutilations d'animaux. Le résultat de ces recherches, *A Strange Harvest* (Une étrange moisson[1]), lui valut un Oscar (Emmy Award).

En 1983, Linda entama une carrière de productrice indépendante, sous contrat avec Home Box Office. En avril de cette même année, elle fut invitée à la base aérienne de Kirtland, au Nouveau-Mexique, où on lui montra un authentique document présidentiel décrivant un contact avec des « entités biologiques extra-terrestres », et où on lui assura qu'elle pourrait disposer de tout le matériel officiel qu'elle souhaiterait, dont un film qui attesterait des faits, afin de l'inclure dans un documentaire sur les ovnis destinés à Home Box Office pour qui elle travaillait alors. Cette promesse ne fut jamais tenue.

En 1989, Linda Howe publia son livre *An Alien Harvest : Further Evidence Linking Animal Mutilations and Human Abductions to Alien Life Forms* (Une moisson d'extra-terrestres : de nouvelles preuves attestant qu'il existe un lien entre les mutilations d'animaux et les enlèvements d'êtres humains par des formes de vie extra-terrestres[2]), qui représente la synthèse de dix années de recherche dans ce domaine insolite. En 1991,

Linda Howe produisit *The UFO Report* pour le réseau télévisé de la Fox, et le prochain sujet qu'elle abordera à la télévision concernera les possibilités de survie du globe.

Durant les froides nuits hivernales de décembre 1991 et janvier 1992, « quelque chose » hantait les campagnes de l'Oklahoma, du Kansas et du Missouri, ne laissant sur son passage que l'horreur, c'est-à-dire du bétail mort et mutilé. Un couple qui roulait en voiture le long d'une petite route de campagne après la tombée de la nuit aperçut deux objets brillants se déplaçant lentement dans le ciel. « L'un de ces objets passa juste au-dessus de nous et disparut », rapporta Mike Markum, de Cement, dans l'Oklahoma. « L'autre s'immobilisa un moment puis redémarra — c'est d'ailleurs ce qui a attiré mon attention. Et ça ne faisait aucun bruit. »

Markum et son épouse racontèrent qu'ils ont vu plusieurs « boules étincelantes comme des diamants » qui survolaient leur maison à basse altitude. A un certain moment, un de ces objets s'éloigna à une vitesse vertigineuse en laissant derrière lui une traînée verte.

Vers la fin du mois de janvier, cinq comtés de l'Oklahoma (Grant, Blaine, Garfield, Kingfisher et Commanche), celui de Sumner au Kansas et celui de Webster dans le Missouri, rassemblèrent quelque trente rapports de ces événements mystérieux : mort et mutilations d'animaux. Même si les cultes dits sataniques ou autres prédateurs peuvent être une des explications socialement acceptables pour rendre compte des mutilations dans ces régions, le chef de la police, Archie Yearick, du comté de Grant, m'avoua qu'il restait très perplexe « parce qu'on ne trouvait absolument aucune trace autour des carcasses d'animaux ».

Des fermiers et des agents de la sûreté firent les mêmes commentaires lorsque ces mystérieuses mutilations d'animaux débutèrent en septembre 1967, notamment le jour où un cheval du nom de « Lady » fut retrouvé dans la vallée de San Luis, au Colorado, à moitié écorché. Les traces de ses sabots s'arrêtaient à plus de trente mètres de l'endroit où l'animal fut découvert. Les habitants des environs avaient aperçu d'étranges lumières et des « petits avions » se déplaçant soit lentement, soit à grande vitesse au-dessus du désert. Dans le monde entier, les articles de presse évoquèrent l'idée que des ovnis pourraient bien avoir partie liée avec la mort insolite de la jument.

Quand j'ai démarré mon enquête pour mon documentaire *A Strange Harvest*, en 1979, je n'avais pas du tout l'intention de faire un film qui mettrait en cause une quelconque forme de vie extra-terrestre. Mais c'est bien ce qui ressort des différents comptes rendus de témoins oculaires à propos d'objets brillants, silencieux et de couleur orangé, immenses comme des terrains de football, planant au-dessus des pâturages où des animaux mutilés furent retrouvés ; ou bien concernant des faisceaux lumineux qui tombaient d'« hélicoptères silencieux » et qui éclairaient « d'une lumière plus intense que celle du jour » les prés où l'on a découvert, le lendemain, des animaux mutilés. J'ai aussi épluché les rapports de témoins qui avaient observé la présence d'engins bizarres et/ou de créatures non humaines tout près des animaux.

En 1983, un couple de Missouri observa aux jumelles quelque chose qui ressemblait à deux petits êtres vêtus de combinaisons argentées très moulantes, qui embarquaient à bord d'un engin une vache noire paralysée, en la faisant « flotter dans l'espace ». Les têtes de ces créatures venues d'ailleurs étaient larges et très blanches. Tout près se tenait une espèce d'« homme-lézard » très grand, avec une peau verdâtre et brillante, l'œil éclatant composé d'une pupille verticale comme celle des crocodiles.

En 1980, un fermier de Waco, au Texas, surprit, un matin, deux créatures quadrupèdes, de grande taille et dotées d'immenses yeux noirs en amande, en train d'emporter un veau. Ce pauvre homme fut tellement terrifié qu'il s'enfuit à toutes jambes. Trois jours plus tard, il retourna sur les lieux en compagnie de sa femme et de son fils. Ils y découvrirent les restes mutilés du veau. La peau était intacte, ainsi que les sabots et le crâne, mais les muscles, les viscères et le squelette dans sa presque totalité avaient disparu. La peau avait été retournée comme une chaussette et soigneusement pliée sur le sol à côté de la colonne vertébrale d'où il manquait toutes les côtes. « Qui peut bien faire une chose pareille, et qu'est-ce qu'ils essaient de nous dire ? » me demanda le fermier désemparé.

Depuis 1979, date à laquelle j'ai démarré mon enquête sur tous ces mystères, il ne s'est pas écoulé une année sans que l'on eût à déplorer de nouveaux cas ; 1992 ne fait pas exception à la règle.

OKLAHOMA, KANSAS ET ARKANSAS

Le 25 janvier 1992, une vache fut trouvée morte près d'Okemah, dans l'Oklahoma. Son pis avait été sectionné sans la moindre hémorragie, et gisait sur le sol à côté de l'animal. Le côté droit de la poitrine avait été entaillé et un *Sheriff deputy* (citoyen assermenté faisant office d'agent de police) du comté d'Okfuscee affirma que le cœur avait été prélevé. Mais on ne pratiqua aucune autopsie vétérinaire. En l'absence de preuve incontestable, le rapport du policier stipula simplement : « Mobile : rituel satanique. » Mais même cet homme n'en demeura pas moins très surpris de la précision quasi chirurgicale avec laquelle les incisions avaient été effectuées, et sans aucune trace de sang.

Le samedi 2 février, un chercheur du MUFON (Mutual UFO Network : réseau international de renseignements sur les ovnis) de l'Oklahoma, Chuck Pine, se rendit auprès des shérifs des comtés de Garfield, Kingfischer et Grant, afin d'obtenir plus de détails sur les mutilations du mois de janvier. Le shérif du comté de Grant, Archie Yearick, raconta que ce matin-là il reçut un appel du poste de police de Caldwell, au Kansas, signalant là-bas le cas de mutilation d'un bœuf. Chuck se rendit sur les lieux en compagnie d'un officier de police. Il effectua des prélèvements de tissus provenant aussi bien des chairs mutilées que de la bête, et ce à des fins d'analyse comparative ; il les plongea dans le formol et les envoya en express au docteur John Altshuler, pathologiste et hématologue de Denver, au Colorado.

Le docteur Altshuler et moi-même avons collaboré depuis 1989 pour rassembler un maximum de prélèvements pratiqués sur les victimes de ces mutilations. Après de longs examens, le microscope a montré que les tissus avaient été découpés sur les animaux (lapins, daims, chevaux, bétail) à l'aide d'une technique employant une très haute température : le sang était littéralement cuit, et d'autres changements cellulaires en fournissaient également la preuve. Dans un cas qui s'est produit en 1990 dans l'Oregon, les tissus furent découpés en dents de scie, comme par des ciseaux dentelés de couturière. Le docteur Altshuler et le laboratoire d'analyse de l'État de l'Oregon confirmèrent le fait qu'un procédé de chaleur intensive avait été utilisé pour effectuer ces incisions. Le docteur Altshuler trouva les mêmes changements cellulaires par forte chaleur dans le cas du bœuf de Caldwell, au Kansas.

Le mardi suivant, 11 février 1992, il y eut deux nouveaux rapports de ce genre d'affaire à Calumet, dans l'Oklahoma, à une quinzaine de kilomètres à l'ouest d'El Reno. Le premier cas fut rapporté par Robert Jacobs et son fils Travis Dean, le matin du 6 février. On avait coupé par moitié la langue d'un bœuf de race Brahma ; une excision ovale, sans hémorragie, avait tranché les parties génitales et tout le secteur du rectum. Ni sang ni traces d'aucune sorte.

Dans la soirée, Travis emmena sa fiancée, Julie Hamilton, sur les lieux, pour lui montrer ce qui était arrivé. Il était environ 20 h 15 lorsqu'ils aperçurent une lumière au-dessus de leur champ. « C'était au moins dix fois plus brillant qu'une étoile », racontèrent-ils. « Comme on s'approchait de l'endroit en voiture, on commença à distinguer différentes lumières de couleur sur le côté. Il y en avait des rouges, des jaunes, des bleues et des blanches. Elles clignotaient à tour de rôle mais sans ordre précis. »

Lorsqu'ils se trouvèrent à environ 350 mètres de l'objet, Julie commença à prendre peur et ils s'en retournèrent. L'objet s'éleva dans le ciel et se mit à les suivre. « On roulait à près de quatre-vingts kilomètres à l'heure, et au moment où on arrivait en ville, l'objet nous a dépassés », racontèrent-ils.

Après avoir raccompagné sa fiancée chez elle, Travis rejoignit son père et ils retournèrent sur les lieux où, en compagnie de Robert Jacobs, ils virent à nouveau la lumière au-dessus du champ. Robert rapporta qu'il pouvait parfaitement distinguer les différentes couleurs qui clignotaient sur l'objet. Ils tentèrent de se rapprocher avec la camionnette, mais la lumière s'éloigna et disparut. Quelques minutes plus tard, elle réapparut, se déplaçant vers le sud-est, avant de disparaître définitivement.

Le lundi suivant, 10 février, dans l'après-midi, un autre bœuf, un Hereford cette fois, fut retrouvé mort et mutilé dans le même pré. Comme pour le Brahma du 6 février, la moitié de la langue avait été sectionnée, ainsi que l'oreille gauche, les parties génitales et le rectum, et toujours avec la même infernale précision.

Peu après minuit, le 3 mars, à Okemah, dans l'Oklahoma, trois hommes virent un objet en forme de diamant, de teinte grise, avec des « fenêtres », qui atterrit puis redécolla. Les témoins estimèrent le diamètre de l'objet à plus de dix mètres.

Le 9 mars, toujours à Okemah, une vache fut retrouvée le pis très proprement excisé. Pas une seule trace d'hémorragie. Son flanc fauche portait également un grand trou béant. « Comme le trou d'une balle de fusil », commentèrent certaines personnes — mais il n'y avait ni trou par où l'hypothétique balle serait ressortie, ni balle tout court, même si l'on avait remarqué un peu de sang par terre près de la tête de l'animal, ce qui ne signifiait pas grand-chose.

Le 4 mars, Danny Varner, le policier du comté de Benton, se rendit à la ferme de Tyson's hog, près de Hiwasse, dans l'Arkansas. Une vache de huit ans était couchée sur le flanc droit. Il lui manquait l'œil gauche, la langue et une vaste portion de peau entre les pattes arrière (d'une surface d'environ cinquante sur soixante-quinze centimètres), le pis inclus. L'entaille ne dépassait pas l'épaisseur du cuir. Les tissus musculaires juste en dessous étaient totalement intacts.

Voici le rapport d'enquête du sergent Varner :

Je notai que la langue de la vache avait été sectionnée [au moyen d'] un instrument extrêmement tranchant. La langue avait été coupée en suivant le tracé d'une diagonale, à environ quinze ou vingt centimètres des dents antérieures. L'œil gauche avait été énucléé. Le pis et la peau alentour avaient été excisés à l'aide d'un instrument également très aiguisé sans que la paroi abdominale ait été elle-même endommagée : toutes ces incisions semblaient avoir été pratiquées par un chirurgien professionnel. Au niveau des organes génitaux, le vagin paraissait avoir été élargi et complètement sorti. Tout autour, on ne trouva aucune trace indiquant que la vache ait eu à lutter, en tout cas aucune trace de pas. Il y avait seulement un peu de sang ici et là autour de la carcasse de l'animal.

Le lundi 9 mars 1992, je contactai le docteur Marion Harris, vétérinaire à Gravette, dans l'Arkansas. Je lui demandai s'il était possible de vider un animal de ses viscères par le seul passage du vagin. Il affirma que c'était parfaitement possible, à condition que la vache ait eu un veau dans les six semaines précédentes. Je demandai encore au docteur Harris de bien vouloir faire une autopsie.

Le jeudi 12 mars 1992, à 14 heures, le sergent chargé de l'enquête, Sam Blankenship, Bill Cowger et moi-même nous rendîmes sur les lieux pour rencontrer le docteur Harris. Celui-ci ne put déterminer avec certitude si un organe interne manquait, parce qu'il s'était écoulé huit jours avant que l'autopsie ne fût pratiquée.

MISSOURI

Durant les mois de février et mars 1992, on rapporta encore onze cas de vaches mutilées dans le comté de Webster, au Missouri, à l'est de Springfield. Dans le même temps, des gens témoignèrent qu'ils avaient repéré d'étranges lumières dans le ciel, au-dessus de Northview. La patrouille de l'autoroute raconta qu'il y avait eu tellement de voitures garées à la sortie de la nationale 44 Northview pour observer des ovnis, que cet agglutinement finit par représenter un danger potentiel pour la sécurité routière.

Des prélèvements de tissus sur neuf des victimes de ces mutilations furent envoyés au docteur Altshuler qui établit la preuve que les excisions avaient été pratiquées à l'aide d'instruments calorigènes à haute température, mais que les bords des entailles étaient comme durcis et « plastifiés », ce qui ne se produit pas habituellement dans le cas d'incisions au laser. Même un laser portable tiendrait difficilement dans un coffrage de la taille d'un gros réfrigérateur et réclamerait un énorme groupe électrogène pour fonctionner.

« Même si vous disposiez de ce genre d'appareil, pourquoi le traîneriez-vous jusqu'au beau milieu d'un champ, en pleine nuit, au risque de recevoir des coups de fusil des fermiers du

194

coin parce que vous venez agacer leurs vaches ? » demanda Duane Bedell, codirecteur du bureau du MUFON dans le comté de Webster. « Et comment peut-on tuer ces vaches sans qu'il y ait la moindre trace de bagarre, de pas et de sang ? » Un autre fermier, Joe Bouldin, raconta que sa vache avait été égorgée, l'œsophage prélevé, ainsi que les tétines du pis. « Mais aucune trace sur le sol », ajouta-t-il. « C'est une véritable énigme. » Une autre autopsie révéla que presque tout le sang avait été soutiré de la bête. Mais le sol, lui, était absolument sec. « Comment pomper tout le sang d'un animal sans qu'une seule goutte de sang s'échappe ? » demanda Bouldin. « Je n'avais jamais eu, à ce jour, de port d'arme, mais maintenant nous avons toujours un fusil chargé dans la camionnette. Voilà ce que je pense de tout ça. »

Une fermière, Edwina Ragsdale, très secouée par ces événements s'exprima en ces termes : « C'était comme si les vaches étaient embaumées. Nous y sommes allés la semaine dernière (février 1992) et il planait une vague odeur de charogne, alors qu'elles auraient dû être complètement décomposées. »

Lorsqu'on l'interrogea sur les causes présumées de ces horreurs, Edwina Ragsdale répondit que, selon elle, c'était « des ovnis ou des satanistes — les deux me fichent autant la frousse. »

J'ai pu regarder de près, moi aussi, un de ces animaux « embaumés ». En mars 1980, alors que j'étais sur la production de *A strange Harvest*, un fermier de l'est de Colorado Springs retrouva un de ses chevaux mort et mutilé. Comme souvent en pareil cas, les faits sont découverts seulement plusieurs jours plus tard. Cette fois-là, mon équipe et moi-même n'avons pu filmer que vingt jours après la macabre découverte. Entre-temps, la température atmosphérique avait été assez élevée ; mais la carcasse n'était pas encore envahie par les vers. Une semaine plus tard, c'est-à-dire un mois après le drame, les vers apparurent. Pourtant, lorsqu'on entailla les flancs de l'animal pour prélever des échantillons de chair, les muscles étaient toujours bien rouges ! J'ai demandé à un vétérinaire local si c'était normal. Il me répondit qu'ils auraient déjà dû entrer en décomposition.

En avril 1992, des mutilations eurent lieux à Liberty, dans le Mississippi, et à Leduc, dans l'Alberta (Canada). A Liberty, deux vaches avaient été retrouvées la moitié de la tête sans peau et la langue sectionnée. Le veau de trois jours n'avait plus ni tête ni pattes postérieures. Et bien sûr, aucune trace de sang ou de pas.

CANADA

Le 14 avril 1992, les fermiers Dorothea et Roman Verchomin découvrirent la première des six vaches mutilées sur leur propriété à Ledus, dans l'Alberta. C'était une vache laitière de race Holstein, âgée d'une vingtaine d'années, que Mme Verchomin avait élevée et gardait comme nourrice complémentaire pour les périodes de vélage.

C'était une vache très familière et très douce, et Mme Verchomin déclara qu'elle ne comprenait pas ce qui avait pu la forcer à s'éloigner du reste du troupeau. La vache était morte depuis six heures seulement quand on l'a retrouvée.

Au niveau de l'épaule gauche, il y avait un trou comme « celui que fait une balle de fusil », qui pénétrait en biais à l'intérieur de la poitrine, exactement comme pour la vache d'Okemah, dans l'Oklahoma. Et comme pour ce dernier cas également, on ne retrouva aucune balle de fusil, ni aucune blessure qui indiquât qu'un projectile était ressorti. Au niveau de la gorge, on put observer une entaille verticale juste à côté de la veine jugulaire. Même chose autour du rectum, cette fois d'une profondeur de cinq centimètres environ dans le poil et le cuir : l'anus et le vagin avaient été prélevés.

« Ce qui était le plus remarquable, c'était l'absence totale de traces de sang sur et autour de la carcasse de l'animal », écrivit Janice Semeniuk, du bureau d'enquête du MUFON, lors d'un travail en collaboration avec Gordon Kijek, lui-même directeur de la section d'études ufologiques d'Alberta. Le couple Verchomin fit appel au vétérinaire, le docteur Wayne Sereda, et lorsque celui-ci inspecta sur place la pauvre vache, « la chair était étrangement pâle », indice que le sang avait été presque totalement drainé.

Mme Verchomin rapporta que le vétérinaire et l'agent de

police Coulombe, chargé de l'enquête par la Police montée canadienne, débattirent longuement pour tenter de comprendre comment « ils » s'y étaient pris pour pomper une telle quantité de sang, tout en s'en tenant à la version de possibles « prédateurs ». Cette conclusion troubla Mme Verchomin. « Je n'ai jamais vu ce type d'entailles, excepté sur ma vache », fit-elle. « En suivant leur tracé du bout du doigt, j'ai constaté qu'elles étaient plus coriaces que le cuir lui-même, et tous les cinq centimètres on sentait une petite aspérité, comme une dentelure. Les autres vaches sont devenues très nerveuses depuis qu'elles ont découvert les restes de celle-là ; elles roulent de gros yeux, beuglent à tout moment et cavalent dans tous les sens. »

Après des années de travail à la ferme, Dorothea Verchomin est convaincue qu'aucun prédateur n'est capable de cisailler ainsi une vache. « Même les coyotes ne s'aventurent pas chez nous, dit-elle, et je ne me rappelle pas qu'ils aient jamais attaqué le troupeau. »

On imagina alors des activités de groupes satanistes : serait-il plausible que quelqu'un arrivât nuitamment et en silence, peut-être par canoë, depuis la berge du lac de Saunders qui longe la propriété ? Pourtant cela ne résoudrait pas le problème des animaux retrouvés exsangues sans la moindre trace de sang.

Mme Verchomin se remémora qu'elle avait laissé les chiens dehors la nuit précédente et qu'elle fut réveillée vers 1 h 45 par leurs aboiements. Se souvenant alors qu'elle avait laissé ouverte la trappe de la citerne, elle prit une torche électrique et se rendit dans la cour. « Tout était devenu soudain étrangement silencieux, ce qui n'était pas habituel par ici », dit-elle. « Il n'y avait strictement aucun bruit. » Mais elle ne remarqua rien de bizarre avant le matin suivant, c'est-à-dire lorsqu'elle trouva sa vache morte.

Ensuite, du 14 juin et 16 juillet 1992, Dorothea et Roman Verchomin retrouvèrent de la même façon cinq autres têtes de bétail : au total, six victimes, toutes découvertes gisant sur le flanc droit. Voici la liste chronologique de ces événements :

14 avril : vache Holstein de 20 ans
14 juin : veau Charolais Hereford de 125 kg

21 juin : génisse Hereford de 125 kg
24 juin : génisse Hereford de 125 kg
28 juin : vache Hereford de 400 kg
16 juillet : vache Hereford de 400 kg

Mme Verchomin pense que le veau a été trouvé deux jours après sa mort. Il était tordu, le côté droit de la tête ainsi que le poitrail gisant sur le sol, les pattes antérieures tournées vers la gauche, tandis que la partie postérieure reposait par terre, les pattes arrière complètement écartelées. L'oreille et l'œil gauches manquaient. Un trou sur le côté gauche du cou pénétrait profondément dans la poitrine. La queue avait été sectionnée à la racine. Le rectum également, et il manquait une grande surface de peau (de forme ovale) qui allait du rectum et des pattes arrière en suivant le ventre pour aboutir aux trois premières côtes de la cage thoracique. Tous les viscères avaient été très proprement ôtés et la cavité interne était sèche et de couleur noire.

On sollicita à nouveau le docteur Sereda pour venir examiner les restes. Cette fois, il arriva avec un collègue vétérinaire et prétendit que, étant donné que le veau était en état de décomposition, il ne pouvait pas déterminer de façon certaine la cause de la mort. Un inspecteur de la Police montée était également présent, mais aucune photo ni échantillon de tissu ne fut pris.

La génisse du 21 juin était encore tiède quand elle fut trouvée morte aux pieds de sa mère. La pauvre bête montait toujours la garde auprès du cadavre de son petit, et cela à 700 ou 800 mètres du reste du troupeau. Mme Verchomin emporta la carcasse au laboratoire vétérinaire de la province qui affirma qu'il n'était pas question de « mutilations de bovins », que ce n'était qu'une « infection bactérienne foudroyante » — en l'occurrence causée par la bactérie *clostridium*. Il ne fut procédé à aucun autre examen.

Trois jours plus tard, « une nouvelle odeur de charogne nous parvint », raconta Mme Verchomin, et une autre génisse de 125 kilos fut trouvée en train de pourrir à soixante mètres de l'endroit où sera découverte une autre vache Hereford le 28 juin suivant.

198

Celle-ci, d'un poids de 400 kilos, eut une oreille sectionnée et un œil énucléé, la queue coupée à ras du corps, le rectum et le vagin ôtés, le pis excisé, « l'entaille formant un cercle parfait de l'épaisseur du cuir, laissant entièrement intacts les tissus qui recouvraient les muscles ». Mme Verchomin confia que la qualité de ces incisions, qui laissaient le reste du corps parfaitement intact, l'étonnait beaucoup. L'agent de police Coulombe, du détachement de la Police montée de Leduc, arriva sur les lieux pour faire le constat, mais on n'appela aucun vétérinaire parce que « la carcasse avait déjà deux ou trois jours ». On ne nota aucune trace qui indiquât l'attaque d'un prédateur. « En fait, l'animal resta sur place pendant toute une semaine, et même les coyotes n'y ont pas touché — pas un seul charognard pour venir mordre ! Finalement, la carcasse s'est décomposée... » conclut Mme Verchomin.

Le 16 juillet, une vache Hereford de deux ans fut retrouvée, le rectum enlevé et une tétine du pis sectionnée comme « par le feu ». Une partie de la langue et plusieurs dents manquaient. Sur le côté gauche du cou, il y avait une entaille de dix centimètres avec une cavité au milieu, large de deux centimètres et demi, et profonde de cinq.

Des prélèvements furent effectués dans la région du rectum et de la vulve et envoyés au docteur Altshuler. Celui-ci remarqua que les bords des incisions étaient noircis et comme plastifiés, et l'analyse au microscope révéla que les cellules avaient été exposées à une source de chaleur très intense.

LES MUTILATIONS DE CHATS

Ces mutilations désolantes ne se limitèrent pas au bétail. On compte également des cas de mutilations d'animaux domestiques, comme les chats. Depuis les années 70, on a connu de véritables vagues de mutilations sur les félins au Canada, en Californie et au Texas. Depuis le 15 mai 1992, des chats ont été retrouvés morts et mutilés à Vancouver, en Colombie britannique. Un cas typique fut celui d'un chat pur sang russe bleu qui sortit de chez lui et ne revint jamais. La moitié postérieure fut découverte trois immeubles plus loin, sans trace de sang. C'était le quatrième chat trouvé coupé par moitié en l'espace de deux semaines.

Durant l'été 1991 à Plano, au Texas, une petite ville bourgeoise au nord de Dallas — le bureau de police reçut une centaine de plaintes concernant des disparitions de chats, dont plusieurs furent retrouvés morts.

UNE QUESTION DE SURVIE ?

Après la publication en 1989 de *An Alien Harvest*, je reçus une lettre d'un agent de sécurité de Denver, au Colorado. Il me décrivait une nuit particulière, en plein mois d'août, où il patrouillait normalement dans l'enceinte d'une grande entreprise à l'ouest de la ville. Depuis sa camionnette, il avait pu, en effet, observer un grand cercle dans le ciel sombre, avec des lumières tout autour : celles-ci restèrent stationnaires au-dessus d'un pâturage à quelques centaines de mètres devant lui. Il n'a prévenu personne parce qu'il avait bien trop peur de perdre son travail s'il avait seulement prononcé le mot « ovni ». Le matin suivant, il se sentit très mal à l'aise en constatant qu'un fermier emportait les cadavres de deux vaches mortes depuis le pré où justement il avait aperçu ces étranges lumières. « Qu'est-ce que ça peut bien être que ces espèces d'engin, à votre avis », me demanda-t-il. « Je ne les ai pas quittés des yeux une seule seconde. Il n'y avait aucun rayon, aucun bruit, rien. Comment cela est-il possible ? »

Si certaines formes de vie extra-terrestres sont impliquées dans ces affaires de mutilations et de disparitions, et ce depuis près de trente ans, on peut se poser la question suivante : de quoi ont donc besoin ces extra-terrestres ?

En 1980, Myrna Hansen et son jeune fils virent deux êtres vêtus de blanc s'affairer autour d'une vache près de Cimarron, au Nouveau-Mexique. La vache beuglait lamentablement et Myrna essaya d'intervenir. Elle et son fils furent alors apparemment enlevés par de larges disques étincelants qui les emportèrent vers des structures souterraines que Myrna situe dans la région de Las Cruces. Là, elle vit une silhouette humanoïde qui flottait dans une sorte de cuve remplie d'un liquide rougeâtre qui, selon elle, devait faire office de « traitement » ou de « nourriture », ou quelque chose comme ça, pour l'être qui y baignait. Elle pensa aussi que ce liquide avait un rapport avec le sang et les tissus prélevés sur les animaux[3].

En 1973, Judy Doraty, autre victime d'enlèvement, observa un veau marron et blanc qui s'élevait dans les airs, dans le prolongement d'un rayon lumineux de couleur jaune pâle. Plus tard, lors de son propre enlèvement, elle se trouva dans une petite salle ronde aux parois blanches, où elle vit que des tissus étaient prélevés à partir de l'œil, de la langue et des testicules du veau par deux petits êtres à la peau grise et aux yeux énormes. Ils n'avaient pas de pouce mais quatre longs doigts effilés terminés par des ongles noirs. Leurs yeux étaient jaunes, avec des pupilles noires verticales comme celles des chats ou des serpents[4]. La fille de Judy, Cindy, fut enlevée en même temps que sa mère et en 1990, au cours d'une séance d'hypnose réalisée par le psychiatre hypnotiseur John Carpenter, elle raconta qu'elle aussi avait vu le veau littéralement happé par un faisceau lumineux. Judy eut la nette impression que l'opération pratiquée sur le veau par les extra-terrestres avait un rapport avec un problème de survie — la leur ou la nôtre.

Dans les cas de Cindy Doraty et celui de Myrna Hansen, les deux femmes furent, elles aussi, examinées par les créatures inconnues et, en ce qui concerne Myrna, des ovules furent prélevés de ses ovaires au cours d'un processus très douloureux. Parfois, des témoignages d'hommes et de femmes rapportent qu'ils ont eu l'occasion de voir des « choses enfants » qu'on leur présenta comme des hybrides — moitié humains, moitié quelque chose d'autre.

Si c'est du matériel génétique que les intelligences extra-terrestres recherchent, pourquoi leur en faut-il autant et sur une période aussi longue ? Et pourquoi laisser derrière elles des cadavres d'animaux exsangues, couverts d'incisions étranges, qui ne peuvent que provoquer la frayeur, la colère et la désolation ?

Notes

1. *A Strange Harvest* (une étrange moisson), produit par Linda Howe en 1980. On peut se procurer des cassettes vidéo de ce film en Grande-Bretagne, auprès de Quest Publications International Ltd., 15 Pickard Court, Temple Newsam, Leeds, LS15 9AY, et aux États-Unis auprès de Linda Moulton Howe Productions, P.O. Box 538, Huntingdon Valley, Pennsylvania 19006-0538.
2. Howe, Linda Moulton : *An Alien Harvest : Further Evidence Linking Animal Mutilations and Human Abductions to Alien Life Forms* (Une moisson d'extra-terrestres : de nouvelles preuves attestant qu'il existe un lien entre les mutilations d'animaux et les enlèvements d'êtres humains par des formes de vie extra-terrestres), Linda Moulton Howe Productions, 1989. On peut se procurer l'ouvrage auprès de l'auteur ou bien en Grande-Bretagne, auprès de Quest Publications International Ltd., 15 Pickard Court, Temple Newsam, Leeds, LS15 9AY.
3. *Ibid.*, pages 112 à 116.
4. *Ibid.*, pages 48 à 58, et 300 à 339.

Note de l'Éditeur

Je cite d'autres preuves qui tendraient à démontrer que ces cas de mutilations d'animaux ont un rapport avec le phénomène ovni, notamment dans mon livre *Alien Liaison : The Ultimate Secret*, chez Century/Arrow Books, Londres 1991/1992, édition revue et augmentée de l'ouvrage publié par William Morrow aux États-Unis (New York) et qui s'intitulait *Alien Contact : Top Secret UFO Files Revealed*.

12

Le Voyage cosmique :
les répercussions

Bob Oechsler

Bob Oechsler arrêta en 1968 ses études à l'Université du Maryland pour rejoindre l'Armée de l'air américaine où il exerça ses talents principalement dans les services radio et télévision, sur le territoire même des États-Unis. Pendant la guerre du Viêt-nam, il reçut des affectations au Cambodge, en Thaïlande et au Laos, où il réalisa, entre autres, des films sur certains prototypes d'armement, sous le contrôle très strict de l'administration militaire pour cause de « secret défense ».

A son retour aux États-Unis, Bob passa une année et demie à la base aérienne de Wright-Patterson, puis quitta l'Armée de l'air en 1972 pour retourner à l'Université du Maryland, puis entrer peu après au Centre de vol spatial de Goddard appartenant à la NASA, à Greenbelt, dans le Maryland, en tant que spécialiste de mission. Parmi les projets auxquels il participa, citons *International Ultraviolet Explorer* et les essais *Apollo-Soyouz*.

Bob dirige à présent sa propre affaire, Robots International Inc. Dans ce domaine, on lui doit en effet quelques innovations appliquées à la surveillance et à la sécurité, qui lui valurent des récompenses auprès de la Chambre de commerce ; Bob a également donné de nombreuses conférences à titre d'expert en robotique, ainsi qu'à l'Institut Franklin de Philadelphie. On retrouve son nom dans les colonnes de divers *Who's who* dont l'*International Book of Honour* ; enfin, Jules Bergman, responsable des émissions scientifiques d'ABC News, le consulte souvent pour ses connaissances technologiques éminentes.

En tant qu'ufologue cette fois, Bob Oechsler est le directeur adjoint du MUFON de l'État du Maryland, et il consacre énormément de temps à ce type de recherche. Il excelle, par exemple, dans l'analyse technique des photographies et des films vidéo. Depuis 1987, il anime un programme sur la radio nationale, *UFOs Today* (Les ovnis aujourd'hui), et on le voit régulièrement sur les principales chaînes de télévision des États-Unis, d'Europe et du Japon, sans compter son travail de conseiller pour de nombreux documentaires destinés aux grandes stations de télévision.

Quand Timothy Good commença à m'interroger sur mes expériences dans le domaine de la recherche ufologique, je ne pensais pas du tout que cela mènerait à une contribution à un ouvrage sur ce sujet. J'avais plutôt l'intention d'échanger des informations pour que l'éventail critique final soit vaste et percutant, me fiant en cela à la propre expérience de Tim qui, elle, n'était pas mince non plus !

Rétrospectivement, il est facile pour moi de comprendre pourquoi les gens — y compris des membres du gouvernement — préfèrent nier en bloc pour éviter le ridicule que connaissent les « activistes » qui refusent obstinément d'accepter et le phénomène et ce qu'il implique automatiquement. Pour moi, la publication du chapitre intitulé « Le Voyage cosmique » dans le livre *Alien Liaison* a créé une terrible dichotomie. Désavoué par des collègues ufologues qui ne pouvaient pas accepter mes découvertes, j'en suis venu parfois à regretter de les avoir divulguées. D'un autre côté, l'information étant de taille, il fallait la faire connaître car, dans l'avenir, elle ne pourrait qu'élargir notre compréhension du phénomène ovni et son impact sur l'évolution culturelle humaine. Le but de cet essai est donc de soumettre au lecteur ma propre critique sur le chapitre final d'*Alien Liaison* et de répondre à la controverse qu'il aura soulevé.

En fait, cette controverse est née d'un article de Jerold R. Johnson paru dans le *Mufon UFO Journal* (bulletin du MUFON ou *Mutual UFO Network*, organisme d'échanges d'information pour tout ce qui concerne les ovnis et autres phénomènes insolites[1]), article auquel je répondis dans le même magazine[2], et d'une analyse autocommentée signée par un certain Henry Azadehdel, personnage lui-même assez controversé, d'origine arménienne, vendeur de polices d'assurance et contrebandier international d'orchidées, du moins si l'on en croit la revue britannique *Independant Magazine*[3].

Celui-ci se présenta à moi comme le docteur Alan Jones, bien qu'il usât plus couramment du pseudonyme de docteur Armen Victorian. Ce dernier nom est celui qu'il adopta pour contacter l'amiral Bobby Ray Inman et pour signer l'article dont je parlerai ici.

Le chapitre du « Voyage cosmique » donne mon curriculum vitae ; y apparaît notamment la période où j'ai travaillé à la NASA, au Centre spatial de Goddard. Même mon contrat avec la NASA fut mis en doute par Jerold Johnson, ainsi que mon premier contact et mes conversations téléphoniques avec l'amiral Inman, celles où il reconnaît que le gouvernement américain a en sa possession du matériel spatial extra-terrestre ; où il parle de son entrée à la CIA et aux services de renseignement de la Marine ; où il est question du projet « Voyage cosmique » (dont la maquette de la navette spatiale se trouve à présent exposée au Centre spatial de Cap Kennedy) ; enfin, où sont abordés les multiples événements rattachés à cette affaire et qui m'amenèrent à pénétrer dans des installations secrètes et à être découvert à cause d'une malencontreuse rencontre avec un humanoïde dont les extraordinaires capacités psychiques nous laissèrent moi et la personne qui m'accompagnait abasourdis.

Dans ce même chapitre, je développe ce qu'était le projet « Voyage cosmique », qui aurait dû être une gigantesque exposition itinérante à grand spectacle sur les programmes spatiaux, avec un long métrage sur les ovnis (représentant à lui seul le tiers du projet) : toute cette manifestation aurait fait office de programme d'information de masse, auquel se serait ajouté un programme indépendant destiné aux établissements scolaires. L'information publique massive en faveur des contacts extra-terrestres est un thème que j'ai souvent abordé depuis la publication en 1989 de mon livre, *The Chesapeake Connection* (La Liaison Chesapeake[4]).

Mais la principale révélation de ce chapitre était la retranscription de ma conversation téléphonique avec l'amiral Bobby Ray Inman, ex-grand patron des services de renseignement et de sécurité (*National Security Agency*), que l'on vit aussi bien à la tête des mêmes services dans la Marine que directeur adjoint de la CIA.

Dans son article destructeur sur *Alien Liaison*, Jerold Johnson s'est surtout acharné sur le chapitre du « Voyage cosmique » et a attiré l'attention de ses lecteurs principalement sur ses propres conversations téléphoniques avec divers interlocuteurs, dont l'amiral Inman, avec qui il s'est senti quelque affinité pour avoir fréquenté la même université. Johnson, quant à lui, ne révèle jamais la nature de ses diplômes ou ses références en tant que journaliste, encore moins de ses qualifications qui pourraient donner un vague crédit à ses articles auprès du public.

Une chose est sûre, cependant : Johnson n'a pas dû lire le même *Alien Liaison* que moi. En fait, il n'a jamais seulement pris la peine de me passer un coup de fil ou de m'adresser un mot pour vérifier si l'auteur m'avait bien cité avec exactitude. Walt Andrus, co-éditeur du *Mufon UFO Journal* et directeur du Bureau international du MUFON, m'adressa une petite note accompagnée de la photocopie de l'article de Johnson, me demandant si je pouvais prouver ce que j'avançais dans le livre. Mais là n'est pas le problème, dans la mesure où prouver à nouveau l'authenticité des documents eux-mêmes est devenu une bataille sans fin. Le problème réel est celui de l'option choisie et à laquelle je fais référence à la fin de cet article.

Ce que l'on trouve dans les analyses critiques comme celle de Johnson, c'est un jugement fondé sur des interprétations déformées. Par exemple, il émet le postulat selon lequel les éditeurs d'*Alien Liaison* auraient pu faire l'objet de menaces pour avoir divulgué trop facilement des « secrets officiels » concernant les ovnis. Il prétend également que l'auteur a obtenu ses informations de gens « dont les sources n'ont pas été vérifiées », et que les théories avancées sont « probablement fausses ». Tout ceci, bien évidemment, ne fait que corroborer un manque grossier d'honnêteté intellectuelle dans l'investigation journalistique.

Dans la société actuelle où le moindre écart peut valoir des procès en cascade, je doute qu'un éditeur s'aventure à faire imprimer un texte qui ne trouverait pas de soutien légal auprès d'avocats pointilleux et prudents. *Alien Liaison* ne fait certainement pas exception à la règle, et je m'en porte garant, car j'ai été moi-même dans l'obligation de fournir une lettre confirmant la véracité et l'exactitude de toutes mes déclarations, et destinée aux services juridiques de l'éditeur. De plus, lorsque de courts extraits de la cassette enregistrée de ma conversation avec Inman furent utilisés dans le documentaire *Now It Can Be Told* (A présent, on peut le dire) diffusé aux États-Unis en 1991, les avocats de la maison de production, la *Tribune Entertainment Company*, s'assurèrent que l'enregistrement d'une cassette était quelque chose de légal : j'en eus la confirmation car ils m'adressèrent un courrier m'annonçant qu'ils étaient prêts à me défendre et acceptaient la responsabilité de faire diffuser ces extraits.

Je ne trouve plus surprenant que Bob Lazar ait eu autant de difficultés pour faire valider son travail secret dans le domaine de la technologie des engins extra-terrestres. Johnson et Victorian étaient eux-mêmes incapables de valider mon contrat, qui n'avait rien de secret, à la NASA, au point d'en être réduits à critiquer ma terminologie, fidèles en cela à la tactique du « déboulonnage ». Un exemple : Johnson appela le Bureau des Affaires publiques de la NASA au Centre de vol spatial de Goddard où on lui apprit que « le titre de "spécialiste de mission" n'y était pas utilisé ; que c'était un titre donné par la NASA à ses astronautes ! » Ce qui implique, bien sûr, que je ne suis qu'un menteur et que mes références sont des plus douteuses. Si Johnson avait pris la peine de me téléphoner directement, je lui aurais donné toutes les explications voulues, et notamment que dans les secteurs techniques où je travaillais d'abord, au sein de la NASA, et ce vers le milieu des années 70, on nous appelait les Spécialistes d'opérations ou de missions. Je travaillais sous des directives techniques de mission et, de ce fait, j'étais appelé Spécialiste de mission. Nous n'avions aucun contact avec le corps d'astronautes, sauf au moyen de communications de contrôle de ces mêmes missions. Comme je n'avais nulle conscience des phénomènes d'ovnis durant mon passage à la NASA, je considère aujourd'hui que tout le temps où j'y ai travaillé ne m'a servi à rien pour les recherches ufologiques qui nous occupent.

Johnson prétend que « j'ai poursuivi, tel un limier impitoyable, l'amiral Ray Inman... et ce durant des années, afin d'obtenir qu'il me révèle l'existence d'un lien entre cette affaire et un groupe qui porterait le nom de « Majestic 12 »*. C'est bien Johnson qui révèle en fait, à cette occasion, sa propre ignorance en suggérant l'idée qu'il n'y a vraiment que moi pour établir un lien entre Inman et les ovnis, du moins à sa connaissance. En vérité, mon soi-disant acharnement à pister l'amiral Inman ne naquit qu'après l'avoir rencontré en personne une première fois en mai 1988. La raison que j'avais de me présenter et de l'interroger sur MJ-12 était la conséquence directe de ma lecture du célèbre rapport de John Lear, publié en 1987, et où Inman était cité comme membre éventuel du groupe MJ-12.

Le fait qu'Inman reconnut le fait sans surprise ni question aiguisa ma curiosité. Il s'écoula alors quatorze mois avant que je ne le recontacte, et ce fut à la demande de Timothy Good, lors d'un voyage qu'il effectua aux États-Unis en juillet 1989. On ne peut donc guère appeler cela une filature de « limier impitoyable », c'est du moins mon avis. De plus, même après les incroyables révélations qu'Inman me fit au téléphone, j'attendis encore deux ans avant d'autoriser qui que ce soit à divulguer et la teneur de ces propos, et l'identité de leur auteur. Après tout, l'amiral avait eu la gentillesse de me fournir d'excellents indices pour pouvoir poursuivre mon objectif premier, qui était d'avoir accès à un aéronef extraterrestre récupéré pour que la recherche soit menée par des civils, et cela me paraissait plus pertinent de suivre les pistes qu'il m'avait indiquées. Nos relations tournèrent au vinaigre après que je l'eus invité à adresser une communication à la conférence d'Ozark sur les ovnis, qui se tenait l'année suivante.

Le sujet sur lequel roulait notre conversation devint une source de disputes avec Johnson comme avec Victorian, par le

---

* Gouvernement secret planétaire. *(N.d.T.)*

fait qu'Inman nia d'abord avoir jamais discuté d'ovnis avec moi. Néanmoins, Ron Pandolphi, qui travaille au quartier général de la CIA à Langley, dans l'État de Virginie, et notamment au Bureau de recherche scientifique et sur l'armement, nourrissant un grand intérêt pour tout ce qui touche aux phénomènes d'ovnis, s'arrangea pour rencontrer l'amiral Inman à son bureau de Roslyn, en Virginie également. Après avoir vérifié que j'avais effectivement rencontré moi-même Everett Hineman, le directeur adjoint de la CIA section Sciences et Techniques, Pandolphi demanda à l'amiral Inman s'il m'avait bien parlé d'ovnis. Inman ne nia pas, mais ne paraissait pas très chaud pour entrer dans les détails.

Johnson a remis en question mon style « alambiqué » comme enquêteur lors de la conversation que j'eus avec Inman. Mais ce que je souhaitais était justement faire usage d'une phraséologie imprécise, et décourager ainsi l'amiral en passant pour un dingue. Par conséquent, je bannis de mon vocabulaire les mots « alien », « extra-terrestre », « ovni ». D'ailleurs, si le gouvernement gardait véritablement caché quelque part un engin de fabrication non humaine, l'adjectif « non identifié » n'était plus de mise ! J'optai donc pour les termes « engin », « phénomène », « véhicules récupérés » et autres périphrases du genre « intelligence qui contrôlent les engins ». J'essayai de faire appel à l'intérêt qu'Inman portait lui-même à la technologie en conservant un ton de camaraderie respectueuse. En quelque sorte, je sollicitai ses conseils. Et je dois dire que j'obtins beaucoup plus que je ne l'avais espéré.

TRANSCRIPTION DE LA CONVERSATION AVEC INMAN

Cette conversation téléphonique eut lieu à 8 heures du matin, heure locale, le jeudi 20 juillet 1989. L'amiral me rappelait après que j'eus pris contact, le vendredi précédent (et en présence de Timothy Good), avec son adjoint, Tom King. Ce dernier avait accepté de parler au nom de l'amiral, qui se trouvait alors sur la côte Ouest, mais dont il espérait le retour la semaine suivante où, selon King, il ne manquerait pas de me rappeler personnellement.

Lorsque le téléphone sonna dans la cuisine ce matin-là,

j'entendis : « C'est Bob Inman ». Je le priai de m'excuser quelques secondes, le temps d'aller chercher mes notes et, bien sûr, d'enclencher le magnétophone qui était devenu pour moi une habitude dans mes enquêtes, parce que cela me permettait de prendre rapidement et avec exactitude notes et documents. A mon avis, l'amiral ne pensait pas que la conversation allait être enregistrée. Voici donc le texte de notre dialogue. J'ai utilisé les abréviations « BOB » pour moi et « BRI » pour Inman. Les commentaires explicatifs sont en italique.

BOB : — ... Oui, merci infiniment, c'est très gentil à vous de me rappeler.

BRI : — Je vous en prie.

BOB : — Vous vous souvenez de moi ?

BRI : — Je crains que non, j'en suis désolé.

BOB : — Ça ne fait rien. On s'est rencontré à l'université des Sciences — l'Université du Maryland, en Sciences et Technologies...

BRI : — Oui, en effet, je m'en souviens, merci.

Cette soudaine et inattendue remémoration est importante : elle indique que l'amiral considère effectivement que notre brève rencontre en mai 1988 méritait qu'il s'en souvienne. Ce fut à cette occasion que je lui demandai s'il pouvait me rendre le service de me mettre en rapport avec quelqu'un qui pourrait me diriger sur MJ-12, ce qui laissait entendre encore une fois que MJ-12 n'était pas quelque chose d'inconnu pour lui. Si MJ-12 a un lien quelconque avec le phénomène ovni, alors l'amiral est parfaitement conscient du sujet réel de notre conversation présente et qui concerne notamment des informations classées « SCI » (Sensitive Compartmented Information : informations sensibles secrètes et compartimentées) : l'amiral avait d'ailleurs été prévenu par Tom King avec qui j'en avais déjà un peu débattu lors de mon appel précédent.

BOB : — Je désirais vous entretenir d'une chose qui me tient à cœur. Je souhaitais quelques conseils et c'est à vous que je me permets...

BRI : — Je vous en prie, faites.

BOB : — Peut-être pourriez-vous me donner quelques

directives pour ce projet. J'ai passé énormément de temps à étudier ces phénomènes et technologiquement, je pense pouvoir, de mon côté, offrir quelques trouvailles intéressantes...

BRI : — Mm-Mmh...

BOB : — ... Probablement pas autant que je le souhaiterais car vous-même en connaissez déjà un rayon ! Mais j'aimerais vraiment avoir votre avis dans un certain nombre de domaines. J'en suis d'ailleurs arrivé au point, je ne vous le cache pas, où j'aimerais beaucoup, d'une manière ou d'une autre, travailler avec vous, et avoir quelqu'un qui superviserait mes travaux et m'indiquerait la direction à prendre pour être encore plus efficace. D'après l'amiral Lord Hill-Norton et Timothy Good, c'est le mieux que je puisse faire, car je n'ai aucune idée du degré de sécurité et de secret qui recouvre tout cela. Et je ne tiens pas à trop m'impliquer — je laisse donc cela à votre discrétion.

BRI : — Qu'est-ce que Peter Hill-Norton fabrique maintenant ?

BOB : — Qu'est-ce qu'il fait maintenant ?

BRI : — Oui.

Bien évidemment, je ne m'attendais pas à cette question et j'ignorais complètement et le prénom de l'amiral Lord Hill-Norton et à quelles activités il se livrait en ce moment.

BOB : — Autant que je puisse le savoir, il travaille... en coulisses. Il a beaucoup travaillé avec Timothy Good sur une publication, *Above Top Secret* (Ultra-secret et plus encore), dont vous avez peut-être eu connaissance, et qui a été éditée par William Morrow à New York.

BRI : — Ah, non... je ne savais pas.

BOB : — Ça ne fait rien, en tout cas, il travaille — ils collaborent plus ou moins, Timothy Good lui sert de conseiller. L'amiral Lord Hill-Norton

211

est, comme il me l'a dit lui-même, furieux parce qu'il n'arrive pas à accéder aux résultats de toutes ces affaires...

BRI : — (Approbation étouffée.)

Il est important de noter que par « approbation étouffée » j'entends que l'amiral Inman semble comprendre à demi-mot où se situe le dilemme et reconnaît, de ce fait, de quoi il est question.

BOB : — ... Et en fait c'est lui qui a envoyé ici Timothy Good pour essayer de glaner d'autres informations. Une conférence s'est déroulée à Las Vegas fin juin, début juillet, et il s'y est rendu dans l'espoir d'établir des contacts et d'obtenir de nouvelles informations. Et je lui ai dit que la seule personne qui, à mon avis, pourrait lui venir en aide — dans la mesure où il serait possible d'avoir des renseignements qui dépasseraient nos frontières — ce serait vous. Et je lui ai proposé de prendre contact avec vous. Voilà.

BRI : — Bien. Quel est votre problème ?

C'est là peut-être le premier indice signalant que l'amiral cherche une confirmation du propos réel de cette discussion, ou bien alors qu'il essaie de limiter le champ de l'investigation.

BOB : — Deux choses. D'abord, mes recherches m'ont amené à penser qu'il existe une sorte de dichotomie au sein même du problème parce qu'un programme d'éducation destiné au grand public semble avoir été mis en place concernant les réalités sous-jacentes à tous ces phénomènes. Ensuite, cela concerne les difficultés qui touchent aux mesures de sécurité : que doit-on dire ou ne pas dire ? J'ai l'opportunité de pouvoir apprécier l'influence, l'entendement et la capacité d'absorption d'une immense partie de la population. Je dispose en effet d'une émission de radio au niveau national — une émission régulière sur le sujet. J'interviens aussi très souvent comme auteur dans toutes les revues spécialisées, et j'ai des relations suivies avec les principaux organismes qui s'occupent de ces questions. J'ai effectué moi-même de nombreuses enquêtes — j'ai par exemple consacré huit mois de ma vie à étudier, y compris sur le terrain, le cas de Gulf Breeze. Je connais très bien toute l'affaire. Et je me suis surtout passionné pour les aspects technologiques des engins, et j'ai passé au crible ce qui ne tournait pas rond à Chesapeake Bay, en relation avec l'*Electromagnetic Continuity Analysis Center* (Centre d'analyse des ondes électromagnétiques) et les projets EMP.

Soulignons ici quatre points importants : 1. Un programme d'éducation des masses ; 2. mise en évidence que l'amiral a affaire à un journaliste ; 3. une enquête sur les événements survenus à Gulf Breeze, en Floride, où les chefs d'état-major s'étaient réunis (à la base aéronavale de Pensacola) en août 1988 au milieu d'un incroyable remue-ménage d'ovnis ; 4. enfin, les projets EMP (Electro-Magnetic Pulse : Propulsion électromagnétique) décrits dans le Washington Post *comme de nouvelles armes à propulsion électro-magnétique et dont le développement devrait garantir une avance technologique dans le secteur de l'armement sur les missiles soviétiques (les zap gun). Il ne faut pas oublier que les Soviétiques étaient basés tout près d'ici, à Chesapeake Bay, où ils se livraient à tous les essais possibles et imaginables. Et à qui ces armes étaient-elles destinées ? A un ennemi « venu de l'espace » peut-être, comme le fit remarquer le président Reagan à plusieurs reprises dans ses discours publics ?*

BRI : — Vous savez, pour toutes ces questions, je ne suis plus tellement dans la course. Quand j'ai décidé de prendre ma retraite, il y a de cela sept ans maintenant, j'ai aussi voulu prendre des distances avec tous les services de renseignement. Il m'est bien venu aux oreilles quelques trucs par-ci, par-là, mais ç'aura été très limité durant les sept années qui ont suivi où j'ai contribué à harmoniser les échanges entre l'*Embassy Security Survey* (Service de surveillance des ambassades) et le Département scientifique de la Défense. Il faut dire aussi que mon travail concernait essentiellement, durant ces sept années, ce qu'on appelle... la compétitivité industrielle.

BOB : — Ah, bien !

BRI : — ... c'est-à-dire les applications des connaissances scientifiques et technologiques au secteur commercial.

BOB : — Oui, je comprends.

BRI : — C'est la raison pour laquelle, en ce qui concerne la plupart des questions que vous soulevez, — du moins c'est ce que je crois saisir à la lumière de cette conversation, — et qui intéressent autant M. Good que Peter Hill-Norton, je dois dire qu'il y a des secteurs où, certes, j'ai eu quelque expérience dans le passé, mais malheureusement, vous savez, entre-temps, sept ans se sont écoulés.

Selon l'amiral, nos propos semblent se référer aux secteurs dont il eut, à un certain moment, quelque expérience et qu'il situera plus loin entre 1979 et 1982, lorsqu'il fréquentait et travaillait avec le directeur adjoint du Département des Sciences et Technologies de la CIA. Il occupa le poste de directeur de la Sécurité de 1977 à 1981 puis celui de directeur adjoint de la CIA de 1981 à sa retraite en 1982.

BOB : — Je vois.

BRI : — Et à la vitesse à laquelle les choses progressent dans ce domaine, j'ai bien peur de n'être plus dans le coup, ne serait-ce qu'au niveau intellectuel.

Cette fois encore, le fait de reconnaître que « les choses progressent à une vitesse » affolante laisse entendre qu'il n'émet pas de doute ou de réserves quant à la nature du sujet dont nous parlons.

BOB : — Êtes-vous au courant qu'il s'est établi...
aujourd'hui (après une longue pause) un dialogue culturel ?

BRI : — J'imagine que je devrais vous demander de préciser entre qui et qui ?

(Un sourire, parfaitement « audible » sur bande magnétique.)

BOB : — Eh bien ! Avec certains des interlocuteurs qui
contrôlent la technologie de ces engins.

BRI : — Pour tout dire, je n'en sais rien. Je n'ai aucun
renseignement à ce sujet. Aussi je ne peux vraiment pas affirmer s'il y a dialogue ou non. Pendant que je vous parle, j'essaie de réfléchir pour
savoir qui à Washington pourrait être mieux à
même de vous donner quelque meilleure piste.

*Cette réponse spontanée et sans hésitation indique que les choses
sont très claires dans son esprit en entendant prononcer le mot
« engins », et cela laisse à nouveau supposer qu'il comprend exactement de quoi il est question dans cette conversation.*

BOB : — C'est exactement ce que je souhaitais. Sachez
que je ne veux pas briser les interdits ou gêner
qui que ce soit. Je crois que j'ai moi-même des
choses à proposer et j'aimerais participer. Et
pour être franc avec vous, je vous avouerai que
vous me paraissez être la seule personne en qui
je puisse avoir confiance pour me conseiller au
niveau actuel de mes recherches...

BRI : — MM-Mmh...

BOB : — ... du moins, d'après ce que je sais...

BRI : — Oui.

BOB : — ... et plus j'en sais, et plus je m'inquiète de la
façon dont il faudrait que je dispose de ce que je
sais.

BRI : — Le directeur adjoint du Département des
Sciences et Technologies de la CIA est actuellement Everett Hineman. En fait, il va bientôt
prendre sa retraite. En un sens, cela devrait le

rendre plus enclin au dialogue. Quand je l'ai connu, il y a entre sept et dix ans de cela, c'était quelqu'un d'extrêmement intègre et de grand bon sens. Aussi, je pense que pour débuter vos recherches, il serait opportun de le voir le premier. Parmi tous ceux qui ont autrefois travaillé pour les services de renseignement et qui y ont gardé des amitiés, il y a un contre-amiral, anciennement chef des Renseignements de la Marine, qui s'appelle Sumner Shapiro et qui a été vice-président de BDM. Je crois qu'il vient à peine de prendre sa retraite lui aussi.

Ce commentaire sur Hineman laisse entendre que quelqu'un serait prêt à faire des révélations sur toutes les activités secrètes dont nous parlons. Il me semble pertinent de redire ici que l'amiral sait parfaitement qu'il est en train de parler à un journaliste.

BOB : — VDM ?

BRI : — BDM. C'est une société installée dans la région de McLean... Oui, ses compétences sont remarquables, et son honnêteté également. En revanche, j'ignore complètement s'il a des connaissances dans les domaines qui vous intéressent, car cela fait des lustres que nous n'avons pas eu d'échanges. Enfin, voilà deux idées pour vous permettre de mener plus loin votre enquête. De plus, ces personnes ont le mérite de se trouver dans votre secteur. Et je pense qu'elles ont une chance d'être encore dans le coup, même si je ne sais pas ce qu'elles font à présent. En tout cas, moi, je suis hors circuit.

La BDM Corporation sponsorisait la conférence sur les mutilations d'animaux, organisée par le sénateur Harrison Schmitt en 1979.

BOB : — Pensez-vous que certains véhicules récupérés pourront faire l'objet, dans un proche avenir, de recherches technologiques ? En dehors des structures militaires, s'entend ?

BRI : — Encore une fois, très honnêtement, je ne peux pas vous répondre. Il y a dix ans, je vous aurais dit non. Mais les temps changent et provoquent le début d'une grande ouverture sur toutes ces questions. Alors, tout devient possible. Mais je le répète, M. Hineman est certainement la personne la plus capable de vous répondre.

Mon interlocuteur reconnaît que des « véhicules récupérés », auxquels je me référais auparavant sous le terme d'« engins », étaient déjà sous étude il y a dix ans, mais que les faits étaient totalement démentis : voilà qui confirme leur existence. « Grande ouverture » indique une possible révélation publique et confirme que le secret existait auparavant.

BOB : — O.K.

BRI : — Eh bien ! Je vous souhaite bonne chance.

BOB : — Merci. Ah ! Vous savez, Louis Cabot se passionne aussi pour tout ça...

BRI : — Parfait !

BOB : — ... notamment mes découvertes. Mais vous aurez de ses nouvelles.

BRI : — Bien ! C'est quelqu'un de chouette.

BOB : — Oui.

BRI : — Eh bien ! Je vous remercie.

BOB : — Non, c'est moi. Merci de m'avoir rappelé.

BRI : — Au revoir.

BOB : — Oui, au revoir.

LES LOIS DU SECRET NATIONAL

Mon entrevue avec Everett Hineman au quartier général de la CIA eut lieu le 10 août 1989 et dura quarante-cinq minutes au cours desquelles nous discutâmes de plusieurs projets relatifs au phénomène ovni. Une autre conversation, téléphonique cette fois, s'ensuivit le 1er septembre 1989 où j'appris qu'Hineman avait été en contact avec « quelques personnes » qui connaissaient bien le dossier Bob Lazar.

Le courrier que j'envoyai par la suite à l'amiral Inman me valut une réponse par téléphone de son adjoint (enregistrée sur bande magnétique) qui m'annonça que l'amiral considérait que le sujet qui me préoccupait tombait sous le coup des « lois du secret national », et qu'il me priait en conséquence de ne pas citer son nom sans son autorisation. Ces commentaires faisaient directement allusion à la lettre que j'avais adressée le 29 mars 1990 à l'amiral (il en est question très précisément sur l'enregistrement).

Dans son article, Johnson raconte qu'il a demandé à l'amiral Inman si, dans *Alien Liaison*, la citation sur les « véhicules récupérés » était exacte. « De quel genre de véhicules veut-il parler ? » demanda Inman, à quoi Johnson répondit que l'ouvrage tout entier était consacré aux « soucoupes volantes ». « C'est complètement hors du sujet », fit Inman. « Si je me souviens bien... c'est de véhicules *sous-marins* dont il était question dans notre entretien ».

En réponse à une lettre d'Armen Victorian, Inman avait affirmé : « N'ayant pas de connaissance particulière dans les domaines qui intéressent M. Oechslers (*sic*), je n'ai compris que tardivement au cours de notre entretien, qu'en fait ses recherches portaient sur les Objets volants non identifiés. » On est loin des « véhicules sous-marins » de l'article de Johnson ! On peut imaginer que Johnson se sera emberlificoté dans ses notes pour les avoir prises par écrit au lieu de les avoir enregistrées comme je le fais, ce qui lui aurait permis de les réécouter et d'y être fidèle... enfin, c'est ce que je crois savoir. Ou bien encore on peut penser que l'amiral aura menti à Johnson. Ce qui ne serait pas totalement absurde...

L'adjoint de l'amiral m'ayant laissé un message sur mon répondeur téléphonique, confirmant que toutes ces questions étaient couvertes par le « secret national », je suppose que ce seul fait pourrait pousser certaines personnes à raconter n'importe quel bobard, si nécessaire, pour noyer le poisson. Il ne faut pas oublier que lorsque Johnson conversa avec Inman, Shapiro et quelques autres, il laissa clairement entendre qu'il allait tout publier dans un article. Quand, à mon tour, je rencontrai ces mêmes personnes, mon but apparent était différent : je demandais des conseils — et non des secrets à divulguer.

LES PREUVES D'AUTHENTICITÉ

Pour établir les faits, de façon rapide et irréfutable, et ainsi répondre à mes détracteurs, j'ai obtenu que le docteur Bruce Maccabee, physicien de la Marine américaine, bien connu pour ses éminents travaux sur des cas d'apparitions d'ovnis, vérifie lui-même tous mes documents, preuves, signatures et enregistrements relatifs aux révélations que me fit l'amiral Inman. Dans son rapport officiel et signé de sa main, le docteur Maccabee déclare ce qui suit :

Après avoir écouté une conversation enregistrée sur bande magnétique et l'ayant comparée à sa retranscription (datée du 20 juillet 1989, cet enregistrement avait essentiellement pour but de consigner rapidement et fidèlement les propos d'une interview), j'ai pu vérifier que cette retranscription était parfaitement exacte et fidèle. Dans cette conversation, M. Oechsler sollicite des directives afin d'avoir accès à un véhicule ou engin récupéré. B.R. Inman reconnaît indirectement que le gouvernement américain a en sa possession ce genre d'engin et fournit les noms des personnes que M. Oechsler aurait intérêt à contacter et qui seraient les mieux placées pour l'aider dans cette quête.
J'ai aussi vérifié toute une correspondance, portant la signature de B.R. Inman, et dans laquelle celui-ci reconnaît, en date du 5 août 1991, que le problème dont il était question dans la conversation de référence concernait les « objets volants non identifiés ». Voir la citation reproduite à la fin de ce texte.
Ce 13 août 1991
Bruce S. Maccabee, docteur ès sciences
J'atteste par ma signature ci-dessus que ce document est authentique, exact et non déformé.
« N'ayant pas de connaissance particulière dans les domaines qui intéressent M. Oechslers, je n'ai compris que tardivement au cours de notre entretien, qu'en fait ses recherches portaient sur les objets volants non identifiés. »

Ces révélations confirmées de l'amiral Inman, selon lesquelles le gouvernement des États-Unis garderait secrètement en sa possession du matériel ovni, devraient éclairer d'un jour nouveau une autre question très controversée : le cas de Bob Lazar qui a fourni des preuves comme quoi il avait lui-même travaillé sur ce genre d'engin (voir *Alien Liaison*). La dernière fois que j'ai discuté avec Everett Hineman, j'ai eu l'impression que les affirmations de Lazar étaient vraies, mais mal interprétées. « J'aboutis à des conclusions différentes des vôtres », me dit-il. En fait, je n'avais proposé aucune conclusion, mais je suis persuadé à présent que Bob Lazar a servi, inconsciemment, d'instrument au sein d'un programme de diffusion d'informations touchant à l'implication du gouvernement américain dans cette affaire de quincaillerie extra-terrestre, ou, peut-être a été un rouage dans un projet plus élaboré d'information.

LE TEMPS DES DÉMENTIS

Si Jerold Johnson avait vraiment souhaité vérifier les documents que j'avançais dans *Alien Liaison*, il aurait dû au moins me contacter. S'il l'avait fait, il aurait obtenu tous les renseignements possibles sur ma façon d'aborder des personnages comme l'amiral Inman, surtout lorsqu'il s'agit de domaines censés rester ultra-secrets.

Si l'on s'en tient à ce qu'il nous raconte, lorsqu'il demanda à l'amiral si celui-ci avait bien effectivement suggéré les noms que je cite, la réponse immédiate fut pour le moins étrange : « Oui, en effet », fit Inman, « mais Oechsler a fait erreur en se présentant à ces personnages *sur ma recommandation*, car ce n'était pas le cas... Je n'ai fait que donner des noms qu'il pourrait éventuellement contacter ».

Il ressort de tout cela qu'Inman était évidemment au courant de l'existence de ces engins récupérés, mais qu'il avait perdu le contact avec ces histoires depuis sept ans. Et parce qu'il avait été lui-même le patron de M. Hineman, pendant qu'il était en poste à la CIA, il pouvait se permettre de proposer le nom d'Hineman comme celui de la personne la plus apte à répondre à mes questions sur la perspective d'une équipe de recherche affectée à l'étude de ces fameux engins. Inman précisa qu'il ne se sentait pas tout à fait qualifié pour discuter de ce que pourraient représenter de telles perspectives, car « à la vitesse à laquelle les choses changent dans ce domaine », son intellect ne suivait plus le mouvement. Les mots exacts que j'employai avec Hineman et Shapiro furent : « Bob Inman m'a suggéré l'idée de vous rencontrer. » Je n'ai jamais laissé entendre qu'Inman m'ait poussé à faire ceci ou cela avec insistance ou avec sa recommandation. Interrogé sur l'objet de ma demande de rendez-vous, j'annonçai qu'il s'agissait de SCI (*Sensitive Compartmented Information* : Information sensible secrète et compartimentée ★).

Il est intéressant de noter que Johnson déclare : « Nous (alors que personne d'autre que lui n'a encore été mentionné) appelâmes l'amiral Inman au téléphone, et il fut très cordial et très direct dans ses réponses à nos questions, elles-mêmes ciblées et sans ambiguïté. » Les réponses que fit Inman à Johnson, pourtant, étaient bien différentes de celles que je reçus de mon côté. On ne sait pas pourquoi, mais ces « interlocuteurs qui contrôlent la technologie de ces engins », les « véhicules récupérés » et autres « phénomènes » devinrent, comme par enchantement, des « véhicules sous-marins » ! Quant aux soucoupes volantes, ô horreur, elles étaient totalement hors du sujet.

DE L'ART DE DÉFORMER ET DE MAL INTERPRÉTER : APPLICATION AU « VOYAGE COSMIQUE »

Tout au long de son article-fleuve, Johnson ne cessa pas de contester chaque détail, même le plus infime, comme par exemple l'affaire des hélicoptères silencieux et discrets que nous avions empruntés pour nous rendre sur le terrain à Houston. Mes déclarations ne me paraissaient pourtant pas si extravagantes si l'on s'en tient à quelques récentes révélations faites au grand public sur la mise en service d'hélicoptères extrêmement sophistiqués, tels le TR-3A, le F-117A, l'avion furtif B-2, l'appareil espion *Aurora* encore à l'étude, sans compter un engin extraordinaire qui, paraît-il, défierait les lois de la physique — « comme une soucoupe volante » — et dont a parlé une équipe de tournage de la chaîne de télévision NBC lors d'un journal d'information (*Nightly News*) : cela se passait en 1992 dans le désert du Nevada[5].

Johnson passe complètement à côté de ce qui est dit dans *Alien Liaison*. Après avoir essayé de mettre en doute mes références professionnelles au sein de la NASA, il écrit sur un

---

★ C'est moi qui l'ai suggéré à Oechsler. (*N.d.É.*)

petit ton sarcastique : « On ne peut donc plus avoir confiance dans l'authenticité des sources de Timothy Good et c'est à ce moment-là qu'on en arrive au point culminant du livre, à savoir l'étrange et fantastique odyssée de Bob Oechsler (qui, comme chacun sait, voyage le plus souvent en hélicoptère silencieux et discret) au cœur d'un réseau des plus mystérieux et impénétrables où le gouvernement peut garder en réserve, étudier et utiliser tout à loisir et dans le plus grand secret « la technologie extra-terrestre », j'ai nommé le projet « Voyage cosmique ». Toutes les portes interdites s'ouvrent automatiquement devant M. Oechsler qui se contente pour cela d'émettre le « bip » l'identifiant comme « spécialiste de mission » auprès de Ringling Bros. and Barnum & Bailey... mais oui, vous y êtes, le cirque Barnum ! Ben, tiens !

« Avec les doutes qui s'imposent quant au bon jugement journalistique de Good, nous apprenons ensuite que Bob Oechsler s'empressa de rejoindre l'Organisation internationale Ringling Bros. and Barnum & Bailey, c'est Bob qui nous le raconte, du début novembre 1989 à la fin janvier 1990 ; il travailla pour eux en faisant la chasse aux aéronefs extra-terrestres. De fait, il aurait capturé un de ces engins en plus de son équipage qu'il aurait consigné dans un caisson cryogénique (page 199) dans l'idée d'effectuer par la suite des expositions itinéraires. »

Voilà le style typique de Johnson, fondé sur des distorsions caricaturales et des inventions de son cru. Le gouvernement n'a *jamais* utilisé le projet « Voyage cosmique » pour conserver, étudier ou expérimenter du matériel extra-terrestre. Je n'ai jamais usé de gadgets électroniques pour signaler mon identité et ouvrir des portes, et je n'ai jamais travaillé non plus au projet en « capturant des engins extra-terrestres ou leurs équipages ». En ce qui concerne d'éventuelles créatures venues de l'espace, j'ai été effectivement consulté sur l'utilité sociologique qu'une telle exhibition pourrait représenter. Pour les responsables du projet, mes connaissances en robotique étaient aussi précieuses, dans la perspective d'une exposition, que mes recherches ufologiques.

Avec l'état d'esprit que Johnson exprime dans ses articles, il n'est pas étonnant qu'il ait reçu quelques commentaires saignants de la part de certains responsables du « Voyage cosmique » : il s'est certainement sabordé auprès des uns et des autres, se coupant ainsi de toutes les opportunités qu'il aurait pu avoir de vérifier par lui-même toutes mes allégations. Par exemple, sa vision très personnelle de ma fulgurante rencontre avec un humanoïde à Dallas, était ainsi rédigée : « ... Une rencontre avec un présumé extra-terrestre au cours d'un cocktail mondain à Dallas, au Texas, avec l'équivalent d'une rixe de bar, mais au niveau exclusivement psychique, entre Oechsler et l'entité au regard félin ; ajoutez à cela que Bob en prend plein son museau pour pas un centime, jusqu'à ce que sa petite amie [enfin un nom : Melanie King] intervienne et chasse l'intrus indélicat, sacré E.T., va ! [Si, si, c'est comme je vous le dis : la preuve, c'est écrit dans le livre...] Nous sommes soulagés d'apprendre, aux dernières nouvelles, que Bob Oechsler s'est bien remis de ses blessures psychiques, surtout après une si terrible altercation... »

Je n'ai pas été victime d'une bagarre, mais d'un viol de mon cerveau. Melanie King n'est pas intervenue pour pourfendre un extra-terrestre, et son nom fait partie de toute une liste de gens que je cite. En fait, un seul nom a été maintenu dans le chapitre « Voyage cosmique », celui du général du Pentagone (nom désormais connu de plusieurs chercheurs ; ce général a nié m'avoir jamais rencontré). On peut vraiment se demander si Johnson n'aurait pas en fait lu un autre livre, ou peut-être était-il payé pour déboulonner systématiquement tout ce qui avait été écrit dans *Alien Liaison* ?

UNE CAMPAGNE DE DISCRÉDIT

Il me semble important de souligner qu'Henry Azadehdel (alias le docteur Alan Jones, le docteur Armen Victorian, et j'en passe...) a fait suffisamment savoir à différents chercheurs qu'il n'hésiterait pas, et autant que cela serait nécessaire, à discréditer Timothy Good comme ufologue. Aussi n'y a-t-il rien de surprenant à ce qu'il dépensât beaucoup d'énergie à repérer toutes les failles dans *Alien Liaison*. Mais la suite des événements est assez fascinante car, grâce à ce zèle admirable, il est, en fait, parvenu à faire en sorte que l'amiral Inman reconnaisse que le sujet sur lequel portait notre conversation enregistrée était bel et bien les « objets volants non identifiés ». Comme il fallait s'y attendre, Victorian essaya alors de brouiller les pistes avec d'incroyables acrobaties sémantiques.

Dans son article du mois d'août 1989, Victorian prétend que Tim se trouvait chez moi le 20 juillet 1989, au moment du fameux entretien avec Inman. En fait, Tim se trouvait alors chez lui, en Grande-Bretagne. Le crédit substantiel dont Victorian doit disposer pour ses appels longue distance lui a permis de passer d'innombrables coups de fil aux États-Unis. L'un d'eux était adressé à John Dingley, que j'avais rencontré lors d'une conférence à Chicago et à qui j'avais confié une copie de ma cassette enregistrée d'Inman. Dingley me rappela aussitôt après, et m'apprit que Victorian lui avait demandé si le sujet des ovnis avait été abordé sur cette cassette. Dingley répondit que non, mais qu'il croyait fermement que c'était le sujet même de cette conversation.

Victorian cite une lettre que lui avait envoyée l'amiral Inman, datée du 5 août 1991, et qui commence ainsi : « En réponse à votre lettre du 2 août 1991 me demandant un "dernier éclaircissement" relatif à mon entretien avec M. Oechler (*sic*), je vous prie de prendre note de ceci : 1. Je reçois des centaines de cartes de visite chaque année provenant d'individus qui se présentent tous sous des dehors très officiels. Je ne me souviens pas en avoir reçu de M. Oechler avant notre premier entretien téléphonique... »

Si cela avait été le cas, pourquoi alors l'amiral avait-il déclaré : « Oui, en effet, je m'en souviens, merci », après que je lui eus brièvement rappelé où nous nous étions tout d'abord rencontrés ?

Dans le second paragraphe, Inman continue par ces mots : « Je n'ai jamais entendu parler d'une organisation qui s'appellerait MJ-12 et il ne me semble pas que dans nos échanges quoi que ce soit ait pu me faire penser que M. Oechler cherchait des informations sur une organisation de ce genre... » Il est vrai que je n'ai jamais soulevé la question de MJ-12 au cours de notre conversation téléphonique. Mais ça avait été le seul sujet abordé lors de notre toute première brève rencontre et, apparemment, au téléphone, il s'en souvenait : « Oui, en effet,... » J'ai le sentiment qu'Inman essaie d'esquiver les projectiles, mais dans le même temps, on dirait qu'il se sape lui-même par la base lorsqu'il admet que : « Je n'ai compris que tardivement au cours de notre entretien qu'en fait ses recherches portaient sur les objets volants non identifiés. » Rien de surprenant à cela car, en effet, c'est bien vers la fin de notre conversation que je commençai à le questionner sur des dialogues avec des interlocuteurs qui contrôlent la technologie des engins, ou même un peu plus tard lorsque je lui demandai son avis sur les perspectives possibles d'une équipe civile de recherche ayant accès à un véhicule récupéré. Je suppose que j'aurais dû prononcer le mot « disque », alors il est probable que toute cette controverse n'aurait jamais vu le jour.

Dans la même lettre à Victorian, Inman affirme qu'« en vingt-deux ans d'activité dans les services de renseignement, je n'ai jamais été confronté à aucune preuve crédible de l'existence d'extra-terrestres ou d'entités, individus, engins, véhicules ou créatures interplanétaires... » Cela sent le message convenu, typique des personnages en place dans la hiérarchie, comme lui, mais ces assertions péremptoires sont contredites par le fait qu'il utilise les mêmes mots que ceux qui ont émaillé notre fameuse conversation.

Dans les paragraphes où il donne ses conclusions, Inman se réfère à une entrevue qu'il eut avec le contre-amiral en retraite Sumner Shapiro. « Le contre-amiral en retraite Sumner Shapiro m'informa que M. "Oechler" déformait complètement et la nature et le contenu des propos que nous avions échangés », écrivit-il. « Je demeure persuadé qu'il y a détournement manifeste dans l'interprétation de mes paroles et celles du contre-amiral en retraite Shapiro, aussi suis-je dans l'obligation de réfuter la totalité des histoires et des conclusions que ses écrits véhiculent. »

Le 3 août 1991, Victorian appela Shapiro au téléphone pour lui demander s'il m'avait jamais rencontré. « C'est lui qui prétend cela », répliqua-t-il aussitôt. La question ayant été réitérée, Shapiro ajouta cependant : « On ne s'est rencontré qu'à une seule occasion et j'ai bien vu que j'avais affaire à un escroc. Il m'avait arraché un rendez-vous sous un prétexte fallacieux, et je le quittai presque immédiatement. Je ne l'ai jamais vu dans un restaurant... » J'ai peine à croire qu'une recommandation d'Inman puisse passer pour un « prétexte fallacieux », et il n'en reste pas moins que mon premier rendez-vous avec Shapiro se déroula *effectivement* dans un restaurant (en Virginie), et le deuxième à sa résidence privée. Ce dernier eut lieu d'ailleurs juste après une de ces visites quotidiennes qu'apparemment Shapiro rendait au Pentagone, ce qui confirme l'affirmation d'Inman selon laquelle l'ancien directeur des services de renseignement de la Marine, même à la retraite, restait en contact étroit avec son passé.

Au cours d'une conversation téléphonique avec Johnson, le 8 juin 1991, Shapiro nia tous les commentaires qu'il m'a faits concernant les véhicules extra-terrestres. « Tout cela ne tient pas debout. Je ne lui ai laissé aucune raison de croire que j'avais de quelconques connaissances dans les domaines dont il parlait », dit-il. « J'ai pensé que le type était complètement toqué... J'ai même dû lui demander à un moment : "Mais de quoi s'agit-il ? De quoi parlez-vous ?" Puis Oechsler sortit de sa sacoche une chose triangulaire en plastique avec, à l'intérieur, un machin qui ressemblait à une tête réduite, de forme également triangulaire, comme on représente certains hommes de l'espace... il ne m'a pas fallu longtemps pour le prier de me laisser. »

Voyons les choses comme elles sont : il était évident que Shapiro n'avait pas discuté avec Inman sur ce qui m'amenait à cette entrevue. Pour tenter d'établir un lien entre le matériel technologique et son origine non humaine, au même titre qu'on tend à un interlocuteur sa carte de visite afin de faciliter les échanges, j'avais présenté un petit hologramme comme on en vend dans le commerce et qui reproduisait l'image d'une tête d'extra-terrestre. Shapiro en fut visiblement assez troublé, et se mit à arpenter son salon en exprimant son désappointement pour n'avoir pas pu joindre Inman qui lui aurait alors confirmé si, oui ou non, il m'avait envoyé à lui ; et il s'étonnait de ce qu'Inman ne m'ait pas dirigé sur l'actuel chef des services de renseignement de la Marine ! Il décida d'abréger l'entretien, pensant que je ne me trouvais là que pour de très mauvaises raisons.

Pourquoi le contre-amiral Shapiro considère-t-il mes références comme une totale imposture, alors que n'importe qui pourrait vérifier par lui-même que je suis cité dans différents *Who's Who* comme expert en robotique, que j'ai fait de nombreux communiqués devant la Chambre de commerce au grand complet, et que j'ai donné des conférences à l'Institut Franklin sur la robotique ?

Victorian et Johnson ont discuté avec Robert Kirchgessner, directeur du *Special Development Group* (Société de développement de techniques spéciales) financé par Kenneth Feld, qui, comme c'est curieux, est justement propriétaire du cirque Barnum (*Ringling Bros. and Barnum & Bailey Circus*), des *Ice Capades* (spectacle sur glace) et de plusieurs autres grands spectacles itinérants. Le sujet de ces conversations fut, bien évidemment, mes rapports avec le fameux projet « Voyage cosmique ». Kirchgessner dit à Johnson que mon implication s'était limitée à une seule et unique rencontre à Orlando. « On l'a appelé une fois pour discuter avec lui de l'aspect "extra-terrestre" du projet », déclara Kirchgessner. « Je l'ai vu une fois à Orlando mais on a compris que son éventuelle contribution au projet ne correspondait pas à ce que nous recherchions. »

Voilà qui nous éloigne de la vérité, bien sûr. Ces dénégations ne s'arrêtèrent pas là, car bien d'autres personnes qui avaient été contactées par des journalistes (dont une porte-parole de la NASA affectée au Centre spatial Johnson) ont ainsi démoli toutes les informations sensationnelles contenues dans le chapitre d'*Alien Liaison* sur le « Voyage cosmique », en faisant appel parfois à la tactique de discrédit qui consiste à se livrer à des attaques personnelles. L'espace me manque ici pour entrer dans les détails. Mais disons simplement que les journalistes avaient la possibilité de me soutenir (dans une certaine mesure) dans l'approche de ce projet. La réponse et son interprétation dont ils ont hérité ne servent à exprimer qu'une chose : il est bien difficile de distinguer la moindre petite flamme dans toute cette fumée. Mais la fumée vient bien de quelque part, si je ne m'abuse...

Pourquoi un si grand nombre de gens tiendraient-ils tellement à garder un secret — surtout de cette importance — et pourquoi s'emploient-ils avec autant de zèle à discréditer tout messager qui s'en ferait le héraut ? Dans le cas de l'amiral Inman, si le sujet de notre conversation n'avait pas concerné des ovnis mais plutôt des véhicules sous-marins quelconques, qu'on aurait par exemple récupérés en grande quantité, comme le suggère Johnson, alors pourquoi tous ces mystères ? Rappelez-vous aussi que je conserve précieusement sur une bande magnétique un message de l'adjoint de l'amiral, Tom King, qui me précise sans circonlocutions que les questions que je soulève tombent sous le coup des lois du secret national.

Les commentaires désobligeants du personnel affecté au projet « Voyage cosmique », ainsi que les dénégations des principaux interlocuteurs de toutes ces conversations, ne laissent pas de me déconcerter, je dois en convenir. Pourtant, les preuves dont je dispose n'ont rien d'extraordinaire : une cassette vidéo du projet, des cassettes audio sur lesquelles sont enregistrées les conversations, et les témoignages ultérieurs de gens qui attestent tout ce que j'avance. Par exemple, plusieurs chercheurs ont participé à l'établissement de l'authentification de la chambre de microgravitation que j'ai visitée à côté de Houston. Lucius Farish a eu déjà connaissance, il y a plus de dix ans, et grâce à des personnes dignes de foi, de ces projets de microgravitation. Et Ron Madeley, de Houston, a travaillé personnellement avec un spécialiste de la création de structures comme celle que j'ai pu visiter. Je n'ai seulement jamais rencontré Ron Madeley et je n'ai entendu parler de lui qu'après la publication d'*Alien Liaison*.

L'histoire a mis longtemps, au point de friser le ridicule, pour admettre enfin que la Terre était ronde et qu'elle n'était pas le centre de l'univers. Toutes les batailles rangées que nous venons d'évoquer ne tiennent que par un postulat, à savoir que quelques-uns croient à l'existence de formes vivantes non humaines, et d'autres pas. Et il semblerait qu'aucune preuve, de quelque nature qu'elle fût, ne puisse jamais convaincre les récalcitrants que quelque chose, sous une forme ou sous une autre, existe, même si cela leur sautait à la figure. Que voulez-vous, c'est un mécanisme humain primaire d'autoprotection. C'est peut-être une sauvegarde, mais c'est surtout une limitation de vitesse dans l'évolution du mental humain. Combien de temps faudra-t-il encore pour briser ce type de barrières — et effectuer le bond en avant dont nous avons tant besoin ? Le moment ne serait-il pas venu de passer à un plus haut degré de conscience ? Sommes-nous seulement capables de faire le saut ? Seul l'avenir le dira.

Notes

1. *Mufon UFO Journal*, n° 279, juillet 1991, édité par le Mutual UFO Network (Réseau international d'échanges d'informations sur les ovnis), 103 Oldtowne Road, Seguin, Texas 78155-4099.
2. *Op. cit.*, n° 285, janvier 1992.
3. Dalrymple, William : «Raiders of the Lost Orchids» (Les Conquérants des orchidées perdues), dans *The Independant Magazine*, Londres, 19 août 1989. Dans un très long article, Dalrymple raconte qu'Azadehdel a été condamné par la Cour d'Old Bailey, en juin 1989, à douze mois de prison et à vingt mille livres sterling d'amende, pour contrebande d'orchidées rares. A la Cour d'appel, en juillet, il fut convenu que la peine avait été trop sévère et qu'elle se réduirait à six mois au lieu de douze. Finalement, Azadehdel ne purgea que six semaines à la prison de Pentonville, à Londres.
4. Oechsler, Bob, avec Regimenti, Debby : *The Chesapeake Connection : An Implication of Corporate Involvement in the Cover-Up* (La Liaison Chesapeake : comment la société garde ses secrets), 1989, The Annapolis Research & Study Group, 136 Oakwood Road, Edgewater, Maryland 21037.
5. Chaîne de télévision NBC : les informations sur *Nightly News* du 20 avril 1992.

Note de l'Éditeur

Le 4 décembre 1991 j'ai écrit à l'amiral Inman ce qui suit (extrait) :

«... Lorsque l'occasion se présente de publier l'étonnante confirmation d'une réalité, grâce à deux anciens directeurs réputés des services de renseignement, je ne m'en prive pas. De plus, j'ai décidé de publier tous mes documents relatifs au projet "Voyage cosmique" parce que, comme vous l'aurez sûrement lu dans le dernier chapitre, j'ai été moi-même contacté par les responsables de ce projet pour participer à ce qui, plus tard, se révélera être une éventuelle exposition de véhicule et/ou de corps extra-terrestre (c'est Bob Oechsler qui me mit au courant, aussi l'ai-je tout de suite recommandé sur le projet). Quand j'appris que le projet avait été rangé dans un placard, je résolus de publier quand même, en espérant que cela activerait les ouvertures et les révélations sur toutes ces questions si controversées.

«En ce qui concerne vos commentaires adressés au soi-disant "docteur" Victorian... selon lesquels j'avais complètement dénaturé vos propos et ceux du contre-amiral Shapiro, j'aimerais beaucoup inclure ces dénégations dans mon livre lors d'une prochaine édition — surtout américaine si j'ai cette opportunité. M'y autorisez-vous ?»

A ce jour, je n'ai reçu aucune réponse.

Quant au fameux projet « Voyage cosmique », j'ai maintes fois essayé d'en savoir plus, toujours sans succès. En juin 1991, par exemple, j'ai pu obtenir un rendez-vous avec le colonel Simon Pete Worden, du Conseil national de l'espace dans l'Old Executive Office Building qui jouxte la Maison-Blanche. Mais je n'ai rien pu apprendre de nouveau durant notre bref entretien. En février 1992, j'ai écrit au vice-président Dan Quayle, alors président du Conseil national de l'espace, pour lui poser des questions sur l'état du projet et l'idée d'exposer « un véritable véhicule et/ou un véritable être extra-terrestre », (je citai au passage le nom du général qui avait confié ce renseignement à Bob Oechsler), et lui demander s'il était prévu que l'exposition « Voyage cosmique » participe à l'Exposition universelle de Séville, en Espagne, « Expo 92 », qui avait annoncé avec tambours et trompettes « les technologies de demain... de nouvelles formes de vie... etc. » Je reçus une lettre de Jack Schmid, coordinateur des expositions à la NASA, datée du 8 avril 1992, et qui me dit ceci (extrait) :

« En réponse à votre lettre au vice-président Dan Quayle, demandant des informations sur l'état actuel du "Voyage cosmique", une très importante exposition itinérante est à l'étude dans les bureaux des Productions Kenneth Feld.

« Il était prévu que cette manifestation participerait à Expo 92 à Séville, en Espagne, mais les négociations entre les Productions Feld et un groupe d'investisseurs espagnols ont échoué. Actuellement, ce projet est donc annulé.

« La maquette de la navette spatiale, grandeur nature, qui avait été construite pour cette exposition, est à présent en permanence au Centre spatial de Cap Kennedy, où le public peut la visiter... En dehors de ces renseignements, je ne suis au courant d'aucun des projets que la société Feld pourrait avoir à cet égard... »

De toute évidence, il est impossible de trouver ici la moindre confirmation d'une éventuelle exposition de matériel extra-terrestre, mais aucune dénégation non plus. Il faut croire que les choses doivent en rester là, pour le moment, du moins jusqu'à ce que les gens de pouvoir décident que c'est le bon moment pour offrir au public les preuves irréfutables, etc. En attendant, je me range aux côtés de Bob Oechsler et de ses déclarations.

13

Existe-t-il une base extra-terrestre à Porto Rico ?

Jorge Martin

Jorge Martin est un chercheur portoricain de grand renom. Il édite le mensuel *Enigma !* sur les ovnis et les phénomènes paranormaux en général. Il a personnellement enquêté, depuis 1975, sur des centaines de cas relatifs à l'apparition d'ovnis sur l'île de Porto Rico et il est l'auteur de très nombreux articles et rapports sur ces questions dans la presse aussi bien portoricaine qu'internationale.

Jorge a rédigé deux articles pour les *UFO Reports* concernant des observations d'ovnis par des avions militaires, de prétendus « enlèvements » par les extra-terrestres d'appareils de la Marine américaine, et des rencontres, dans la région de Cabo Roja, avec des êtres venus d'ailleurs. Plusieurs de ses comptes rendus ont été également publiés dans *Alien Liaison*. Je me suis moi-même rendu à Porto Rico pour m'entretenir avec les principaux témoins et en suis revenu convaincu que des incidents de nature absolument fantastique s'y sont bel et bien produits.

Depuis 1987, l'île de Porto Rico, territoire sous domination américaine au cœur des Caraïbes (ou comme on disait autrefois, dans les « Indes occidentales »), a connu une vague d'ovnis des plus mémorables. Pour rédiger cet article, je me suis surtout attaché aux événements survenus dans la région du sud-ouest de l'île, principalement autour des villes de Cabo Rojo et Lajas, et plus précisément dans le secteur de la Laguna Cartagena (une lagune de plusieurs kilomètres de circonférence, située à la limite de ces deux villes) et de la Sierra Bermeja (petite chaîne montagneuse qui jouxte la

Laguna Cartagena). Les incidents qui s'y sont déroulés sembleraient indiquer qu'il existe une base à la fois extra-terrestre et américaine, au sol, et sous-marine.

DES ÉVÉNEMENTS INSOLITES

Le 31 mai 1987, à 13 h 55, des milliers d'habitants de la partie sud-ouest de Porto Rico furent ébranlés par une forte secousse accompagnée du bruit d'une énorme explosion qui semblait provenir du sous-sol. La presse se fit aussitôt l'écho du « tremblement de terre », et rapporta divers témoignages de gens vivant à Cabo Rojo, Lajas et Mayagüez et qui racontèrent comment la terre avait donné de prodigieux coups de boutoir jusqu'au moment où tout le monde entendit l'explosion qui fit se fissurer les murs des maisons. Tout d'abord, l'épicentre de la secousse fut situé par les Services sismologiques de Porto Rico à plus de vingt-cinq mètres sous la Laguna Cartagena, c'est-à-dire entre les villes de Lajas et Cabo Rojo. Le lendemain, ces données avaient changé. Les sismologues annoncèrent que l'épicentre se trouvait au large, en mer, à l'ouest de Porto Rico, dans la Passe de Mona.

En même temps que ce « tremblement de terre », il se produisit bien d'autres incidents ce jour-là et les suivants. Mais de ces derniers, on ne parla pas dans la presse et nos investigations ne laissèrent pas de nous convaincre que, derrière tout cela, une composante de nature mystérieuse avait échappé à l'observateur trop pressé. Le lendemain de ce chambardement officiel, autrement dit le dimanche 1er juin 1987 vers 22 heures, un énorme objet volant non identifié apparut au-dessus de la Laguna Cartagena. Tout comme notre ami Wilson Sosa, qui a lui-même observé de multiples phénomènes des plus curieux dans cette région de la Laguna Cartagena, nombreux furent les témoins qui purent contempler un objet incroyable, immobile dans le ciel, au-dessus des maisons de la commune de Betances. « Je regardais en direction de la Sierra Bermeja et de la lagune quand, tout à coup, j'aperçus deux énormes étoiles, ou lumières, très brillantes qui descendaient lentement côte à côte », raconta Wilson Sosa.

« J'ai appelé ma femme et attrapé mes jumelles. Les

PORTO RICO

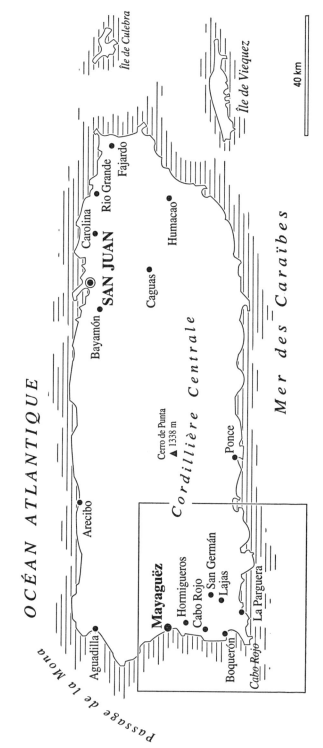

RÉGION SUD-OUEST DE PORTO RICO
Localisation des lieux d'information et de rencontre *(Tania Long)*

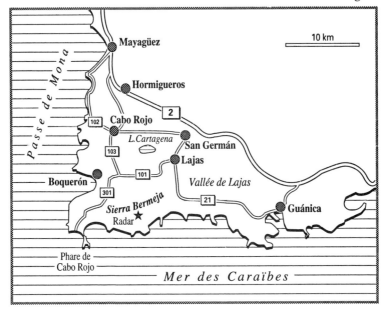

lumières se trouvaient à l'extrémité de quelque chose d'immense qui avait l'allure d'un gigantesque tuyau, argenté comme du métal. C'était cylindrique, avec deux grosses boules lumineuses de couleur bleu verdâtre à chaque bout. Sous le ventre de l'objet, il y avait quelque chose, comme une espèce de lampe tournoyante, dans les tons rouges. »

Mme Rosa Acosta, une habitante de la commune, témoigna en ces termes :

Cela avait vraiment des dimensions phénoménales. On voyait ça à des kilomètres de distance et ça devait mesurer une quinzaine de centimètres sur mon bras tendu... C'était incroyable ! La chose est descendue et s'est immobilisée en plein ciel au-dessus de la Laguna Cartagena. Puis, au bout d'un quart d'heure, elle est repartie et a disparu vers le sud, derrière la Sierra Bermeja.

Remarquez, ce n'est pas nouveau. Ce genre de lumière et d'objet mystérieux, c'est assez courant, et cela depuis des années, surtout dans ce secteur. Il y a des fois où, me prélassant tranquillement dans mon hamac sur la terrasse, tout à coup une lumière intense me tombe dessus ! alors, je regarde d'où ça peut venir et immanquablement il y a un de ces trucs — avec une vague forme de soucoupe volante — qui se trouve là, juste au-dessus de moi et qui m'éclaire d'une lumière blanche aveuglante. Ça, c'est arrivé au moins deux fois. Pourquoi font-ils ça, je n'en sais fichtre rien... Et pourquoi moi ?

Mme Haydée Alvarez, une voisine que nous avons également interrogée, nous raconta « qu'il y avait comme deux grosses étoiles de la taille d'un demi-dollar, reliées par un long tuyau volumineux, avec des tas de lumière par en dessous ».

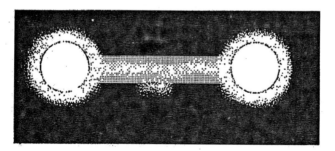

Fig. 2

Carlitos Muñoz, un jeune homme présent durant ces interviews, expliqua que toute sa famille avait pu observer l'objet pendant un bon moment. « Une nuit, il y a de cela un an », commença-t-il, « tout le monde à la maison a vu une très grosse "plate-forme" — un machin insensé qui est descendu du ciel et qui s'est immobilisé en l'air au-dessus de la Laguna Cartagena. Elle avait des lumières très brillantes jaunes et vertes, et du ventre de la plate-forme sortaient de nombreux objets lumineux de dimensions plus réduites et qui partaient dans toutes les directions. Il y eut un incessant ballet autour de cette chose. Au bout de quelques minutes, les allées et venues cessèrent, les petits objets retournèrent dans la plate-forme qui repartit et disparut à l'horizon. Mais, vous savez, ça arrive souvent... et toujours au-dessus de la Sierra Bermeja et de la Laguna Cartagena. »

De nombreuses personnes appelèrent les stations de radio régionales pour raconter qu'un énorme ovni avait survolé la lagune. Le plus étonnant de l'histoire fut que ces objets revinrent les deux nuits suivantes, en obéissant toujours au même scénario : immobilisation de quelques minutes au-dessus de la lagune, à environ 160 mètres d'altitude, puis éloignement rapide et disparition.

DES CERCLES ÉTRANGES ET DES RAYONS X PEU ORDINAIRES

Intrigués par ces témoignages signalant que, quand les objets volants repartaient, c'était toujours du côté de la Sierra Bermeja, au pied de laquelle se trouvait la Laguna Cartagena, nous nous rendîmes à Olivares, sur la commune de Lajas, tout près de la station de « La Parguera ». Pendant nos investigations, nous fîmes une découverte inattendue : plusieurs cercles parfaits et très clairement tracés, comme avec un couteau, au beau milieu d'un champ près de la Sierra Bermeja.

La plupart de ces cercles avaient un peu plus de onze mètres de diamètres et leur tracé, d'un mètre de largeur, avait fait place nette du moindre brin d'herbe, comme si on avait brûlé le sol qui s'était durci. Toute la végétation alentour était desséchée et morte.

A l'enquête, tous les habitants du secteur admirent avoir été surpris par la présence de ces cercles, n'ayant jamais vu de choses semblables auparavant. On aurait dit que ces ronds avaient été tracés durant la nuit précédente. Les gens d'ici se couchent de bonne heure ; aussi furent-ils bien incapables d'expliquer comment ces cercles avaient pu se former. Mais tout le monde affirma que pendant plusieurs nuits, à partir de celle où eut lieu le fameux « tremblement de terre », ils ont pu observer « d'étranges lumières en plus d'un tout petit objet couvert de lumières colorées et qui flottait dans le ciel au-dessus de la Sierra Bermeja en direction de Cabo Rojo et de la Laguna Cartagena, puis qui disparut de l'autre côté de la Sierra ». Toutes ces descriptions étaient similaires à celles des témoins situés sur l'autre versant de la Sierra.

Roosevelt Acosta, son frère Heriberto et quelques amis s'exprimèrent de la même façon et, de plus, affirmèrent qu'à plusieurs reprises, des voisins avaient vu d'étranges petits êtres qui semblaient phosphorescents et qui disparurent aussitôt que les témoins les aperçurent.

Une autre fois, Mme Dolin Acosta, habitant également la région d'Olivares, se tenait sur son balcon, lorsque tout à coup, une lumière venue d'en haut plongea littéralement sur elle :

C'était une violente lumière blanche, et elle venait du dessus de mon balcon. Dans le toit du balcon, il y a un trou et ça m'a permis de voir une espèce de grosse boule de lumière, et un faisceau lumineux en sortait pour venir m'éclairer. Quand je me suis regardée, je n'en ai pas cru mes yeux — je voyais mon squelette ! C'était comme si j'étais passée aux rayons X. Je pouvais compter les os de mes doigts, de mes bras, de tout le reste de mon corps... et même de mes orteils ! Ce truc était là-haut et j'entendais le léger bruit qu'il faisait, un peu comme de l'air comprimé qui s'échappe par intervalles, dans le genre « psss... psss... psss ». Et puis, il est reparti, mais pendant encore plusieurs minutes, je me suis encore vue en transparence, comme je vous l'ai dit. Ma sœur Eunice est sortie de sa chambre pour savoir d'où venait cette violente lumière, et *toutes les deux*, nous nous sommes vues comme à la radioscopie ! Quand j'ai regardé ma sœur, elle n'avait pas d'yeux : il n'y avait rien dans ses orbites, et elle voyait la même chose sur moi. Après environ cinq minutes, tout est rentré dans l'ordre.

238

Ni Dolin ni sa sœur ne subirent de séquelles de quelque nature que ce soit, après cette aventure.

Pour en revenir à ces fameux cercles, Fidel Avilés, le propriétaire du champ où ils étaient apparus, nous confia : « Je vis ici depuis quarante ans et je n'ai jamais rien vu de semblable. Ces cercles sont apparus là, l'autre nuit, après l'explosion et la secousse qu'on a ressenties ici. »

Avilés possède un petit magasin d'alimentation à Olivares, et trois autres cercles étaient apparus juste dans l'arrière-cour de sa boutique, le même matin. Son fils, Fillo, qui s'occupe du magasin, raconte que ce matin-là, un jeune homme était entré pour lui expliquer, avec des tremblements nerveux dans la voix, qu'il campait avec quelques camarades un peu plus loin sur la route et qu'en faisant une promenade à motocyclette vers les 3 heures du matin, il était passé devant le magasin : c'est là qu'il avait aperçu trois étranges objets lumineux qui se tenaient au-dessus du sol juste dans l'arrière-cour. Selon les dires de ce jeune campeur, les choses lumineuses étaient rondes, silencieuses et ressemblaient à des assiettes retournées, avec un faisceau de lumière jaune très brillant qui en sortait. Effrayé, il s'est immédiatement éloigné de l'endroit.

D'abord, il y eut huit cercles, mais deux jours plus tard il y en avait douze. Intrigués, nous discutâmes de ces phénomènes avec nos amis le capitaine Luis Irizarry, pilote de grande expérience, et Julio Cesar Rivera, aspirant pilote, qui acceptèrent de nous prendre à bord de leur appareil pour un vol de reconnaissance au-dessus de la région. Et quel ne fut pas notre étonnement de constater qu'il existait trente-huit cercles du même genre dans ce secteur ! Ils étaient tous tracés de façon symétrique, par paires. Quelques jours plus tard, nous allâmes prélever des échantillons de terre aux emplacements où il y avait des cercles afin de les envoyer au laboratoire du Développement agricole (*Agricultural Extension Programme*) à Mayagüez, une grosse agglomération près de Cabo Rojo : nous désirions savoir si un certain type de champignon retrouvé sur ces emplacements aurait pu être responsable de la formation de ces cercles. L'analyse cytologique confirma que c'était absolument impossible, mais que le pH (concentration en ions d'hydrogène) du sol prélevé avait changé. Les échantillons pris en dehors ou à l'intérieur des cercles ne présentaient, en revanche, rien d'anormal.

Mais là ne s'arrêta pas la liste des événements insolites qui suivirent le « tremblement de terre ». C'est ce que nous allons voir à présent.

UNE FUMÉE BLEUE ET D'ÉTRANGES PERSONNAGES DANS LA LAGUNA CARTAGENA

Plusieurs habitants de la région de Maguayo, près de la Laguna Cartagena, rapportèrent que, la nuit précédant l'explosion et la secousse du 31 mai 1987, ils aperçurent une étrange « boule de feu rouge » planant au-dessus de la lagune ; puis cette boule commença à descendre avec une lenteur de toute évidence contrôlée et un vrombissement sourd. Elle disparut tout doucement dans les eaux de la lagune. A 2 heures du matin, de nombreux habitants furent réveillés par une violente lueur blanche qui pénétrait à travers toutes les ouvertures des maisons. Intrigués, les gens sortirent pour voir ce que c'était et virent alors un énorme engin, dans le style des soucoupes volantes, qui glissait à basse altitude au-dessus de la lagune, comme s'il était à la recherche de quelque chose. Selon un des témoins, l'engin était entièrement recouvert d'une lumière blanche très brillante et il effectuait lentement de grands cercles au-dessus de la région. Au bout de deux minutes, il s'éloigna et disparut rapidement dans le ciel.

Le jour suivant, à 13 h 55, il y eut la fameuse secousse puis l'explosion. Il faut se rappeler que l'épicentre fut d'abord situé, par les autorités compétentes, à plus de vingt-cinq mètres de profondeur sous la Laguna Cartagena. Mais que s'est-il passé exactement ? On sait qu'un objet non identifié a été observé en train de plonger dans la lagune, un autre ovni a aussi été repéré tardivement dans la nuit comme s'il cherchait quelque chose, et le jour suivant, une explosion se produisit qui secoua toute la région.

Après la secousse, plusieurs grandes fissures sont apparues à divers endroits de Lajas et Cabo Rojo, et beaucoup de gens affirmèrent qu'une fumée d'un bleu cobalt éclatant était sortie avec violence de ces crevasses. Pedro Ascensio Vargas, enseignant vivant dans le quartier La 22 de Llanos Tuna, à Cabo Rojo, nous raconta ceci :

J'ai bien vu que des craquelures étaient apparues dans le sol de mon jardin — et puis cette fumée bleue, ça m'a complètement angoissé. Des gens appartenant au Collège d'agriculture et d'arts appliqués de Mayagüez (qui dépend de l'université de Porto Rico, elle-même spécialisée pour former des ingénieurs et des agriculteurs) sont venus pour étudier les faits mais, très curieusement, ils ont refusé de prendre des échantillons de résidus de cette fumée bleue, ou même un peu de cette poudre qui restait sur les végétaux. J'ai trouvé cela bizarre car, après tout, ils étaient venus ici pour enquêter sur ce qui était arrivé. Pourquoi ne voulaient-ils pas prélever des échantillons pour les analyser ? Je n'y comprends rien.

Cette fumée d'un bleu rutilant sortait aussi de la Laguna Cartagena, si l'on en croit certains témoins. Carlos (Carlencho) Medina, ainsi que d'autres résidents de Maguayo, affirmèrent qu'après l'explosion, de la fumée bleue s'échappa de la lagune (une fumée qui n'a rien à voir avec une activité volcanique ou sismique), et pour éloigner les curieux, l'endroit fut quadrillé et isolé avec l'aide d'un détachement de personnages non identifiés. Certains de ces hommes étaient vêtus de tenues de camouflage de l'armée, tandis que d'autres portaient soit des costumes civils, soit des combinaisons blanches, de la tête aux pieds, comme pour des opérations de décontamination. Ces derniers avaient en plus des gants épais gris foncé et des bottes, et ils prélevaient des échantillons d'eau, de boue, de terre et de végétation dans la lagune, qu'ils entreposaient ensuite dans de grands bidons transparents. Selon les témoins, ils utilisaient des sortes de radios qui leur permettaient de communiquer avec quelque chose au fond de l'eau. Leur description de cette espèce de « radio » nous a rappelé celle des compteurs Geiger.

Les militaires formaient un cordon de police : ils prétendirent que du personnel spécialisé était sur le terrain pour déterminer ce qui s'était exactement produit et que la zone restait interdite à tout le monde. Medina et quelques autres personnes nous révélèrent que le jour suivant, un hélicoptère de l'armée, vert foncé, sans numéro d'identification, survola les environs, et une grosse boule métallique, avec ce qui paraissait être un équipement électronique, fut plongée dans l'eau au bout d'un très long filin métallique, telle une sonde. Les témoins notèrent aussi la présence d'un certain nombre de camions beiges et de véhicules, du genre vans, avec des antennes paraboliques tournoyantes sur le toit.

Mme Zulma Ramírez de Pérez, dont la famille, à ce moment-là, possédait une grande partie des terres au milieu desquelles se situe la Laguna Cartagena, se rendit sur les lieux avec sa sœur pour avoir plus de renseignements, car elles aussi avaient vu la colonne de fumée bleue qui sortait de la lagune. Quelques Américains vêtus de costumes noirs avec des brassards rouges s'avancèrent et leur ordonnèrent de quitter la place immédiatement. Les deux femmes protestèrent, en expliquant qu'elles se trouvaient sur leur propre terrain, mais les agents répondirent qu'il leur fallait quand même partir et les laisser travailler tranquilles, car ils étaient chargés de tirer tout cela au clair. Si ces raisons officielles étaient vraies — et si l'explosion et la secousse avaient bien été causées par un tremblement de terre — alors, pourquoi ces gens ont-ils prétendu qu'ils essayaient de trouver la cause de tout ce remue-ménage ? Les hommes étaient grands, de type européen, blonds et vêtus de costumes élégants, mais ils avaient aux pieds ce qui semblait être des bottes en caoutchouc noir. Les deux sœurs se souviennent qu'ils portaient aussi des mallettes métalliques argentées.

La suite du témoignage de Mme Ramírez est, à tout point de vue, significatif. Tous les membres de sa famille, nous dit-elle, ont souvent vu, depuis 1956, des engins ressemblant à des soucoupes volantes, pénétrer dans les eaux de la Laguna Cartagena ou en sortir.

D'abord, ils étaient très brillants, très lumineux, et au fur et à mesure qu'ils émergeaient de l'eau, on pouvait de mieux en mieux distinguer leur forme. Ils ressemblaient à des disques, argentés et métalliques, avec des dômes transparents sur le sommet, et ils étaient entourés d'une multitude de magnifiques lumières de couleur. Ils faisaient un bruit d'aspiration sourde. On pouvait apercevoir des gens ou des silhouettes à l'intérieur. On en est sûr parce qu'à plusieurs reprises, quand l'engin prenait de la hauteur, il nous est arrivé de leur faire des signes, et alors les gens dedans immobilisaient l'engin dans les airs juste devant nous. On a essayé de parler de tout ça aux médias mais personne n'a voulu nous écouter, alors on a laissé tomber.

Une nuit, en 1964, mon frère Quintin, décédé aujourd'hui malheureusement, se mit à gesticuler et à crier dans leur direction qu'il voulait savoir qui ils étaient ; si vraiment c'étaient des extra-terrestres, comme on dit. Et cette nuit-là, il les a rencontrés. Il s'était mis au lit, puis tout à coup, il fut pris du besoin impérieux de se rendre à la lagune. Il s'est habillé, a sauté dans la jeep et s'est rendu à l'extrémité de la lagune par le chemin de terre de Las Guanábanas. Descendu de sa jeep, il vit deux personnages s'approcher de lui depuis la lagune. C'était des hommes blancs de grande taille, entre 1,80 m et 2,10 m — avec de longs cheveux blonds et des combinaisons collantes argentées. « Ils étaient très beaux et très fins, presque comme des femmes », nous a-t-il dit. Comme il était assez nerveux, il leur demanda de ne pas trop s'approcher, ce qui les fit sourire avec douceur, et ils s'en retournèrent.

Mon frère revint à la maison et, le lendemain matin, nous raconta toute son aventure. Il fut très désappointé parce que personne ne le crut. Après cela, il ne nous en a plus jamais reparlé. Je sais, moi, qu'il a eu d'autres contacts avec ces êtres, parce que certaines nuits, il s'en allait vers la lagune et ne racontait ensuite jamais rien de ce qu'il y fabriquait. Mais on savait bien qu'il allait retrouver ses « amis », comme il les appelait. C'est dommage qu'il ne soit plus de ce monde aujourd'hui parce qu'il aurait sans doute aimé savoir tout ce qui se dit en ce moment à propos de la lagune et des extra-terrestres qui s'y trouvent : ça confirmerait certainement ce que lui-même répétait.

Le lendemain de l'explosion et de la secousse, un hélicoptère de couleur verte et sans marque d'identification se posa sur le sommet de la Sierra Bermeja, juste derrière la maison de Milton Vélez. Vélez, sa femme et ses enfants virent plusieurs hommes vêtus de treillis militaires, de bottes et de bérets noirs, sauter de l'hélicoptère et commencer à scruter le sol avec des appareils semblables à des détecteurs de métaux. « On aurait dit un commando en pleine action », dit Vélez. « Ils cherchaient quelque chose. Au bout d'une heure environ, ils rembarquèrent leur matériel dans l'hélicoptère et levèrent le camp sans autre explication. »

Plus récemment, Vélez, sa famille et ses voisins ont vu des soucoupes volantes lumineuses qui descendaient du ciel en pleine nuit pour s'immobiliser près d'un ballon radar que le gouvernement avait installé là. Après quelques minutes de ce manège, l'ovni disparut à toute vitesse. C'est même devenu un phénomène courant dans la région.

DEUX POLICIERS, UN HÉLICOPTÈRE NOIR ET DES « AGENTS FÉDÉRAUX »

Nous avons aussi interrogé un policier qui se trouvait près de la lagune avec un collègue deux jours avant l'explosion de mai 1987, lorsque se produisit quelque chose de bizarre... qu'ils ne sont pas prêts d'oublier.

Selon ce policier, ils s'étaient rendus à la lagune avec l'intention de pêcher quand, soudain, son camarade vit d'étranges allées et venues sur une des pentes de la Sierra Bermeja, ainsi que de la fumée qui sortait du sol. Il se mit à grimper la colline pour en avoir le cœur net et tomba sur un groupe d'hommes habillés de gants, de bottes et de combinaisons argentées qui semblaient affairés à explorer le terrain avec ce qui avait l'allure d'un compteur Geiger. Il appela son ami pour qu'il le rejoigne et, tout en escaladant à flanc de montagne, ils remarquèrent que d'autres hommes, dans des tenues similaires, étaient en train d'extraire, de gros camions noirs, trois énormes rouleaux de câbles électriques ou de communication, recouverts d'une couche de caoutchouc noir, épais de plusieurs centimètres de diamètre. Les hommes immergèrent un des câbles dans la lagune, à un endroit où il n'y avait pas d'herbes aquatiques (et c'est justement là que la plupart des observations ont eu lieu et où les Ramírez virent apparaître l'ovni). Les autres camions suivirent une piste qui traversait une ferme, tournèrent à droite et disparurent.

A ce moment-là un hélicoptère arriva, comme sorti de nulle part, et quelqu'un hurla dans un haut-parleur l'ordre de s'arrêter immédiatement et de redescendre dans la vallée. Notre policier, dont nous tairons le nom pour d'évidentes raisons de sécurité, décrivit ainsi cette scène :

C'était un gros appareil tout noir, un hélicoptère sans inscription qui aurait risqué de l'identifier. « Ils » nous ordonnèrent de nous arrêter et ajoutèrent qu'ils savaient que nous étions armés. Comment pouvaient-ils le savoir ? Je n'ai toujours pas élucidé ce point. Probablement, ils avaient des équipements à bord de l'hélico qui leur permettaient ce genre d'investigation. Nous sommes donc redescendus et, en un rien de temps, l'appareil est venu se poser à côté de nous. Deux types armés, en tenue noire de parachutistes, ont sauté de l'appareil et ont demandé à mon camarade de s'approcher. C'étaient des hommes blancs, avec des cheveux et des moustaches noirs — le type latin. Mon camarade les a rejoints puis est revenu vers moi, complètement démonté : « Eh bien ! On est dans de beaux draps ! » fit-il. « Ce sont des agents fédéraux. »

J'essayai de le rassurer et nous nous dirigeâmes vers l'hélico. Ils nous demandèrent ce que nous fichions là et nous dûmes expliquer que nous étions des policiers en congé et que nous pêchions sur le rivage. Ils s'exprimaient en parfait espagnol, avec un accent portoricain : « Vous ne pouvez pas monter là-haut. C'est une zone interdite, sous contrôle du gouvernement fédéral, où l'on poursuit des expériences. » Quel type d'expériences, ça, on ne l'a jamais su. Ils nous emmenèrent un peu plus loin dans la Sierra, à deux collines de là, où se dressait un campement. Un homme blanc, assez grand, en tenue militaire, sortit d'une tente. Il avait l'allure d'un officier américain. Il échangea quelques propos avec les autres, et on a vite compris qu'il leur demandait pourquoi ils nous avaient amenés jusque-là. Il avait l'air plutôt ennuyé de nous voir.

Après ce bref échange avec l'officier, un des hommes de l'hélicoptère s'approcha de nos deux compères et la seule chose dont ils se souvinrent ensuite fut qu'ils se retrouvèrent allongés par terre, le nez dans la boue, sur la route qui va de la Laguna Cartagena à la Nationale 101. En reprenant conscience le premier, notre policier entendit un homme dire en espagnol : « Bon, ça va. Ils se réveillent. Allez, on s'en va. » Les hommes grimpèrent dans une voiture et partirent à toute vitesse. L'autre policier s'ébroua à son tour mais ils restèrent, pendant un bon moment, tous deux assis dans la boue, complètement sonnés. Ils quittèrent les lieux et n'y revinrent jamais. Le collègue de notre héros resta longtemps choqué par sa mésaventure ; il déménagea à New York et ne souhaita jamais retourner à Porto Rico.

« J'ignore totalement ce qui a pu se passer », nous raconta-t-il. « Ces hommes ont dû faire sur nous quelque chose, je ne sais pas quoi car je suis incapable de me souvenir de quoi que ce soit après que l'homme et l'officier militaire se sont approchés de nous, près de la tente, si ce n'est que nous nous sommes réveillés sur la route, dégoulinant de boue et complètement étourdis. C'était comme si on nous avait drogués et déposés là — je suis persuadé que d'une certaine manière, on nous a drogués. Mais pourquoi ? On n'avait rien pu voir de bien important — du moins je le pense — seulement ces types en combinaisons argentées qui déroulaient des câbles dans l'eau. Qui sait, peut-être que c'était cela qu'il ne fallait justement pas voir ? Et puis, quelques jours plus tard, il y a eu l'explosion et le tremblement de terre. Tout ça me paraît extrêmement bizarre... »

La déclaration de « zone interdite sous contrôle du gouvernement fédéral » par l'équipage de l'hélicoptère est complètement frauduleuse, parce que la Laguna Cartagena n'a été « louée » qu'à partir d'août 1989 au Gouvernement fédéral des États-Unis, par « entente » spéciale entre le gouvernement local portoricain et les services des Eaux et Forêts américains (*Fishing & Wildlife Service* : textuellement, Pêche et Vie sauvage !...)

LE GOUVERNEMENT FÉDÉRAL AMÉRICAIN « LOUE » LA RÉGION

Après la secousse, un nombre croissant d'observations et d'incidents eurent lieu, mais un événement plus extraordinaire que les autres se produisit : deux chasseurs de la Marine américaine furent enlevés en plein ciel par un gigantesque ovni de forme triangulaire qui disparut aussitôt, et ce au nez et à la barbe d'une bonne centaine de témoins. Cela se passa pendant la nuit du 28 décembre 1988. Même aujourd'hui, les autorités, aussi bien portoricaines qu'américaines, refusent encore d'admettre les faits. Et même avant cela, un incident similaire avait eu lieu, le 16 novembre 1988, à San German, près de Lajas et Cabo Rojo[2].

Après ces scènes incroyables, on assista à un véritable ballet de chasseurs, d'hélicoptères et de gros avions radar de type AWACS qui n'en finissaient plus de patrouiller à basse altitude au-dessus de la lagune ; les pêcheurs et les habitants du coin purent observer des ovnis qui, près de la côte, plongeaient dans la mer ou en jaillissaient, ou qui survolaient la Sierra Bermeja. C'est au cours d'une de ces observations, au mois de novembre 1988, que près de trois cents personnes qui participaient à un rassemblement politique virent un ovni lumineux en forme de cigare juste au-dessus de la commune de Betances, puis au-dessus de la Sierra Bermeja et de la lagune, tandis qu'il crachait de son ventre divers objets brillants plus petits. Les gens ont pu détailler ce spectacle pendant plus d'une demi-heure.

Le 8 août 1989, d'après certaines rumeurs, la Laguna Cartagena avait été « louée » selon un accord spécial aux services des Eaux et Forêts des États-Unis afin d'y « préserver les espèces animales en voie de disparition ». D'après les termes du contrat, la région est dorénavant sous contrôle américain pour une période — renouvelable — de cinquante ans.

Puis les autorités fédérales étendirent leur contrôle à un autre point chaud relatif aux ovnis, situé dans la Sierra Bermeja, à savoir un terrain sur la côte, tout près du secteur qui englobe Pitahaya et Olivares, et où circulent les canaux de la mangrove entre La Parguera et le phare de Cabo Rojo : c'est là qu'on peut voir régulièrement des ovnis plonger dans les eaux ou en sortir. C'est une région qui a été très strictement circonscrite et quadrillée par les navires et les avions de la Marine américaine. Récemment déclarée zone interdite, sans autre explication, des troupes militaires américaines importantes eurent pour mission d'en assurer le contrôle pendant deux mois. La raison officielle de cette soudaine militarisation de tout le secteur de Pitahaya-Olivares était que les autorités voulaient y installer un ballon radar afin de détecter et de prévenir le trafic de drogue par mer et par air. De fait, c'est à cet endroit que le radar fut installé et mis en fonction.

Dès lors, on ne compte plus les occasions où des habitants ont pu apercevoir des ovnis se promener aux alentours du fameux poste radar en émettant d'insolites éclairs de lumière, similaires aux signaux envoyés par ledit radar. Aux dires de certains, ces engins semblaient en quelque sorte communiquer entre eux à coups de rayons lumineux. Parfois, les ovnis étaient pris en chasse par des appareils militaires américains, mais le fait est que, chaque fois, qu'un ovni venait examiner le radar de trop près, celui-ci se détraquait et il fallait envoyer des spécialistes pour le réparer. Selon certaines sources d'information, tous les systèmes d'ordinateur des installations radar étaient également neutralisés, et il fallait tout reprogrammer ! Mais pour beaucoup de gens, la vraie raison de ces installations est, en fait, liée aux ovnis eux-mêmes et aux phénomènes qui se produisent par ici. La plupart des habitants croient sincèrement que tout ce matériel a été installé pour observer les ovnis, tenter de déterminer leurs trajectoires et repérer les endroits où ils se cachent.

DES CRÉATURES DANS LES MANGROVES

Comme cela a déjà été rapporté dans *The UFO Report 1992* et *Alien Liaison*[3], de nombreux témoins de Cabo Rojo, ce 31 août 1990, virent cinq petites créatures apparemment extra-terrestres. L'un des témoins, Miguel Figueroa, s'approcha d'elles et rapporta qu'elles étaient de couleur grise, avec des corps extrêmement minces, de grosses têtes, des oreilles pointues, une fente en guise de bouche, un nez minuscule et d'immenses yeux en amande tout blancs. Comme il s'approchait en voiture, Figueroa se souvient que les yeux des créatures émirent des faisceaux lumineux aveuglants, le forçant ainsi à s'arrêter. Les petits êtres tournèrent les talons et continuèrent leur route, puis sautèrent par-dessus un pont et suivirent le cours d'une rivière qui débouchait sur la Laguna Cartagena, laissant derrière eux des traces de pieds à trois doigts.

Un peu plus tard ce même jour, un coup de téléphone anonyme avertit Figueroa de rester discret sur ce qu'il venait de voir, sur la direction qu'avaient prise les créatures, sinon il pourrait bien avoir de graves ennuis. Figueroa prit peur, surtout parce que son numéro de téléphone figurait sous un autre nom que le sien. Par une étrange coïncidence, Timothy Good, moi-même et quelques autres chercheurs étions dans les parages ce jour-là, mais toute cette affaire ne m'est venue aux oreilles que quelques jours plus tard. Il faut bien dire que cette « rencontre » n'est pas unique : d'autres observations semblables eurent lieu dans les environs et, paraît-il, continuent.

Un après-midi de juillet 1989, Arístides Medina, un résident de La Parguera, à Lajas, décida d'aller chatouiller le poisson en mer. Vers 15 heures, comme il naviguait le long des mangroves dans le secteur de Pitahaya, il croisa ce qu'il prit d'abord pour un groupe d'enfants :

248

... Leur taille variait entre quatre-vingt-dix centimètres et un mètre dix, comme celle des enfants de cinq ou six ans. Je me rapprochai pour mieux les voir. En effet, qu'est-ce que des enfants pouvaient bien fabriquer dans un coin aussi isolé ? Ils se ressemblaient tous et c'est là que j'ai compris que je n'avais pas du tout affaire à des gosses. Ils étaient tous filiformes, de même corpulence, et vêtus de combinaisons très moulantes d'un gris argenté, comparables à des collants de danseurs. Très curieusement, ces vêtements paraissaient, comment dire ?... fluorescents — ils avaient une sorte de luminescence intérieure.

Deux de ces créatures étaient plantées là, devant moi, et me fixaient ; les autres étaient à moitié cachées dans les mangroves. Leurs têtes étaient plus grosses que les nôtres, mais guère plus, et un peu plus oblongues, en forme d'œuf — et sans un cheveu ! Ces choses étaient d'une pâleur !... avec des reflets gris sur la peau. Les yeux étaient extrêmement allongés en amande et tout noirs, et le nez plutôt réduit ; la bouche était pratiquement inexistante.

Ces créatures avaient l'air très intriguées par ma présence, mais elles restaient sur le qui-vive. Quand j'ai essayé de les approcher, elles se sont sauvées à toute allure et elles ont disparu dans un vallon de la Sierra Bermeja. Depuis ce jour, je les ai revues deux fois...

Au début, Medina avait beaucoup hésité à nous raconter ses expériences. « Si je vous dis tout ça, c'est parce que ce que j'ai vécu là est important », dit-il. « Il faut que les gens comprennent que ce peuple (les extra-terrestres) existe, et qu'ils sont déjà parmi nous. Beaucoup de gens en ont peur, et ceux qui prétendent qu'ils veulent nous dominer fabulent ou mentent, parce que ça n'est pas vrai. »

Medina est persuadé que les extra-terrestres possèdent une base souterraine dans la région. « Pour je ne sais quelles raisons, les autorités ont voulu les forcer à rester là-dessous... mais pourquoi ? Ça, je l'ignore. Pour moi, il doit y avoir une espèce de malentendu entre le gouvernement et eux. La dernière fois que je les ai vus (dans le secteur de la Sierra Bermeja), il s'est amené, trois heures après, tout un contingent d'agents fédéraux, et le coin a été interdit d'accès par de soi-disant représentants du Département des Ressources naturelles de Porto Rico (*Natural Resources Department*). A présent, cet endroit-là est complètement fermé et le gouvernement d'ici l'a confié au gouvernement fédéral. Comme quoi, ils savaient très bien ce qu'il y avait là — ça ne fait aucun doute. »

DEUX ÉTRANGES CRÉATURES EN VISITE

La nuit du 13 août 1991, Mme Marisol Camacho, une jeune femme qui vit en bas de Maguayo près de la Laguna Cartagena, reçut à son domicile la visite inattendue, c'est le moins qu'on puisse dire, de deux étranges créatures :

Je dormais, lorsque vers les 2 heures du matin j'entendis des bruits étranges, dehors près du balcon. Je me suis levée et suis allée à la fenêtre. Il y avait quelqu'un qui marmottait dans un charabia incompréhensible. J'ai ouvert tout doucement les stores et — Oh ! Seigneur ! — il y avait deux des plus bizarres créatures que vous puissiez imaginer qui se tenaient là, sur mon balcon !

Elles étaient en train d'examiner mes pots de fleurs, et plus particulièrement mon *Quezo Suizo* (Fromage suisse dont le nom scientifique est *Monsterosa deliciosa*, liane tropicale qui peut prendre des dimensions gigantesques et dont les feuilles alvéolées sont percées de trous comme autant de hublots.) Elles en coupaient des feuilles et échangeaient des commentaires. Elles semblaient littéralement fascinées par cette plante. De mon côté, j'étais tout aussi surprise et — curieusement — je ne pouvais plus faire un geste. J'étais comme paralysée, et, moi aussi, fascinée. Ces créatures avaient une taille d'environ 1,20 m, avec de gros crânes en forme d'œuf, arrondis au sommet et plus pointus au menton. Elles étaient très malingres et toutes grises, et en plus toutes nues. Les yeux étaient noirs et très allongés de chaque côté de la tête, sans pupille et sans partie blanche comme nous. Les visages étaient plats, avec une petite fente pour la bouche, sans lèvres, et deux petits trous pour le nez. Pas un seul instant je n'ai éprouvé de peur — j'étais simplement sidérée par ce que je voyais. On aurait dit des enfants...

Leurs bras étaient plus longs que les nôtres, et leurs longues mains décharnées n'avaient que quatre doigts effilés. Ces créatures ne parurent pas m'apercevoir à la fenêtre. Elles prirent deux feuilles à ma plante et repartirent, toujours en papotant dans cet espèce de baragoin insensé. Elles marchèrent lentement vers la Laguna Cartagena, s'enfoncèrent dans les taillis au bout de la rue et disparurent.

Je n'en croyais pas mes yeux. Ce que racontaient les gens par ici était donc vrai — il y avait bien des extra-terrestres ! Je les ai vus, et je suis sûre de ce que j'ai vu. Après leur départ, je pus à nouveau remuer. Je retournai au lit et plus tard je racontai cette scène à mon mari.

Deux semaines plus tard, les extra-terrestres revinrent chez Marisol. « Comme l'autre fois, il était tard », nous raconta-t-elle.

D'abord, je reconnus les mêmes bruits insolites ; je sautai du lit et courus à la fenêtre, qui n'était qu'à moitié fermée ; c'était bien à nouveau les mêmes petites créatures ! Ou bien c'étaient les mêmes, ou bien c'en était d'autres mais identiques aux premières et elles étaient encore en train d'examiner mes plantes sous toutes les coutures en marmonnant entre elles. Cette fois-ci, je pouvais bouger et j'essayai de leur dire quelque chose. J'ai commencé à tirer les stores, mais les créatures perçurent le bruit ; elles se tournèrent vers moi, me jetèrent un rapide regard et se sauvèrent à toute allure vers la lagune où, comme l'autre fois, elles disparurent.

Je ne sais pas ce qu'elles cherchent, mais elles n'ont pas l'air dangereuses. Elles ne m'ont fait aucun mal, ni à mes chiens qui n'ont pas cessé de dormir pendant tout ce temps-là. Ce qui est sûr, c'est qu'elles sont déjà ici, à vivre parmi nous. On devrait s'habituer à cette idée. Je suis persuadée qu'elles sont installées par ici, dans la Laguna Cartagena. Ça doit être leur territoire...

Une semaine après cette seconde visite, de nombreux voisins de Marisol aperçurent à 21 h 30 un disque brillant et coloré qui survola sa maison pendant au moins trois minutes à une altitude approximative de 150 mètres.

UN EXTRA-TERRESTRE DANS LE CANAL D'IRRIGATION

Ulises Pérez roulait à motocyclette sur la route de terre qui traverse une grande ferme dans le secteur de Cuesta Blanca, situé entre La Parguera et la Laguna Cartagena. Il était 23 h 30 et cela se passait dans les derniers jours du mois d'août 1991 :

... Je roulais, et tout à coup ma moto piqua du nez dans un trou d'eau. Le moteur s'enraya et cala. J'essayai de voir ce que je pouvais faire et après avoir, en principe, résolu mon problème, je remis les gaz. Du moins, j'essayai... c'est alors que mon regard se porta sur le canal d'irrigation — et c'est là que je vis la chose.

J'aperçus quelque chose qui était assis ou accroupi sur une bûche à côté d'un arbre (voir fig. 3, p. 252). La créature semblait avoir comme une peau à vif — vous savez, comme lorsque vous coupez une épaisseur de peau et qu'à la coupure la chair apparaît blanche avec des points roses ? Voilà, ça avait cette allure-là. Une peau blanchâtre, très pâle, comme celle de certaines salamandres.

On s'est d'abord regardés un moment, sans bouger. Je n'ai pas honte d'avouer que je n'en menais pas large, et que j'essayai de faire redémarrer ma bécane. Mais dès que j'esquissai un geste, la chose sauta dans l'eau du canal et disparut. J'ai d'ailleurs vu ses pieds qui disparaissaient sous les nénuphars. Ma moto est repartie... et moi avec. En arrivant chez moi, je tentai de trouver les mots pour

Fig. 3 (Jorge Martín)

raconter mon aventure. J'étais plutôt secoué. Mes parents et mes amis ne me crurent pas, mais en revanche, ils acceptèrent de m'accompagner sur les lieux. En voyant la trouée dans les nénuphars, ils convinrent que j'avais dit vrai : ils étaient assez épatés...

Selon Ulises, sa créature répondait au même signalement que celles qui nous avaient déjà été décrites. « Ce qui m'a le plus impressionné, ce fut sa grosse tête et ses yeux énormes tout noirs », affirma-t-il. Et comme pour les autres rencontres, cet événement avait un lien direct avec la Laguna Cartagena, étant donné que le canal d'irrigation s'y jetait.

Tous ces cas semblent indiquer que des êtres de ce type auraient installé leur habitat sous la Laguna Cartagena et d'autres plans d'eau de la région. Plusieurs chercheurs pensent que ces êtres pourraient être des sortes d'amphibiens, car beaucoup de témoins ont remarqué qu'ils avaient des doigts palmés.

DES RENCONTRES ENCORE ET ENCORE...

Une autre rencontre près de la Laguna Cartagena a été rapportée par Eleuterio Acosta, un vieux monsieur de 80 ans, digne de foi, qui vit dans le secteur d'Olivares, juste en face de l'installation radar. Il raconta qu'il fut un jour entouré par cinq de ces petites créatures grises au moment où il pénétrait dans sa maison. Il leur fit face avec un bâton, vociféra : une sixième créature, de plus grande taille celle-là, et toutes ensemble sautèrent par une fenêtre et s'enfuirent à toute vitesse vers la Sierra Bermeja.

Eunice Acosta, une autre habitante de cette commune, et sœur de Dolin (dont le cas a été rapporté plus haut), avait également observé de nombreux ovnis près du radar ; elle affirme avoir failli être enlevée en mai 1991 par ces créatures et avoir dû se débattre pour se dégager.

Des policiers qui montaient la garde près du radar prétendent aussi avoir rencontré à plusieurs reprises de ces créatures en 1989, au moment où l'on construisait la station. Mais voici qui est plus significatif et peut éventuellement nous fournir quelques réponses.

« ILS M'ONT EMMENÉ AVEC EUX À LEUR BASE... »

Carlos Mañuel Mercado, un des nombreux témoins à avoir assisté en décembre 1988 à l'enlèvement des chasseurs de la Marine américaine, que nous connaissons bien et estimons pour son honnêteté et sa sensibilité, révéla au cours d'un entretien que quelque chose de très frappant lui était arrivé une nuit de juin 1988, six mois avant l'incident des chasseurs kidnappés :

Cette nuit-là, j'avais du mal à trouver le sommeil, car il faisait une chaleur étouffante. Je ne pouvais pas fermer l'œil. Ma famille, elle, était endormie. Je me levai et descendis m'étendre sur un canapé dans la salle de séjour, dans l'espoir de me reposer un peu quand même, mais sans succès.

Soudain, je vis un éclair de lumière qui venait de l'extérieur et j'entendis une espèce de bourdonnement. Quelques instants plus tard, quelqu'un frappa trois coups aux persiennes. J'allai ouvrir la fenêtre et ils étaient là — trois petits hommes qui me fixaient, mais ce n'était pas des humains. J'étais complètement sous le choc, mais une voix parla à mon esprit : « N'ayez pas peur, tout va bien. Rien de mal ne peut vous arriver. N'ayez pas peur. Nous voudrions vous montrer quelque chose. »

D'abord, je fus comme paralysé, mais quand j'entendis la voix intérieure, je me calmai. Ils me demandèrent de sortir de chez moi, mais pour cela ils n'utilisèrent pas leur bouche — qu'ils n'ont seulement jamais entrouverte —, ça passait directement par l'esprit. Alors, j'ai ouvert la porte. Je sentais qu'il fallait que je le fasse — quelque chose en moi était sûr qu'ils ne me feraient aucun mal...

Mañuel décrivit ces petits hommes, d'environ 1,20 m de hauteur, comme ayant de gros crânes en forme de poire, une peau gris clair et de grands yeux noirs bridés sans pupille. Ils n'avaient pas d'oreilles, mais ils avaient une petite fente à la place de la bouche et juste deux trous pour le nez. En plus, Mañuel remarqua que ces êtres avaient des petits boutons sur la peau de la figure : « Peut-être un genre d'acné », suggéra-t-il. Ils avaient la forme d'humanoïdes mais leurs bras étaient un peu plus longs que les nôtres. Les trois petits personnages étaient vêtus de combinaisons d'une seule pièce, très moulantes et couleur sable, comme celles des mécaniciens, d'où seules les mains et la tête émergeaient.

... Deux d'entre eux me prirent chacun une main sur le seuil de ma maison (qui tourne le dos à la Sierra Bermeja) et nous empruntâmes la route. Je trouvais cela tellement incroyable — il y avait là une soucoupe volante ! Elle se tenait sur trois pieds métalliques. Elle était ronde, avec sur son sommet un dôme à hublots, et de multiples lampes colorées sur le rebord, tout autour... On entra par-dessous grâce à une trappe d'où pendait jusqu'au sol un long escalier. On me pria de monter à bord de l'engin.

A l'intérieur, ces petits hommes étaient plus nombreux, et l'endroit était rempli de machines avec des lampes multicolores et des tableaux de bord partout : on se trouvait sous le fameux dôme avec des hublots — un peu comme si on avait installé une cabine de pilotage d'avion sous un dôme. Les petits hommes me présentèrent à un être plus grand qui avait, à peu de chose près, ma taille (1,73 m). Je me sentis davantage à mon aise avec celui-là parce que, même semblable aux autres, il paraissait tout de même plus proche d'un être humain. Il était habillé d'une blouse blanche, et on me le présenta comme le « capitaine-médecin » du vaisseau.

Cet être m'expliqua que personne ici n'avait l'intention de me faire le moindre mal ; ils voulaient juste me montrer et me dire quelque chose afin que je puisse en témoigner par la suite auprès de mes congénères. Mon interlocuteur ordonna quelque chose à ceux qui se trouvaient devant les tableaux de bord et je sentis que le tripode d'atterrissage se relevait : je reconnaissais le type de bruit que cela faisait, comme sur les avions. La trappe se referma et l'engin commença à bouger. J'étais très ému, mais pas vraiment effrayé — ils avaient fait en sorte que je garde mon calme. La soucoupe s'éleva et je pensai qu'on allait faire une grande virée, mais elle s'inclina vers la gauche et se mit à descendre en direction de la Sierra Bermeja. J'avais un peu peur qu'on aille s'écraser, mais une cavité apparut soudain au centre d'une dépression sur le flanc du mont El Cayul, et l'engin s'engouffra dans un tunnel pour ressortir dans un grand espace qui ressemblait à une immense caverne.

Il y avait là divers baraquements, constructions et autres installations en plus de centaines de petits extra-terrestres qui, telles des fourmis, travaillaient à la chaîne sur des assemblages de matériel mécanique ou électronique. De nombreux appareils étaient également stationnés sous cette voûte gigantesque, mais ils n'avaient rien à voir avec des avions ou des hélicoptères ; ils avaient plutôt l'air de soucoupes volantes, certains accusant des formes triangulaires ou hexagonales.

Mon « capitaine » me dit alors : « Comme vous pouvez le constater, c'est une base qui sert à la maintenance des systèmes qui régissent nos vaisseaux. Nous sommes établis ici depuis longtemps et n'avons pas l'intention de nous en aller. Nous voulons que le peuple de la Terre sache que nous ne lui voulons aucun mal, que nous ne cherchons pas à l'envahir. Nous voulons vous tendre la main et établir des relations directes qui bénéficieront à tous. Le peuple de la Terre peut être rassuré : nous ne lui voulons absolument aucun mal. »

Je lui demandai : « Pourquoi moi ? Je suis un homme tout simple, et personne ne me croira. » Il répondit : « Cela ne fait rien. Les gens vous écouteront comme ils en écouteront beaucoup d'autres que nous contactons et amenons ici pour leur montrer les mêmes choses. Quand les gens savants entendront ce que vous direz, vous, les hommes simples — comme vous vous qualifiez vous-même — ils sauront que vous dites la vérité. »

Après cela, ils me remmenèrent chez moi, et avant de me quitter, ils me dirent qu'ils reviendraient un jour. D'abord, j'eus peur de parler de tout cela. Mais après l'affaire des chasseurs de la Marine, je n'y ai plus tenu. Peut-être que cela a à voir avec les êtres qui sont là-dessous, et je sais — je l'ai senti — qu'ils sont bons et sans malice. Sachant cela, j'ai décidé de vous en parler. Il fallait que vous sachiez ce qui m'était arrivé.

Un autre habitant de la région aurait été enlevé de la même façon et aurait également visité la base souterraine. C'est un officier supérieur qui habite à l'ouest de Porto Rico : il nous est donc impossible de révéler son identité. Mais tout ce qu'il nous a raconté corrobore, dans les moindres détails, l'histoire de Mañuel Mercado, surtout en ce qui concerne la situation de la fameuse excavation au creux d'une vallée du mont El Cayul, qui mènerait à la base supposée.

UN SUICIDE DOUTEUX

Un homme, que nous considérons comme absolument de bonne foi, nous a raconté comment, accompagné d'un ami pêcheur nommé Rodríguez, de La Parguera, il déboucha un jour, par hasard, dans les galeries de la prétendue base, après avoir longé un conduit d'aération plutôt discret qui partait de la station radar. Notre témoin, dont le nom ne peut être dévoilé pour des raisons de sécurité, affirma que c'était bien des extra-terrestres qui se trouvaient dans cette base, et qu'il y avait également vu des militaires américains. Affolés, les deux hommes repartirent à toutes jambes, craignant d'en avoir trop vu. Quelques jours plus tard, Rodríguez fut trouvé mort, pendu à un arbre à La Parguera. Selon les autorités, il se serait suicidé en utilisant les lacets de ses chaussures. Mais les circonstances de cette pendaison laissent planer quelques doutes...

Nous sommes allés interroger « Lindo » Rodríguez, le frère, qui a eu lui-même des occasions d'observer des ovnis dans la région. Il prétendit que personne dans la famille ne croyait à ce suicide. « Mon frère ne buvait ni ne se droguait », nous dit Lindo. « Il n'était pas en dépression nerveuse, et n'avait pas de chagrin d'amour ou de choc émotionnel ; il était en parfaite santé. Alors, pourquoi ? Je ne saurais dire, mais, selon moi, il y a quelque chose de pas très net derrière tout cela. »

Nos investigations, sur ce cas, se poursuivent encore actuellement.

RÉACTIONS OFFICIELLES ET DÉSINFORMATION

A la fin de l'année 1991, au cours des derniers mois, un programme de désinformation fut mis en place par Aníbal Roman, directeur de la Protection civile de Mayagüez et des environs, et par le lieutenant Rodríguez de la police de Lajas, avec le concours des officiers des Eaux et Forêts des États-Unis : au niveau de la télévision, des radios et des organes de presse, tout fut, en effet, mis en œuvre pour discréditer tous les rapports déjà divulgués, dans le public, relatifs aux ovnis et aux extra-terrestres de Porto Rico. Dans le même temps, le patron de Roman, le colonel José A.M. Nolla, directeur général de la Protection civile de Porto Rico, envoya une feuille de service à tous ses bureaux régionaux, donnant des instructions pour qu'une enquête discrète sur toutes ces affaires soit effectuée. Voici un extrait de ce texte :

... Nous avons jugé qu'il serait séant et nécessaire que la Protection civile enquêtât et étudiât de près ces cas d'apparition d'objets non identifiés, dans le but de s'assurer que ces objets ne représentent pas une menace pour la sécurité de la population de Porto Rico.

L'étude [...] sera menée sous la responsabilité d'un comité spécial qui comprendra le directeur général, le directeur adjoint, le chef de la Surveillance du territoire (Geographical Intelligence), celui des Opérations gouvernementales (Government Operations), le représentant de l'observatoire d'Arecibo, celui du Département des Ressources naturelles et celui de la Garde nationale de Porto Rico. D'autres représentants du gouvernement [...] prendront part à cette étude si besoin est[4]...

Une photocopie de ce texte, rédigé en espagnol, nous fut confiée par un de nos informateurs au siège de la Protection civile : il nous expliqua que, même si cette étude avait été placée sous la responsabilité de son administration, les résultats étaient en fait analysés par le Département de la Défense des États-Unis. Ainsi, la présence américaine n'était pas complètement officialisée sur cette affaire d'ovnis.

Récemment, nous avons également appris que le colonel Nolla, qui servait d'officier de liaison entre, d'une part, l'armée américano-portoricaine et la Garde nationale, et, d'autre part, la DIA (Defense Intelligence Agency : les services de renseignements de la Défense des États-Unis), déclara sous serment, lors d'une audition au sénat de Porto Rico, que lui, l'armée et la Protection civile avaient enquêté sur les nombreux cas d'observations d'ovnis ainsi que sur les mutilations d'animaux survenus il y a quelques années sur l'île.

Fig. 4 Circulaire de la direction portoricaine de la Protection civile donnant des directives sur le phénomène ovni, ce qui prouve combien les autorités se sentaient concernées par cette affaire.

Il y a peu de temps de cela, Freddie Cruz, directeur de la Protection civile de Lajas, s'exprima sur le programme de désinformation de Roman et Rodríguez au cours d'une interview qu'il nous accorda. Il nous décrivit les circonstances d'un important incident : lui-même et d'autres témoins aperçurent un avion qui poursuivait dans le ciel un ovni. C'était en plein après-midi, le 28 avril 1992 :

Il était 17 heures. J'étais en train de réparer mon camion lorsqu'un de mes enfants et moi-même entendîmes le bruit d'un avion volant à basse altitude. Nous levâmes le nez et vîmes une chose, comme une soucoupe volante, prise en chasse par un appareil militaire (un F-14 Tomcat, selon des témoins). La soucoupe était métallique, argentée, brillante, et elle semblait s'amuser avec l'avion. Elle était un peu plus volumineuse que l'avion et elle pouvait s'arrêter en plein vol. Et quand l'avion était sur le point de la rattraper, elle repartait à pleins gaz pour s'immobiliser un peu plus loin et le narguer.

C'était une espèce de soucoupe volante — comme deux assiettes aplaties et collées bord à bord, avec un dôme sur le dessus. Finalement, au moment où l'avion était presque sur elle, la soucoupe s'est scindée en deux ! La partie supérieure s'est séparée du bas, et chaque morceau s'est envolé chacun de son côté, l'un vers le sud-ouest et l'autre vers l'est. L'avion a continué à effectuer des rondes dans le ciel comme s'il ne savait plus comment continuer, puis il est reparti vers l'est.

Cela m'a convaincu que je devais révéler ce que je sais sur toute cette affaire. C'est mal de la part de Roman et des autres de poursuivre cette politique de désinformation. En ce moment s'effectue une enquête, dans le plus grand secret, chapeautée par la Protection civile de Porto Rico. Et je sais que tout est vrai, parce que j'ai personnellement vu des ovnis. En novembre dernier (1991), la police avait reçu des informations sur l'arrivée imminente, par bateaux, d'immigrants illégaux depuis la république Dominicaine vers la côte d'El Papayo, entre La Parguera et Guánica. Tandis que nous étions postés là, à 9 heures du soir, nous vîmes une énorme chose, une soucoupe volante grande comme un stade olympique. Au début, ça ressemblait à une grosse étoile brillante qui, soudain, s'est mise à descendre du ciel ! L'engin était très brillant, avec énormément de lumières colorées tout autour.

Il resta stationnaire à environ huit mètres au-dessus du niveau de la mer, et cela pendant à peu près une demi-heure, puis il s'est élevé et a disparu dans le ciel. Nous n'en sommes pas revenus. Honnêtement, quand ce machin-là a commencé à descendre, je me suis précipité sous mon camion et j'y suis resté caché jusqu'à ce que l'engin soit parti. Nous avions également posté des vigiles à la Laguna Cartagena, et là aussi nous avons vu des objets ronds ou ovales, brillants et colorés, qui planaient au-dessus de la région, effectuant des virages à angle droit, et qui finissaient par plonger dans la lagune et disparaître sous les flots.

Les ovnis sont là — vraiment là. C'est pourquoi je ne peux pas garder le silence alors que Roman et les autres ridiculisent tous les habitants d'ici qui ont observé des événements de leurs propres yeux. C'est scandaleux. Si les gens disent ce qu'ils ont vu, c'est parce qu'ils savent que, quoi que ce soit, c'est très important. Je connais la plupart des témoins, ce sont tous des gens sérieux et sincères, et ils méritent qu'on les respecte. Il y a des ovnis dans la Laguna Cartagena, et il se passe des choses bizarres là-haut à la station radar. Si ce n'est pas le cas, alors pourquoi les camions blancs de la NASA doivent-ils débarquer à 2 heures du matin, escortés par des jeeps militaires ? Pourquoi tous ces mystères ? Quelle relation entre la NASA et la guerre anti-drogue (puisque c'est la raison officielle) ? Rien, à ce que je sache. Pour moi, c'est évident, il y a une base extra-terrestre par ici et les autorités le savent parfaitement, mais ne veulent pas qu'on le sache...

Un officier supérieur de la police nous a confié que lorsqu'on choisissait des hommes pour patrouiller à l'entrée de la route qui menait à la station radar, ces hommes devaient ensuite faire un rapport auprès des agents fédéraux américains (du FBI, sans doute). Notre informateur nous révéla encore que ces policiers étaient généralement très surpris du nombre de questions auxquelles les agents fédéraux les soumettaient et qui portaient sur les ovnis et les extra-terrestres : les agents américains commençaient par les interroger sur leur expérience professionnelle passée, mais très rapidement, ils en venaient à ce qui apparemment les tourmentait, à savoir s'ils avaient aperçu des ovnis, s'ils avaient eu des contacts avec les extra-terrestres, et s'ils avaient un membre de leur famille qui aurait déjà eu une expérience ovni, etc. Parfois même, les agents fédéraux utilisaient dans leurs interrogatoires des détecteurs de mensonges.

Des preuves suffisantes existent évidemment à présent, qui indiquent qu'il se produit quelque chose d'étrange et de très important au sud-ouest de Porto Rico, dans la région de Lajas/Cabo Rojo. Plus le nombre d'incidents de ce type se multiplie, et plus les gens pensant qu'il existe là une base extra-terrestre sont nombreux. Les rapports d'enquêtes que je viens de reproduire dans ce chapitre ne représentent qu'une fraction ridicule du dossier que nous avons réuni, mais je souhaite, néanmoins, qu'ils offrent à nos lecteurs une vue générale des événements (et de leur signification) qui ont eu lieu et continuent de se dérouler dans mon pays.

Notes

1. Martín, Jorge : « US Jets Abducted by UFOs in Puerto Rico » (Enlèvement d'avions américains par des ovnis à Porto Rico), dans *The UFO Report 1991*, édité par Timothy Good, Sidwick & Jackson, Londres, 1990 ; Good, Timothy : *Alien Liaison : The Ultimate Secret* (Contact extra-terrestre : le dernier secret), Century/ Arrow Ed., Londres, 1991/1992, réédité sous le titre de *Alien Contact : Top Secret UFO Files Revealed* (Contacts extra-terrestres : les dossiers ovni ultra-secrets enfin révélés), William Morrow Ed., New York, 1993.

2. *Ibid.*

3. Martín, Jorge : « Puerto Rico's Astounding UFO Situation » (Les ovnis de Porto Rico : l'incroyable à nos portes), dans *The UFO Report 1992*, édité par Timothy Good, Sidwick & Jackson, Londres, 1991 ; Good, Timothy, *op. cit.*

4. Bulletin de service concernant la décision d'entamer une enquête, enregistrée sous le n° 1-19, par José A. Nolla, directeur de la Protection civile du territoire américain de Porto Rico, destiné aux directeurs de l'Inspection générale, des Opérations gouvernementales, de la Surveillance du territoire, et aux Coordinateurs des zones opérationnelles et spéciales. Daté du 7 octobre 1991.

14

Tour du monde de l'actualité ufologique

Timothy Good

Même si l'on peut établir certaines corrélations à partir des observations que l'on trouvera ici, il n'est cependant guère possible de tirer des conclusions fermes de nature statistique. J'ai sélectionné ces incidents parmi des centaines de cas et sur une période allant de juillet 1991 à la mi-septembre 1992. Que ces rapports proviennent pour la plupart de Grande-Bretagne et des États-Unis n'est pas dû au fait qu'il y aurait davantage de phénomènes d'ovnis dans ces régions du globe, mais que les autres pays (telle l'Inde) produisent peu ou pas du tout de comptes rendus dans ce domaine, soit par manque d'intérêt ou répugnance à publier sur le sujet, soit par pénurie de chercheurs et de journalistes, soit encore parce que les moyens de communication font plus ou moins défaut. De plus, il faut bien admettre que je reçois assez peu de coupures de presse autres qu'en langue anglaise.

Dans ce chapitre, je souhaite non seulement apporter au lecteur une documentation importante et passionnante, mais aussi mettre l'accent sur le caractère universel du phénomène, sur lequel on passe souvent trop rapidement.

Les personnes qui désirent des informations supplémentaires doivent contacter directement les reporters, chercheurs, journalistes et magazines concernés, dans la mesure où je ne puis, moi-même, me porter garant de l'exactitude des faits rapportés ici.

1ᵉʳ juillet 1991 : région de Troy, Ohio, États-Unis.

A midi, un père et sa fillette de 12 ans ont repéré un gros objet brillant argenté à 15 ou 20° au-dessus de l'horizon. L'objet avait la forme d'un crayon ou d'un cigare et se situait approximativement à 750 mètres de distance. Les témoins sont familiarisés avec les appareils de l'aviation civile puisqu'ils habitent à dix-huit kilomètres de l'aéroport de Dayton Cox ; ils décrivirent l'objet comme étant quatre fois plus long et deux fois plus large qu'un avion de ligne normal, mais sans queue, sans ailes, sans hublets et surtout silencieux. L'objet était lisse et brillant, à l'exception de deux zones plus sombres, ou plus grises.

Au moment où le père voulut aller chercher sa caméra vidéo, l'objet disparut dans un « éclair vert ». Le lendemain matin, une escadrille de cinq hélicoptères verts de l'armée vinrent patrouiller dans le secteur, notamment juste au-dessus de la maison des témoins. (Franklin Reams, *MUFON UFO Journal*, n° 291, juillet 1992.)

8 juillet 1991 : région de Selkirk, Borders, Royaume-Uni.

Le conducteur de camion Steve Hallett roulait sur la Nationale A7 dans la région de Selkirk, non loin d'une antenne de télévision, lorsqu'il eut la surprise d'apercevoir un engin énorme, de forme discoïdale et illuminé qui se tenait dans le ciel juste devant lui. Son diamètre fut estimé à environ treize mètres. L'objet possédait des lumières colorées et vraisemblablement un dôme à son sommet. Les aiguilles des cadrans à l'intérieur du camion s'affolèrent. Steve arrêta le moteur et, fasciné, regarda l'ovni pendant une quinzaine de secondes avant qu'il disparaisse dans la nuit à une rapidité ahurissante.

Ce rapport m'a été envoyé par John Hay de St Mary's Loch, Selkirk, qui avait noté l'interview de Steve Hallett par Jill McPherson sur Radio Borders le lendemain de l'incident. « Le conducteur fut bouleversé par cette expérience », m'écrivit John Hay. « On m'a affirmé (Jill McPherson) que cet homme était quelqu'un d'assez terre à terre, n'ayant pas de raison d'inventer des histoires pareilles. »

25 juillet 1991 : Carleton, Québec, Canada.

Un groupe de campeurs a observé une boule blanche brillante qui survolait un champ voisin à 4 heures du matin. A plusieurs reprises, une lumière rouge nettement plus petite sortit de l'objet blanc et descendit vers le sol, au-dessus duquel elle se promena ici et là avant de remonter et de « se fondre » dans la boule brillante. Ce manège dura une bonne heure. (Christian Page/François Bourbeau, Ufology Research of Manitoba associates.)

8 août 1991 : Cherry Burton/Sancton, Humberside, Royaume-Uni.

A 23 h 02, le pilote Chris Venter promenait son chien dans un petit chemin près de son habitation lorsqu'il sursauta à la vue d'une énorme lumière blanche flamboyante qui traversa le ciel à basse altitude juste devant lui. L'objet se dirigeait de l'est vers l'ouest à environ 300 mètres. Quand il passa au-dessus de notre témoin sans le moindre bruit, celui-ci nota qu'il y avait une grosse lumière blanche à l'avant de l'objet et, à l'arrière, une espèce de structure arrondie. Sous le ventre, il observa de nombreuses petites lumières colorées. L'objet se déplaçait à la vitesse d'un petit avion de tourisme, puis vira, se rapprocha de M. Venter, lui passa juste au-dessus et s'éloigna vers le nord. « Cela ne ressemblait à aucun avion que je connaisse », affirma M. Venter. Mon chien et moi étions terrifiés.

A environ 23 heures, Len Dawson, toujours à Cherry Burton, rapporte qu'il a vu un gigantesque objet volant lui passer au-dessus de la tête. « J'étais dehors, et je me souviens qu'il faisait une belle nuit claire et sèche. Tout à coup, j'ai vu un énorme objet de forme oblongue qui se dirigeait vers moi dans le ciel. Il avançait très lentement, à environ trente-cinq mètres au-dessus du sol, et cela avait les dimensions d'un gros cottage. Le bout avant était rond, muni d'une espèce de phare lumineux très blanc, et lorsque c'est passé au-dessus de moi, j'ai pu observer qu'en dessous, il y avait une multitude de petites lumières de toutes les couleurs. Il y avait bien comme un bourdonnement sourd en fond sonore, vous savez, comme celui qu'émettent les transformateurs électriques... L'objet se déplaçait à environ trente kilomètres à l'heure et il a disparu dans la direction de York... »

A 23 h 15, Joyce Porter et quatre autres femmes s'en revenaient de la ville de York lorsqu'elles virent une grosse boule de lumière. « Nous nous trouvions dans la banlieue de York lorsque nous vîmes l'objet. Il paraissait solide et il était blanc et extrêmement brillant lorsqu'il traversa l'espace juste devant le nez de la voiture. Il ne se déplaçait pas à plus de soixante-quinze kilomètres à l'heure. C'était quelque chose d'extra-ordinaire à regarder, et nous sommes restées là, ébahies, pendant deux bonnes minutes. »

Vers 23 h 30, Liz Ibbotson et sa fillette Fiona remarquèrent la présence d'une boule lumineuse à l'extérieur de leur ferme (distance de sept ou huit kilomètres de Cherry Burton). Elles se précipitèrent au rez-de-chaussée pour mieux observer l'objet par la fenêtre. La boule lumineuse se tenait à quelque distance, suspendue en l'air ; à longueur de bras, son diamètre était d'environ sept centimètres et demi. Soudain, la lumière s'éloigna à une vitesse fulgurante, puis effectua un demi-tour, revint vers la ferme, passa en rase-motte au-dessus du toit et disparut.

Les deux témoins sortirent alors par la porte de derrière pour essayer de voir où s'était dirigée la boule lumineuse et constatèrent qu'elle se tenait à présent au-dessus d'un pylône de ligne à haute tension situé à une centaine de mètres de la maison. La boule commença à bouger et à revenir vers les témoins, repassa au-dessus de la ferme avec un vrombisse-ment sourd. En dessous de l'objet, on pouvait voir comme une croix de lumières colorées, formée d'une ligne de lumières rouges et d'une autre de lumières vertes ; au centre de la croix, il y avait une lumière blanche oblongue. Soudain, l'objet s'éteignit et disparut en une seconde. (Anthony Dodd, Quest International.)

Selon les commentaires d'un journal local, le personnel de l'aéroport d'Humberside et de la base militaire aérienne de Leeming ne purent rien donner comme explication. « En tout cas », dit Mme Ibbotson, « je ne vois aucun type d'appareil connu qui réponde à cette description. Et quelque chose de si lent n'est pas détectable par un radar ». (Steve Anderson, *Hull Daily Mail*, 10 août 1991.)

9 août 1991 : Pocklington, Humberside, Royaume-Uni.

Mme Pearce vit à Pocklington, à douze kilomètres de Sancton. Elle allait se coucher vers 1 heure du matin lorsque, par la fenêtre de sa chambre, elle aperçut une boule de lumière se tenant dans le ciel. Elle resta pétrifiée tandis que la chose commençait à avancer vers elle ; puis l'énorme boule passa au-dessus du toit de la maison à une vitesse d'environ soixante-quinze kilomètres à l'heure. Sous le ventre de la chose, il y avait des lumières en forme de croix, vertes pour un bras et rouges pour l'autre (exactement comme dans le rapport précédent). Cette scène fantastique dura au moins cinq minutes, sans aucun bruit. « Je n'avais jamais rien vu de semblable auparavant », avoua Mme Pearce. « Mes cheveux s'en sont dressés sur ma tête. » (Anthony Dodd, Quest International.)

13 août 1991 : Laguna Cartagena, Porto Rico.

Marisol Camacho rencontra deux étranges créatures, avec de grosses têtes et d'énormes yeux bridés, qui étaient en train d'examiner ses pots de fleurs devant sa maison durant la nuit. (Voir chapitre 13.)

19 août 1991 : Littlehampton, Sussex, Royaume-Uni.

A 3 h 30 du matin, Fiona Hamer, professeur de sciences, vit deux objets rectangulaires, vaguement lumineux, dans le ciel au-dessus d'une maison voisine. « J'étais au lit mais je me réveillai tout à coup — j'ignore ce qui m'a réveillée mais le fait est que je ne pouvais plus trouver le sommeil », dit-elle. « Je regardai par la fenêtre et aperçus deux gros rectangles, l'un en dessous de l'autre, qui survolaient les cheminées des maisons et qui disparurent. » Cela ne faisait aucun bruit et ce professeur est convaincu qu'il ne s'agissait pas d'un avion. (*Littlehampton Gazette*, 23 août 1991.)

20 août 1991 : à environ 300 kilomètres au nord-nord-ouest de Voronezh, Russie.

L'équipage du vol 2523 observa un énorme objet sphérique de couleur émeraude, qui émettait un faisceau lumineux en direction de la terre. (Voir chapitre 10.)

30 août 1991 : Granum, Alberta, Canada.

Quatre enfants racontent avoir aperçu un objet ovale survolant la ville à 22 heures. Leur description indique que l'objet « se déplaçait à grande vitesse » par moments, ou bien restait « flottant » dans l'espace. Depuis sa base, des lumières bleues, rouges et vertes clignotaient par intermittence. Quand toutes les lumières étaient éteintes, les enfants pouvaient distinguer une « longue forme noire » traversant le ciel, puis les lumières se rallumaient lorsque l'objet se trouvait un peu plus loin. A un moment où l'objet parut se rapprocher le plus du sol, il s'immobilisa en l'air, à la hauteur d'un poteau télégraphique. Un des enfants décrivit l'engin comme « une grande assiette avec des lampes dessus ». Aucun bruit ne fut perçu par les témoins. On retrouva sur le sol une trace circulaire devant un garage en ville, et l'on pense que l'engin est venu « se poser » là. (Gordon Kijeh, Ufology Research of Manitoba associates.)

30 août 1991 : Blairsville, Pennsylvanie, États-Unis.

Vers 23 h 15, deux dames qui roulaient sur la Nationale 22 en direction de Pittsburgh rencontrèrent un énorme objet triangulaire qui se déplaçait à basse altitude sur le côté de la route. Selon ces témoins, l'objet était formé de faisceaux lumineux uniformément blancs pour sa structure extérieure, tandis que l'intérieur émettait des faisceaux horizontaux qui étaient reliés à la structure extérieure. Toutes les lumières qui produisaient ces faisceaux étaient blanches et fixes. La surface restante de l'objet semblait translucide : les témoins disent avoir pu voir le ciel au travers. L'objet ne faisait aucun bruit et resta sur place tandis que les témoins s'éloignèrent en voiture. (Stan Gordon, *PASU Data Exchange*, n° 18, Pennsylvania Association for the Study of the Unexplained, décembre/janvier 1992.)

Fin août 1991 : Cuesta Blanca, Porto Rico.

Ulises Perez affirme avoir rencontré, en plein jour, une créature qui avait une énorme tête et d'immenses yeux noirs. (Voir chapitre 13.)

8 septembre 1991 : à environ 60 kilomètres à l'est de Pittsburgh, Pennsylvanie, États-Unis.

Vers 14 heures, un astronome qui se trouvait à bord d'un avion de ligne raconte avoir vu trois objets discoïdaux qui se déplaçaient à une vitesse incroyable et en formation triangulaire. Il est absolument convaincu qu'il ne s'agissait nullement d'avions ordinaires. (Stan Gordon, *PASU Data Exchange*, n° 18, décembre/janvier 1992.)

11 septembre 1991 : Loudon, New Hampshire, États-Unis.

A 19 h 30, une femme revenait chez elle en voiture avec sa fille et son fils (âgés respectivement de 6 et 10 ans). Comme la voiture s'engageait dans l'impasse qui menait à leur maison, l'autoradio se mit soudain à cracher des parasites, au point d'en devenir assourdissant et qu'il fallut couper le son. La mère gara la voiture dans l'impasse et pénétra immédiatement dans la maison pour libérer le chien. C'est alors que la fillette appela sa mère au-dehors.

Les enfants avaient le nez en l'air et ils regardaient deux énormes disques blancs qui passaient juste au-dessus du toit de la maison. Les deux disques étaient semblables, dans leur forme comme dans la configuration de leur éclairage. Tout autour, il y avait une rampe de lumières multicolores, dans les tons pastel, clignotant de manière apparemment anarchique. Sous le ventre des disques, on pouvait apercevoir trois cercles sombres en formation triangulaire vers l'arrière. Chaque disque avait les dimensions d'une petite maison et ils se déplaçaient côte à côte. On entendait à peine un très léger bourdonnement. La mère estima à environ trente ou trente-cinq mètres l'altitude à laquelle se trouvaient les deux engins. Leur luminosité était telle que la femme pouvait parfaitement détailler ce qu'il y avait au sol, tandis qu'ils s'éloignaient en direction de Canterbury.

Peu de temps après, la femme et ses deux enfants développèrent d'étonnants symptômes : la fillette eut des maux d'estomac, de la fièvre et des changements de comportement. Le garçon subit de grands changements au niveau du caractère, tandis que la mère acquit une fragilité du système veineux qui eut pour conséquence de fréquents bleus en cas de choc ; et de fait, en peu de temps, elle eut les jambes et les bras littéralement couverts d'ecchymoses. (New Hampshire MUFON monthly newsletter, janvier 1992.)

15 septembre 1991 : Gulf Breeze, Floride, États-Unis.

A 14 heures, un gigantesque ovni accompagné d'un objet plus petit furent repérés dans la région de Santa Rosa Shores et sur la Grande Nationale 98. Leur couleur était métallique. Le plus gros objet semblait être pourvu d'appendices tout autour ainsi que de plateaux, ou structures, empilés les uns sur les autres comme des assiettes. Les deux objets tournaient sur eux-mêmes lentement et dans le sens des aiguilles d'une montre. Soudain, ils s'élevèrent dans le ciel à la verticale. La distance la plus proche de la terre a été estimée à environ 165 mètres. Finalement, le plus gros objet « s'éteignit » et disparut, pendant que le plus petit s'éloignait tranquillement derrière le rideau d'arbres vers East Bay. (Joe Barron, *Sentinel*, Gulf Breeze, Floride, 21 novembre 1991.)

28 septembre 1991 : Szekesfehervar, Hongrie.

C'est près de ce village du nord-est de la Hongrie que le conducteur de camion Zoltan Bartus et un camarade affirment qu'ils ont été suivis par un ovni lumineux, en forme de soucoupe volante, aussi vaste que la pleine lune. Aussitôt arrivés à la maison, les deux hommes se précipitèrent au premier étage pour essayer de voir par une fenêtre de derrière ce que pouvait bien être cette chose qui, à ce moment-là, envoya un rayon de lumière verte à travers la pièce. La famille de Bartus raconte que, tandis que les chiens du voisinage hurlaient à s'époumoner, l'ovni prit la forme d'un cigare escorté par deux lumières plus petites, puis disparut. (*Daily Yomiuri*, Tokyo, Japon, 2 octobre 1991.)

Il est important de savoir que dans cette région, en juin 1992, sont apparus des cercles mystérieux dans les cultures, et que de nombreuses observations d'ovnis furent rapportées durant tout l'été. Un jeune garçon affirme avoir vu un objet jaune en forme de dôme bordé d'une lumière rouge, et son père dit avoir remarqué une masse de lumière rectangulaire clairement définie juste au-dessus du centre de Szekesfehervar. Apparemment, l'objet a laissé derrière lui un cercle de quarante mètres de diamètre ainsi que plusieurs triangles dans les champs des alentours. (*Arkansas Democrat-Gazette*, Little Rock, Arkansas, 12 août 1992.)

Octobre 1991 : Trowell, près de Nottingham, Royaume-Uni.

Ce rapport d'enquête a été préparé par Anthony James, de l'Association de recherche ufologique des Midlands Est (East Midlands UFO Research Association), qui a eu la gentillesse de m'en envoyer une photocopie. Le témoin, qui a souhaité garder l'anonymat, a signé le présent document relatant les conditions de ses observations :

Tous les matins, et six jours sur sept, mon réveil sonne à 4 h 10. Je me lève et vais m'habiller dans la pièce où se trouve pendu mon uniforme des Postes royales. De cette pièce, j'ai une vue imprenable et panoramique sur la campagne avoisinante, dépourvue de toute lampe ou bâtiment.

Un matin d'octobre 1991, je regardai par la fenêtre et remarquai une étoile extrêmement brillante et que je n'avais jamais repérée auparavant. Elle se situait au sud-est et presque juste au-dessus de Hemlock Wood. Comme cette position inhabituelle m'intriguait, je restai là à considérer cette étoile pendant quelques minutes, puis redescendis : depuis la fenêtre de la cuisine, je pouvais la voir aussi bien, et je me préparai mon petit déjeuner. Tout en terminant mes préparatifs pour aller travailler, je continuai d'avoir un œil sur mon étoile, et ce pendant un laps de temps d'un quart d'heure ou vingt minutes.

C'est alors que je commençai à me poser des questions : elle devenait de plus en plus brillante et elle augmentait de volume. Je pensai aussitôt à un avion se dirigeant vers l'aéroport d'East Midlands, qui se trouve à environ quinze kilomètres d'ici. Quelques minutes plus tard, j'aperçus un énorme objet brillant qui arrivait sur moi. Il se rapprochait très lentement. Je me précipitai dehors, mais il n'y avait plus qu'une traînée lumineuse qui disparut au-dessus du toit d'une maison voisine.

L'engin avait plusieurs sources lumineuses sous son ventre et des faisceaux tombaient verticalement vers le sol. Ces lumières étaient très différentes de celles que l'on pouvait remarquer au centre vers

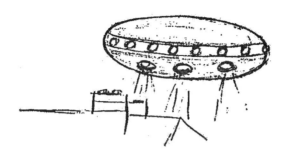

Fig. 1 (D'après le croquis du témoin)

l'arrière et qui paraissaient colorées et rotatives. L'engin ne se tenait guère à plus de trente mètres au-dessus du sol, et se mouvait avec une extrême lenteur ; j'entendis un sourd bourdonnement électrique qui ne pouvait provenir que de cet objet. Je n'ai pu l'observer qu'un très court instant mais je m'en souviens avec énormément de précision.

Souhaitant parler le moins possible de cette aventure, le témoin ne contacta l'*East Midlands UFO Research Association* que sur l'insistance de son mari, et accepta tout de même une interview avec Anthony et Carole James. « [Nous] croyons sincèrement qu'il s'agit là d'une observation authentique effectuée par une personne qui ne connaît strictement rien sur la question des ovnis », assurèrent-ils. « Il nous a fallu insister pendant plus d'un mois pour obtenir enfin des renseignements auprès de ce témoin si peu bavard. » (*East Midlands UFO Research Association*, 8 Roosa Close, Hempshill Vale, Nottingham, NG6 7BL.)

2 octobre 1991 : Arkhangelsk, CEI.

Vers 18 heures, des témoins aperçurent un ovni qui suivait le premier étage d'une fusée porteuse après son lancement à Plesetsk. (Voir chapitre 10.)

8 octobre 1991 : Reeves Knob, Boston Mountains, Arkansas, États-Unis.

Je remercie très chaleureusement Christine Lippert de m'avoir fait parvenir toutes les données d'une série d'observations d'ovnis (1991-1992) sur laquelle elle a elle-même enquêté dans les quatre comtés qui entourent Marshall, en Arkansas, dans les Ozarks. Voici un de ces rapports avec lequel il serait intéressant d'établir quelques parallèles si l'on se remémore les cas de Williamsport, en Pennsylvanie (vague d'apparitions d'ovnis de février 1992) ou celui des chasseurs de l'armée poursuivant des ovnis à Porto Rico.

Vickie (c'est ainsi que nous l'appellerons) observe ce type d'engin depuis 1990. Depuis sa maison, elle bénéficie d'une vue panoramique sur toute la région car elle habite dans les Boston Mountains, en hauteur donc, près de la forêt d'Ozark. Le 8 octobre 1991, une heure environ après la tombée de la nuit, apparut dans le ciel un gigantesque objet en forme de boomerang qui semblait stationnaire ou se déplaçait avec une extrême lenteur. Il se redressa et se tint à la verticale, comme appuyé sur une de ses extrémités, et une boule de lumière rouge très brillante en sortit pour se diriger vers le sud. Deux avions arrivèrent par le nord comme s'ils devaient le prendre en chasse ou l'escorter, alors il s'éloigna doucement et disparut.

9 octobre 1991 : Arkalyk, Kazakhstan, CEI.

Un objet discoïdal émettant des faisceaux lumineux traversa le ciel nocturne. (Voir chapitre 10.)

12 octobre 1991 : Tchernobyl, Ukraine.

Le journaliste Vladimir Savran photographia un ovni au-dessus de la centrale nucléaire. (Voir chapitre 10.)

19 octobre 1991 : Carrasco, Montevideo, Uruguay.

Luis Otegui, opérateur de la tour de contrôle de Carrasco, le principal aéroport de l'Uruguay, alluma tous les feux de piste lorsqu'il vit s'approcher ce qu'il crut d'abord être les phares d'atterrissage d'un avion commercial. Une lumière violente était en vue à environ 1 500 mètres de distance et à une altitude de 270 mètres, mais l'« appareil » n'apparut sur aucun radar, n'atterrit jamais et disparut aussitôt. Otegui rejeta toutes les explications conventionnelles. « Nous faisons ce travail depuis longtemps et nous savons parfaitement ce que sont les phares d'atterrissage d'un appareil, à quoi ils ressemblent, et c'était bien ça », raconta-t-il. (*Diario Popular*, Buenos Aires, Argentine, 21 octobre 1991.)

22 octobre 1991 : région de Wigan, Lancashire, Royaume-Uni.

Ce rapport établi par Bill Eatock m'a été transmis par Tony Dodd, de *Quest International*, qui a pu converser par téléphone avec le témoin aussitôt après l'incident :

J'avais acheté des appareils talkie-walkie et je voulais tester les distances auxquelles ils fonctionnaient dans de bonnes conditions. Vers 19 h 45, je partis en voiture après avoir laissé un des appareils à la maison, à ma femme ; je m'éloignai progressivement de mon domicile tout en appelant régulièrement mon épouse : nous vérifiions ainsi la portée et la qualité de notre matériel. Vers 20 heures, je suivais une petite route de campagne ; il faisait nuit claire et le temps était sec, aussi la réception de nos radios était-elle excellente.

Comme je roulais tranquillement, j'aperçus tout à coup un véritable mur de brouillard juste devant mes phares et cela m'a frappé : comment cette nappe de brouillard était-elle apparue si soudainement ? Je pénétrai dans cette purée et j'entendis immédiatement un son plaintif et strident qui augmenta de volume à un point tel que j'en eus mal aux oreilles. A cause du brouillard, je ne pouvais absolument rien distinguer. Ce son aigu devenait tellement insupportable que je vérifiai si je n'avais pas laissé la radio allumée. Ce n'était pas le cas. J'avais les tympans tellement agressés que je commençai à ne plus trop savoir où j'en étais. En désespoir de cause, j'arrachai les fils de ma radio, au cas où ça serait venu de là, et je coupai mon talkie-walkie. Mais ce son infernal persistait.

Je commençais à avoir l'esprit complètement brouillé lorsque je sortis de la nappe de brouillard : la route était à nouveau claire et le son avait disparu. Une autre chose étrange que je remarquai : habituellement, cette route est assez fréquentée. Or, je n'avais encore croisé personne. Je rentrai à la maison dans un état nauséeux, ma joue et mon oreille gauche littéralement en feu. Quand ma femme me vit, elle me dit que c'était comme si j'avais reçu un coup de soleil. Je ne sais pas ce qui a bien pu provoquer cela, mais je ne me sens pas bien du tout...

Pour la même nuit, d'autres rapports d'observations furent reçus et publiés par le *Wigan Reporter* (31 octobre 1991), même s'il me paraît évident (à moi, l'Éditeur) que, pour la plupart, l'installation laser de Blackpool devait être en cause.

2 novembre 1991 : Mar del Plata, province de Buenos Aires, Argentine.

Un film vidéo pris à 11 h 30 par Marta Julia Cassiccia révéla la présence dans le ciel d'un objet circulaire qui, après être resté un moment stationnaire, s'éloigna rapidement en laissant une longue traînée derrière lui. Selon les experts, la bande vidéo est vierge de toute fraude ou surimpression et la caméra est exempte de tout défaut mécanique. (*La Nación*, Buenos Aires, 30 novembre 1991.)

6 novembre 1991 : Beit She'an, Israël.

« C'était un objet brillant, immense par rapport à d'autres objets qu'on pouvait voir dans le ciel à ce moment-là », raconta le chef de la police locale qui venait d'apercevoir un ovni au-dessus de cette ville d'Israël. Le superintendant de district, Yitzhak Mordechai, déclara à la radio de l'armée que c'est un chauffeur de taxi qui, le premier, l'informa de cette apparition. Il était environ 3 h 30 du matin. Le chauffeur, Yossi Ben-Ha'ash, dit que l'objet ressemblait à une demi-ellipse lumineuse. « Nous nous rendîmes sur place et, effectivement, nous vîmes l'objet que nous essayâmes de suivre en direction de l'est », raconta Mordechai. « Il se tenait à quelque 200 mètres au-dessus du sol et cela a duré jusqu'aux premières heures du jour. Vers 6 heures du matin, il disparut. »

Prié de décrire la trajectoire de l'objet, il ajouta : « Il arriva à un point et là, il s'immobilisa, tourna sur lui-même, et au bout de quelques minutes, se dirigea vers le nord pour revenir vers le point initial où il s'était tout d'abord arrêté... Une force de police était avec nous et les hommes ont vu exactement la même chose. » (*Jerusalem Post*, 7 novembre 1991.)

9 novembre 1991 : l'est de la Pennsylvanie/frontière du Maryland, États-Unis.

A 18 h 50, un officier de police familiarisé avec les appareils de l'aviation en général remarqua un énorme objet fonçant vers lui à une altitude qui ne dépassait pas les 350 mètres. En contre-jour des nuages, cet objet, totalement silencieux, est apparu comme un immense triangle ou aile volante, bien plus gros que le Lockheed Galaxy, avec trois lumières distinctes à l'avant. L'officier de police appela par radio une autre patrouille motorisée qui se trouvait à sept ou huit kilomètres de là, dans la direction que semblait prendre le mystérieux objet volant. Deux minutes plus tard, le second officier de police vit à son tour l'objet dans le ciel. Sa vitesse fut estimée à 220 kilomètres à l'heure. (Stan Gordon, *PASU Data Exchange*, n° 18, décembre/janvier 1992.)

15 novembre 1991 : dans la région de Marshall, Arkansas, États-Unis.

Un groupe de chasseurs de ratons-laveurs observa un objet aux dimensions gigantesques planant silencieusement au-dessus d'eux et des bois, dans le secteur d'Alfred, au sud de Marshall. L'engin avait la forme d'un boomerang et ses dimensions étaient comparables à celles de trois stades de football réunis. Il était pourvu de lumières blanches très violentes et clignotantes. A un certain moment, trois grosses lumières rouges se séparèrent de l'objet et s'éloignèrent. (Voir fig. 2.)

Nos chasseurs furent si effrayés par ce spectacle qu'ils prirent la poudre d'escampette. Plus tard, des avions de

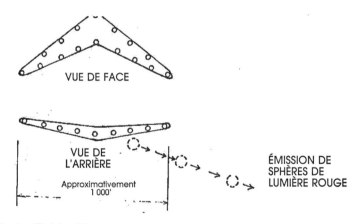

VUE DE FACE

VUE DE L'ARRIÈRE

Approximativement 1 000'

ÉMISSION DE SPHÈRES DE LUMIÈRE ROUGE

Fig. 2 (Christine Lippert)

275

reconnaissance patrouillèrent dans tout le secteur, ce qui ne s'était jamais vu dans ce coin perdu. (Christine Lippert.)

17 novembre 1991 : Saint-Pétersbourg, Russie.

A 3 h 35, Anna Gromova aperçut deux objets triangulaires immobiles dans le ciel au-dessus de la ville. (Voir chapitre 10.)

21 novembre 1991 : Witts Springs, Arkansas, États-Unis.

Voici le rapport d'observation de Christine Lippert sur un cas vécu personnellement :

... Il était environ 18 h 30 et la nuit était déjà tombée. J'étais dehors et je soignais mes vaches. Mon regard fut attiré vers le ciel où était apparue une boule de lumière de couleur rouge orangé, très brillante et qui restait stationnaire à l'est. C'était à peu près aussi gros que dix fois l'étoile la plus brillante. C'est alors que j'entendis le bruit de plusieurs avions qui arrivaient au nord de l'objet. J'ai soudain vu les avions (en fait des chasseurs de l'armée) qui prenaient l'objet en filature comme s'ils voulaient l'intercepter. L'objet « s'éteignit » et disparut purement et simplement, pour réapparaître plus loin à l'est, les avions toujours à ses trousses. Une fois encore, sa luminosité disparut et lui avec. Ce manège dura plusieurs minutes et c'était comme s'il jouait au chat et à la souris. Il ne se passa pas beaucoup de temps avant que le ciel ne soit rempli d'avions vrombissants, ce qui se voit plutôt rarement dans notre coin. J'appris plus tard que beaucoup de gens, comme moi, avaient suivi les mêmes événements...

Ce même jour, Vickie (voir le cas du 8 octobre 1991) observa un engin en forme de V ou de boomerang qui se dirigeait de l'est, vers Reeves Knob. Quatre énormes sphères rouges quittèrent l'engin principal par le dessous. Des objets plus petits et de forme triangulaire suivaient le gigantesque engin. Cette fois-là encore, tout s'est déroulé dans le plus complet silence. (Christine Lippert).

24 novembre 1991 : North Port, Floride, États-Unis.

David Kersky, ancien pilote de chasseur durant la Seconde Guerre mondiale, aperçut un ovni cylindrique qui, dans la soirée, vint en droite ligne survoler sa résidence de Mayberry

Avenue. La voisine de Kersky, Rita Maul, a vu la même chose. Les deux témoins affirment que l'objet n'était pas très éclairé, qu'il ne faisait aucun bruit, et qu'il volait plus vite qu'un avion de ligne normal. (Beth Sumner, *Sun Times*, North Port, Floride, 27 novembre 1991.)

27 novembre 1991 : Taunton, Somerset, Royaume-Uni.

Anne et Fred Hickox affirment qu'un ovni a survolé Taunton à 10 heures du matin. « Nous avons très bien vu une chose ronde qui traversait le ciel avec deux « pattes » qui pendaient par en dessous », dit Mme Hickox. « Il y avait un machin rectangulaire sur le dessus. Ça bourdonnait et ça a traversé l'espace à une vitesse fulgurante. »

M. Hickox décrit l'objet comme « une immense méduse » gris foncé. (*Somerset County Gazette*, 29 novembre 1991.)

27 novembre 1991 : Saint-Nicholas, Liège, Belgique.

Objet vu au-dessus de Saint-Nicholas, Liège, Belgique. (Voir fig. 3.)

4 décembre 1991 : Hoveton, Norfolk, Royaume-Uni.

M. Roxham, ancien pilote de l'Armée de l'air, raconta qu'à 18 heures, tandis qu'il roulait en voiture avec sa fille, il aperçut un objet en forme de cigare à environ 500 mètres d'alti-

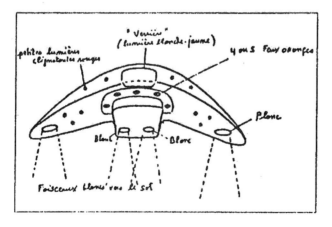

Fig. 3 (SOBEPS)

tude. L'objet avait à chaque bout une intense lumière blanche et, tout du long, une rangée de hublots de couleur jaune. Tandis que les deux témoins l'observaient, il partit comme une flèche à la vitesse d'environ 450 kilomètres à l'heure. M. Roxham arrêta son véhicule, ouvrit la fenêtre de sa portière, coupa le moteur et sortit pour mieux voir.

L'objet passa au-dessus de leurs têtes. En dessous, les témoins purent apercevoir de nombreuses lumières, à la fois rouges, vertes, bleues et blanches. Quelques instants plus tard, l'objet revint et passa à nouveau au-dessus de nos témoins mais dans l'autre sens, puis s'immobilisa à quelque distance. « Nous avons assisté à ce manège pendant quarante-cinq minutes », dit M. Roxham. « A coup sûr, ce n'était ni un hélicoptère ni un avion que nous connaissons. Ses dimensions correspondaient à celles d'un Airbus A310 ». (Anthony Dodd, *UFO Magazine*, vol. II, n° 1, mars/avril 1992.)

6 décembre 1991 : Teynham, près de Sittingbourne, Kent, Royaume-Uni.

Un énorme ovni a été aperçu à quelques mètres au-dessus de Teynham Church. Il était 17 h 45. Mme Lynne Yates fut appelée par ses enfants pour voir l'objet qu'ils avaient repéré. « D'abord, on aurait dit une très grosse étoile », déclara-t-elle, « mais quelque chose en sortit et il y eut ces rayons lumineux qui commençaient à clignoter. C'est resté là pendant une bonne demi-heure. Je n'avais jamais rien vu de semblable auparavant. Il y avait quelque chose d'ovale sur le dessus, mais par en dessous, on ne pouvait rien distinguer à cause des lumières rouges, jaunes, vertes et bleues ». L'engin s'éloigna enfin et disparut derrière l'horizon. D'autres témoins observèrent le même phénomène. (*East Kent Gazette*, Sittingbourne, Kent, 11/18 décembre 1991.)

7 janvier 1992 : région de Prague, Oklahoma, États-Unis.

Cette nuit-là, un fermier, sa femme, sa fille et un autre couple purent observer un extraordinaire phénomène. D'abord, ils virent deux énormes lumières blanches entre leur maison et un relais hertzien situé à quelques centaines de mètres vers le sud. Apeurée, l'épouse rentra dans la maison et n'assista pas à la suite des événements.

Ensuite, une petite boule rouge apparut et passa devant les lumières plus importantes ; apparemment, elle passa aussi derrière l'une d'elles car on ne la revit plus. Les quatre témoins, qui restèrent fidèles au poste, observèrent les deux ovnis stationnaires pendant environ quatre à cinq minutes. C'est alors qu'un grand nombre d'hélicoptères arrivèrent du fond de la vallée du fleuve pour se diriger vers l'ouest. Ils se scindèrent en deux groupes, l'un patrouillant au-dessous du niveau de la ferme, l'autre explorant la vallée. L'un des deux groupes prit la direction des ovnis, qui ne bougeaient toujours pas. L'autre groupe émergeant de l'est, les ovnis s'éloignèrent à toute vitesse.

Les hélicoptères continuèrent leur ballet au-dessus de tout le secteur et, finalement, se retirèrent. Peu de temps après, les deux ovnis avaient réintégré leur position première : ils restèrent là un bref instant puis s'enfuirent à toute allure de nouveau. Pendant tout le temps que dura cette observation, les chiens et les chats de la ferme furent complètement affolés. (Ken Memoli/ Richard Seifried, *Oklahoma MUFONews*, avril 1992.)

10 janvier 1992 : Huntsville, Alabama, États-Unis.

Une infirmière qui se rendait en voiture à son travail, à 5 h 45 du matin, aperçut un engin circulaire entouré de multiples lumières à sa base, d'un diamètre long comme un semi-remorque, avec sur son sommet trois ouvertures carrées faiblement éclairées à l'intérieur : c'est ce qu'elle déclara. L'engin s'immobilisa au-dessus de la route de Blake Bottom, et le témoin essaya en vain de passer par-dessous. « Les lumières jaillirent au moment où je ralentissais », dit-elle. « Je n'ai pas eu peur jusqu'au moment où j'ai voulu passer dessous. J'appuyai sur le champignon parce que je me disais que cette chose allait tomber devant moi. »

En s'engageant sur l'autoroute 53, notre témoin ne regarda pas dans le rétroviseur et arriva à 6 heures. Les officiers du contrôle aérien de l'aéroport international de Huntsville ne remarquèrent rien d'anormal. « Je ne sais pas s'ils l'ont vu, ou non », ajouta le témoin, « mais ils ne pouvaient vraiment pas le rater. » (Paige Oliver, *Time*, Huntsville, 12 janvier 1992.)

24 janvier 1992 : Tetbury, Gloucestershire, Royaume-Uni.

Une femme, qui préfère conserver l'anonymat, raconte avoir vu une étoile à cinq branches, énorme et toute dorée, qui se déplaçait très lentement à environ 160 mètres de hauteur au-dessus de sa maison, entre Tetbury et Malmesbury, très tôt le matin. L'objet semblait tourner sur lui-même et faisait un bruit de bourdonnement. Soudain il disparut à une vitesse fulgurante en direction de Cirencester. La femme déclara également que la taille de l'objet était celle d'un petit avion et qu'elle avait pu distinguer une rangée de points sombres sous son ventre. (Tom Flint, *Wilts & Gloucestershire Standard*, 31 janvier 1992.)

25 janvier 1992 : Gulf Breeze, Floride, États-Unis.

En même temps qu'un groupe de gens qu'il emmenait, le pilote privé Glen Bradley aperçut un ovni — un de ceux qui ont été observés et filmés dans ce « point chaud » en 1992. L'incident eut lieu à 19 h 55 :

... Je regardais vers l'est et vis quelque chose qui ne ressemblait en rien aux avions que je connaissais. C'était une très grosse lumière rouge de forte intensité, qui se déplaçait lentement vers le sud (et contre le vent). Elle devait se trouver à environ 12 000 mètres en face de moi. Tandis que cet objet volant non identifié rouge et brillant se dirigeait vers le sud, une autre lumière rouge identique apparaissait et disparaissait tour à tour ; la première disparut derrière le rideau d'arbres juste devant moi... J'avais attrapé mes jumelles : grâce à elles, je pus mieux me rendre compte combien l'intensité lumineuse de l'objet était impressionnante... Cela n'avait rien à voir avec n'importe quelle lumière que j'avais pu voir en plus de vingt ans de navigation aérienne...

(Glen Bradley, *Islander*, Pensacola, Floride, 31 janvier 1992.)

28 janvier 1992 : région de Bramfield, Suffolk, Royaume-Uni.

Mme Wood emmenait en voiture sa petite fille de 6 ans. Elle avait pris la direction de Bramfield. Le temps était froid et clair. Soudain, une très brillante lueur se dirigea vers les deux témoins depuis un emplacement situé assez bas dans le ciel. Quelques mètres plus loin, Mme Wood décida de garer la voiture et de sortir pour voir cela de plus près. Elle remarqua qu'elle n'était pas la seule à avoir laissé son véhicule sur le bas-côté de la route pour observer ce qui se passait.

L'ovni était à présent très visible : c'était un énorme objet circulaire doté d'un puissant « phare » pointé vers le sol depuis son ventre, et de lumières plus petites sur son pourtour qui, elles aussi, lançaient des faisceaux vers le bas.

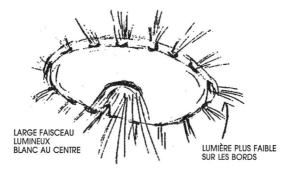

LARGE FAISCEAU LUMINEUX BLANC AU CENTRE

LUMIÈRE PLUS FAIBLE SUR LES BORDS

Fig. 4   (D'après un croquis du témoin)

A plusieurs reprises, l'objet, qui se déplaçait avec une extrême lenteur, s'arrêta et resta stationnaire durant quelques minutes, puis il se dirigea vers un champ voisin où il s'immobilisa de nouveau. Mme Wood fut très impressionnée par la multitude des rayons lumineux « qui s'entrecroisaient » ou qui « clignotaient » dans le champ. Au cours de cette observation, l'engin principal s'éloigna à toute vitesse pour revenir quelques minutes plus tard. Malgré le fait que tout paraissait s'effectuer dans le plus grand silence, Mme Wood perçut cependant une espèce de bourdonnement ou vibration, « comme si ce son n'était pas perceptible par notre système auditif ». Les témoins assemblés là restèrent encore quelques minutes à considérer cette scène étonnante, puis Mme Wood continua sa route vers son domicile.

(Anthony Dodd, *UFO Magazine*, vol. II, n° 1, mars/avril 1992.)

30 janvier 1992 : : région de Marshall, Arkansas, États-Unis.

Vers 21 h 10, une « aile volante » géante fut repérée au sud de Marshall : elle avait de nombreuses lumières brillantes de couleur blanche, et elle survolait la cime des arbres à environ 350 mètres d'altitude dans le plus parfait silence. Sa taille fut estimée comparable à celle d'un avion de transport, ou plus importante encore. On rapporte que des avions d'observation patrouillèrent dans le secteur, soit pour en savoir davantage, soit pour l'escorter. C'est là qu'on s'aperçut qu'un avion, comparé à l'engin volant, avait des dimensions ridicules. (Christine Lippert)

5 février 1992 : Williamsport, Pennsylvanie, États-Unis.

Une vague d'objets de grandes dimensions, en forme de boomerang ou de triangle, a été observée par de très nombreux témoins entre 18 heures et 20 h 30 (voir chapitre 8).

7 février 1992 : Carleton Moor, près de Skipton, Yorkshire, Royaume-Uni.

Il était 22 heures lorsque Brett Young roulait vers le quartier général du contrôle aérien de la Sécurité nationale. En traversant Carleton Moor, il vit soudain une boule de lumière bleue très brillante qui se tenait devant son pare-brise. L'objet se maintint dans cette position durant un court moment, bien que la voiture de M. Young roulât à environ quarante-cinq kilomètres à l'heure. Le témoin s'arrêta sur le bord de la route : l'objet était toujours là. Tout à coup, il « disparut » au loin à une vitesse incroyable.

Brett Young a comparé cet objet à quelque chose « en forme d'os », environné d'une espèce de lueur bleutée comme celle d'un tube au néon, ce qui lui donna l'impression que l'objet était circulaire jusqu'au moment où il put le distinguer à travers cette luminescence. A l'instant où l'objet fut le plus proche du témoin, c'est-à-dire approximativement à un mètre seulement, sa taille fut estimée à environ vingt-cinq centimètres. (Anthony Dodd, *UFO Magazine*, vol. II, n° 1, mars/ avril 1992.)

8 février 1992 : Hebden Bridge, Yorkshire, Royaume-Uni.

Vers les 21 h 30, Frank Skinner et deux de ses proches rentraient à Halifax en voiture lorsque M. Skinner, assis sur le siège arrière, aperçut un objet qui ressemblait à un autocar, toutes fenêtres allumées, et qui paraissait effectuer des tours sur lui-même. Sur le dessus et sur les côtés, on pouvait voir « une rangée de lumières féeriques » qui clignotaient et pivotaient. M. Skinner en informa le conducteur, son cousin, qui en perdit presque le contrôle de son véhicule quand à son tour il repéra l'objet : celui-ci se trouvait alors sur le sommet d'une colline, du moins apparemment. Au bout de trente secondes, l'objet disparut sans laisser de trace. (*Skylink*, n° 2, avril 1992, London UFO Studies, 10A Tudor Road, Barking, Essex, IGII 9RX.)

9 février 1992 : Llangurig/Llanidloes, Powys, pays de Galles, Royaume-Uni.

A 5 heures du matin, deux gardiens de la sécurité en poste au sein d'une entreprise « sensible » racontent qu'ils ont vu un objet d'un bleu très brillant qui avait la forme d'une traditionnelle soucoupe volante, avec un dôme à son sommet. « Les témoins affirmèrent que pendant le temps que dura cette observation, il y a eu dans tout le secteur une panne totale d'électricité », rapporta Tony Todd, ancien sergent de police, qui mène des enquêtes pour *UFO Magazine*. « Tandis qu'ils continuaient à regarder le disque, ils notèrent le type de manœuvre auquel il se livrait : d'abord, l'objet passa à leur gauche à toute allure, puis il tourna à droite avec une rapidité remarquable. L'objet n'était distant que de 400 mètres environ et fut visible pendant au moins trente minutes.

« Cinq heures plus tard, il était de retour — et ce pendant que nous parlions au téléphone. Les deux témoins écourtèrent leur conversation parce qu'ils eurent peur d'être repérés par les autorités. » (Anthony Dodd, *UFO Magazine*, vol. II, n° 1, mars/avril 1992.)

10 février 1992 : Henri-Chapelle, Belgique.

Durant le mois de février 1992, Stephen Greer, médecin, et quelques membres de son groupe de recherche, le CSETI (*Center for the Study of Extraterrestrial Intelligence* : Centre d'études sur l'intelligence extra-terrestre), quittaient les États-Unis pour se rendre en Belgique et rencontrer les principaux témoins et enquêteurs qui assistèrent à cette incroyable vague d'apparitions d'ovnis qui eut lieu dans ce pays (tous de forme boomerang ou triangulaire), c'est-à-dire plus de 3 500 cas depuis 1989. Le docteur Greer et son équipe eurent eux-mêmes l'opportunité de repérer quelques-uns de ces objets inhabituels. Voici la description détaillée d'une de ces observations par le docteur Greer :

Pendant la nuit du 10 février 1992, nous nous rendîmes en compagnie du docteur Brenig★ sur une crête qui surplombait la ville d'Henri-Chapelle, à environ quinze kilomètres d'Eupen... Vers 22 heures, nous notâmes le passage d'un convoi de camions militaires ou officiels... Il était évident que le matériel transporté par ce convoi exceptionnel faisait l'objet d'un grand déploiement de forces de sécurité...
Le docteur Brenig nous quitta vers 23 heures pour retourner à Bruxelles... Nous continuâmes notre travail de sentinelle encore pendant plusieurs heures, et vers minuit et demi ou 1 heure du matin, nous vîmes arriver de loin un autre convoi de véhicules, plus important que le premier... et cette fois sous très haute surveillance... De notre point d'observation, nous nous contentions d'assister à ce grand défilé lorsque, par une percée dans les nuages, nous remarquâmes l'apparition d'une lumière énorme, jaune clair et très brillante, qui se mouvait lentement et qui paraissait plus large que le disque de la pleine lune. Il est important de noter que dans le même temps nous pûmes voir, également à travers les nuages, la lune qui se situait dans la direction opposée à cette lumière insolite. En fait, la lumière se tenait au-dessus du fameux convoi. Mais

★ Du groupe de recherche de Belgique SOBEPS. (*N.d.É.*).

bientôt d'autres nuages s'amoncelèrent et la lumière disparut à nos yeux.

Quelques minutes plus tard, le convoi n'étant plus visible, nous entendîmes — et sentîmes — une espèce de roulement profond, une vibration sourde et intense, juste au-dessus de notre voiture. Cela dura de dix à trente secondes, et semblait venir des nuages qui nous surplombaient... Ce bruit n'avait rien de commun avec tout ce que nous connaissions jusqu'alors ; en tout cas, ce n'était pas le roulement du tonnerre ou du moteur d'un avion, ou même du passage du mur du son par un jet supersonique. Chacun de nous éprouva la sensation que ce bruit émanait d'un objet puissant et gigantesque qui demeurait caché au cœur des nuages, au-dessus de nos têtes — comme si des millions de transformateurs se mettaient tout à coup à vrombir jusqu'à saturation ou explosion.

.... Le son ne semblait pas provenir de quelque chose qui se déplaçait, et une seconde vague sonore se produisit peu après, tout aussi impressionnante que la première...

(Stephen M. Greer, *MUFON UFO Journal*, n° 289, mai 1992.)

11 février 1992 : Calumet, Oklahoma, États-Unis.

Après des cas de mutilations de bétail dans la région, Travis Dean et sa fiancée aperçurent une lumière brillante flanquée d'autres lumières colorées, au-dessus d'un champ, à 20 h 15. L'objet commença à suivre les témoins qui roulaient en voiture et qui, à leur tour, tentèrent (sans succès) de suivre l'objet. (Voir chapitre 11.)

15 février 1992 : Warrington, Cheshire, Royaume-Uni.

M. W. se trouvait sur l'autoroute M62 qui mène à Manchester, dans la région de Birchwood. Il était 19 h 15 lorsque sa fiancée, qui se trouvait sur le siège à côté, lui fit remarquer qu'il y avait un ovni en face d'eux. En quittant l'autoroute à Gorse Govert, l'objet apparut soudain nettement plus proche. Surmonté d'un dôme, l'objet avait à sa base une myriade de lumières blanches ou de fenêtres éclairées qui effectuaient un mouvement rotatoire ; il se tint un moment au-dessus de la réserve naturelle de Risley avant de disparaître dans un épais nuage. (Manchester UFO Research Association, *Northern UFO News*, n° 155, juin 1922.)

19 février 1992 : Hillindgon, Middlesex, Royaume-Uni.

A 22 h 27, une conductrice rencontra un énorme objet en forme de disque, à la jonction des routes de Field Heath, Lees et Harlington. Une enquête sur cet incident fut menée par Darren John Gillett qui a eu l'amabilité de m'en envoyer une photocopie :

... Il était aussi lumineux qu'un lustre et tout blanc. Le dôme, ainsi que la surface supérieure, avaient cette même couleur immaculée, et, selon le témoin, l'objet ne semblait n'émettre ni vapeur ni lueur. La surface inférieure, quant à elle, était bordée par de multiples lumières rondes qui paraissaient de même couleur et de même intensité : elles étaient toutes également espacées les unes des autres et, au milieu, il y avait comme une bande étroite légèrement moins éclairée. Notre conductrice ajouta par la suite que l'objet avait piqué un peu sur sa droite. Elle ne se souvient pas si le dessous de l'objet était illuminé, mais finalement, elle ne le croit pas.

Ce soir-là, le ciel était clair avec seulement un petit nuage à haute altitude. Les étoiles étaient très visibles, ainsi que la lune, sauf si l'objet lumineux était devant ou près d'elle. Plus tôt dans la soirée, un dirigeable avait traversé l'espace, mais notre témoin sait parfaitement faire la différence entre un dirigeable et ce genre d'objet...
Apparemment, sa voiture ne subit aucun dysfonctionnement mécanique. Cette dame remarqua que d'autres voitures circulaient nor-

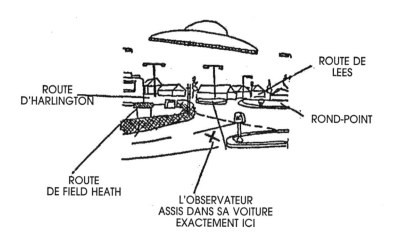

ROUTE DE LEES

ROUTE D'HARLINGTON

ROND-POINT

ROUTE DE FIELD HEATH

L'OBSERVATEUR ASSIS DANS SA VOITURE EXACTEMENT ICI

Fig. 5 (Darren Gillett)

malement dans les environs et que personne ne semblait avoir repéré, comme elle, l'objet étrange dont elle estima le diamètre à facilement 250 mètres. Toutes ces informations m'ont bien évidemment amené à examiner le site et à questionner le témoin.

Le temps d'observation ne dura que six ou sept secondes car notre témoin, pour en avoir le cœur net, retourna aussitôt à Hayes Sports Ground pour aller chercher sa sœur afin que celle-ci l'accompagne sur le site et donne son opinion. Ces allées et venues prirent environ sept ou huit minutes ; entretemps, l'objet s'était envolé... Le témoin n'a pas remarqué d'odeur inhabituelle, de décalage insolite dans le temps... ou d'appareils conventionnels et autres machines volantes de fabrication humaine (les bases aériennes de Northolt et de Uxbridge sont toutes proches.) Cette dame est absolument abasourdie par ce qu'elle a vu, mais elle a essayé de ne plus en parler autour d'elle à cause des plaisanteries de ses parents et amis...

J'aimerais faire remarquer que, non loin du site d'observation, se trouvent l'aéroport d'Heathrow, ainsi que le quartier général qui contrôle le trafic aérien militaire (situé à Uxbridge mais relié au contrôle central du trafic aérien de Londres, installé à West Drayton). L'objet aurait-il été intercepté par les faisceaux radar ? Selon un membre du personnel du contrôle aérien, ce type d'objet, à cause de sa très basse altitude, n'aurait pu être enregistré que comme un « phénomène au sol ».

25 février 1992 : East Fork, Bath County, Kentucky, États-Unis.

A 9 h 30 du matin, Bill Goldy, alerté par un de ses employés, James Carpenter, vit apparaître un objet inhabituel à environ trente mètres au-dessus de sa ferme de quatre-vingt-sept arpents — environ 35 hectares. C'était un objet de petite taille (Voir fig. 6, p. 287) qui atterrit dans un trou entre les arbres, se déploya et finit par ressembler à un cercle d'aluminium très brillant qui clignotait avec des éclairs étincelants bleus, verts et jaunes. Goldy se rendit sur la colline pour soigner son bétail et revint pour chercher l'objet, mais il ne trouva rien, même après trois heures d'inspection en règle de tout le coin. « Je ne sais pas du tout ce que cela pouvait bien être, d'où c'est venu, et où c'est tombé... Vraiment, je n'y comprends rien », fit Goldy. « Je ne veux pas de publicité... J'ai simplement vu cet objet, et ma foi, c'est tout ce que j'ai à dire. » (Andy Mead, *Herald-Leader*, Lexington, Kentucky, 13 mars 1992.)

25 fév. - 9 h 30

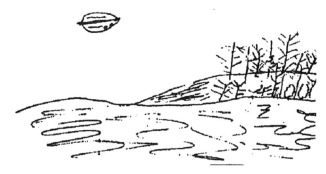

Fig. 6   (Billy Goldy)

3 mars 1992 : Concord, New Hamphire, États-Unis.

Vers 19 h 50, alors qu'il roulait en voiture, Roger Cross aperçut un énorme objet vaguement triangulaire dans la région de Concord, le long de la route 3A et de south Main Street.

L'objet avait des lumières blanc-bleuté qui pulsaient ; il disparut derrière le rideau d'arbres près de Broadway. Cross affirme que cet objet avait « des dimensions terribles », et qu'il volait juste au-dessus de la cime des arbres en produisant un bruit « comparable à la pluie qui tombe de plus en plus fort sur une toile de tente par une nuit d'orage estival ». A partir de 18 heures, d'autres témoignages ne cessèrent d'affluer depuis Claremont, Newport, Bradford, Salisbury, Penacook et, bien sûr, Concord. (*Union-Leader*, Manchester, New Hampshire, 7 mars 1992.)

3 mars 1992 : Greensboro, Caroline du Nord, États-Unis.

Robert Benson, sa fiancée Cathy Kenny et un ami, Melvin Ferguson, se trouvaient devant leur caravane sur un parking le long de la route de Randleman vers les 20 h 40, lorsqu'ils

288

remarquèrent un objet entouré de lumières stroboscopiques qui volait lentement en faisant un bruit sourd.

« Ça avait à peu près la taille d'un DC-9 », déclara Benson. « Ma première pensée a été : cet avion vole trop bas. Il se trouvait à environ quatre-vingts mètres d'altitude. J'ai tout de suite pensé qu'il allait s'écraser. Le chat de Cathy semblait complètement tétanisé et ne pouvait plus remuer un muscle. L'objet disparut derrière la colline toute proche, vira de bord et revint vers les témoins médusés. Robert et Cathy sautèrent dans la voiture et empruntèrent la route de Creekridge.

« On aurait dit qu'il nous suivait », affirma Robert Benson. A peu près au même instant, un témoin anonyme appela le bureau du journal *News & Record* et déclara qu'il venait de voir un objet très bruyant et très lumineux qui se tenait au-dessus des voies Lees Chapel Road et Church Street, au nord de Greensboro. (Jim Schlosser et Bernie Woodall, *News & Record*, Greensboro, 5 mars 1992.)

4 mars 1992 : Disley, Cheshire, Royaume-Uni.

A 20 h 30, alors qu'elle promenait son chien autour de Lyme Park, Mlle B. observa la présence d'une espèce de « beignet » brillamment éclairé, avec un renflement à la base et des lumières, ou des fenêtres, en alignement de chaque côté. L'objet lumineux avait approximativement les dimensions d'un bus à impériale. Il sortit des arbres à vive allure et grimpa vers le ciel pour prendre la direction du nord, à la poursuite de quelque chose de mystérieux. (Roy Sandbach, *Northern UFO News*, n° 155, juin 1992.)

5 mars 1992 : Perth, Australie de l'Ouest.

Une femme roulait vers le nord sur la route de Wanneroo lorsque son regard fut attiré par un objet blanc lumineux à sa droite, et qui semblait faire la course avec son véhicule. Tournant à gauche pour emprunter l'avenue Whitfords vers l'ouest, elle eut la surprise de voir tout à coup un objet presque sur le pare-brise et sur le toit de sa voiture. C'était énorme et de forme triangulaire, avec une lumière blanche à chaque pointe. Vers l'arrière, il y avait, décalé par rapport au centre de l'objet, une lumière verte. Le témoin n'entendit aucun bruit et l'objet s'est littéralement volatilisé. (Brian Richards, *UFO Data Collection Centre*, UFORUM.)

9 mars 1992 : New Kensington, Pennsylvanie, États-Unis.

Deux jeunes garçons, de 8 et 10 ans, jouaient près du cimetière situé à un kilomètre et demi du Centre de Recherche d'Alcoa, lorsque vers 18 h 30 ils remarquèrent que quelque chose approchait dans le ciel en venant de l'est. Les enfants ont comparé cela à une « voiture volante » avec deux phares. L'objet se livrait à des cabrioles aériennes, ce qui permit aux deux garçons de détailler le dessus et le dessous de l'objet.

Cet engin avait la forme d'un disque gris ou argenté, avec deux protubérances à son sommet. Quand il atteignit le centre du cimetière, les deux espèces de « phares » s'éteignirent et un faisceau lumineux extrêmement brillant sortit par dessous. Au même instant, toute une kyrielle de lumières blanches et rondes s'allumèrent à la fois sur les périmètres supérieur et inférieur de l'objet. Le faisceau lumineux était littéralement aveuglant et les jeunes garçons ne pouvaient le regarder sans avoir mal aux yeux. L'objet fit alors un bruit comparable à celui d'un avion à réaction. Il était aussi gros qu'un camion.

Terrorisés, les enfants s'accroupirent derrière une tombe, mais l'objet sut les trouver et les éclaira de plus belle avec son rayon lumineux. Les enfants se précipitèrent vers la route et coururent sur une distance de trente mètres environ. Quand le plus jeune atteignit la route, il s'aperçut qu'il courait au milieu d'un cercle : l'objet le suivait encore de son rayon lumineux. Mais quand les deux enfants se retrouvèrent ensemble sur la route, l'objet vira de bord et retourna vers le cimetière.

Il est tout de même intéressant de noter que le Centre de recherche d'Alcoa est réputé spécialisé dans la stratégie défensive (SDI : *Strategic Defense Initiative*, c'est-à-dire « la Guerre des Étoiles ».) Le premier enquêteur sur ce cas fut Dennis

Stadterman, membre du PASU en même temps qu'officier de police et chef de section des états d'urgence. (*PASU Data Exchange*, n° 19, avril 1992.)

10 mars 1992 : Kings Lynn, Norfolk, Royaume-Uni.

C'est à ma demande que David Dane, artiste bien connu du Norfolk, a bien voulu enquêter sur cet incident, après que j'ai eu connaissance d'un article de presse sur ce qui se passait dans cette ville (*Lynn News & Advertiser* du 10 avril 1992.) Voici ce rapport :

Le mardi 10 mars au soir restera gravé dans la mémoire de Marilyn Preston et de ses filles, Kim et Kerry. La famille Preston habite l'avenue Woodwark, à Kings Lynn. Marilyn travaille à l'hospice de Sydney Dye. Ce mardi-là, elle était de la brigade qui assure le service entre 14 heures et 21 heures. Elle rentra chez elle en voiture, mais repartit presque aussitôt, c'est-à-dire à 21 h 30, pour remmener le fiancé de Kim chez lui. En roulant, ils remarquèrent que les haut-parleurs de l'autoradio émettaient des craquements bizarres. D'autant plus que personne n'avait allumé la radio.

Après avoir déposé le fiancé à Middleton, qui est tout proche, Marilyn et ses deux filles, à l'arrière dans la voiture, entamèrent le chemin du retour. Il était 22 heures. Notons que Kim a 17 ans et Kerry 11 ans. Tout en roulant, les trois témoins aperçurent une étoile très brillante et supposèrent qu'il s'agissait de l'étoile Polaire jusqu'au moment où l'étoile sembla bouger et traîner derrière elle une queue rouge. La fameuse « étoile » se mit ensuite à grandir de façon effrayante, et en l'espace de quelques minutes, elle se transforma en un objet extrêmement lumineux qui descendit sur la route juste devant le capot de la voiture.

Décrit et dessiné par Kerry (fig. 7) comme un engin en forme de soucoupe, l'objet planait au-dessus des bâtiments de l'usine Camp-

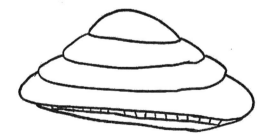

Fig. 7   (Kerry Preston)

bells et Jaeger : il paraissait plus large qu'une autoroute à quatre voies, comme celle de Hardwick.

A ce spectacle, la jeune Kim devint littéralement hystérique dans le fond de la voiture ; elle hurlait : « Maman, reste bien sous les lampadaires ! » car elle ne voulait surtout pas que l'objet les suive dans une ruelle sombre. L'objet à présent stationnaire, d'apparence métallique et enveloppé dans une espèce de brouillard ou vapeur, sembla si proche que la famille Preston eut l'impression qu'elle aurait pu aisément le toucher.

Selon le témoignage de Kerry, le dessous de l'objet était éclairé par des lumières d'un bleu fluorescent sur le pourtour et une autre au centre, de couleur jaune clair très brillante. La famille Preston déclara que lorsque la voiture passa sous l'objet, celle-ci sembla flotter, et toutes trois eurent, en même temps, l'étrange sentiment que ce qui les entourait était mort et insignifiant. Les vitres de la voiture étaient baissées et, pourtant, on n'entendait pas le moindre bruit. Marilyn voulut arrêter la voiture et prendre le temps de mieux observer cet objet incroyable, mais la pauvre Kim, complètement terrorisée, ne souhaitait qu'une chose : rentrer chez elle au plus vite. Alors Kerry se retourna pour apercevoir l'objet qui s'éloignait, prenait de la hauteur et disparaissait à une vitesse extraordinaire.

Tout le monde arriva au bercail. Kim était d'une pâleur effrayante et complètement traumatisée, mais Marilyn et Kerry étaient excitées par l'événement. Kevin, le mari de Marilyn, resta bouche bée au récit qu'on lui fit et convint que c'était, en effet, une aventure extraordinaire.

Ces événements furent rapportés à la police de Kings Lynn le samedi 14 mars. Une semaine environ après l'incident, la famille Preston reçut la visite d'un chauffeur de taxi local qui leur déclara avoir vécu la même expérience à la même période.

Il est curieux de noter que les parents de Marilyn — Mr et Mme Eglin, qui habitent dans la maison d'en face — avaient vécu une expérience insolite cinq ans auparavant. Ils avaient été réveillés un matin de très bonne heure par un bourdonnement assourdissant. De plus, la chambre était violemment éclairée, et ils ne purent bouger jusqu'au moment où le bruit et la lumière s'évanouirent. Marilyn affirme que ses parents avaient alors contacté la base aérienne de Marham, qui se trouve à proximité, mais qu'on leur aurait conseillé « de garder le silence sur cette affaire ».

13 mars 1992 : Bellevue, près de Green Bay, Wisconsin, États-Unis.

A 10 heures du matin, alors qu'il filmait une séquence météorologique de deux minutes, David Hooker, chef opérateur pour WFRV-Television, la station locale de la chaîne CBS, enregistrait en même temps, par hasard, sur sa pellicule vidéo, l'image d'un ovni en forme de cigare. Le film a été analysé par le spécialiste du MUFON, Jeffrey Sainio, un habitué de ce genre d'exercice, qui a exclu toute possibilité que ce soit un avion, un oiseau ou un effet d'optique. L'ovni effectue une trajectoire de droite à gauche de l'image, passant derrière un moulin à vent puis réapparaissant dans le même prolongement, le tout à une altitude estimée à plus de 8 000 mètres et à une vitesse approximative de dix ou onze kilomètres à l'heure.

14 mars 1992 : Gulf Breeze, Floride, États-Unis.

Pas moins d'une trentaine de témoins, dont les membres d'une équipe de recherche de Gulf Breeze et d'autres observateurs postés sur l'île de Santa Rosa pour surveiller le ciel, repérèrent au total cinq ovnis pendant environ dix minutes, après 20 heures. Dans un ciel limpide apparut une lumière blanche à une cinquantaine de degrés au-dessus de l'horizon, et qui, ensuite, prit une teinte rougeoyante. Elle était suivie par une deuxième, puis une troisième, une quatrième et, pour finir, une cinquième lumière rouge, successivement à quatre, cinq, huit et neuf minutes de la période d'observation.

« On ne les a pas vues venir, simplement apparaître de nulle part, comme une lampe qu'on allume », commenta George Crumbley. « Deux d'entre elles commencèrent à se diriger droit sur nous », raconta Art Hufford, un des membres de l'équipe de recherche. « On a fait l'expérience, avec un projecteur de 500 bougies, d'envoyer de façon répétitive des éclairs de forte intensité vers l'ovni le plus éloigné. Son déplacement vers nous n'a commencé qu'après qu'il a semblé répondre à nos signaux en nous renvoyant la même séquence d'éclairs. L'approche a duré trente secondes... » (Patti Weatherford, *Islander*, Pensacola Beach, Floride, 27 mars 1992.)

16 mars 1992 : Perth, Australie de l'Ouest.

A midi quinze, un témoin roulait dans la région de Kelvin et Chitterbrook Road, Kalamunda, lorsqu'il aperçut deux disques gris métallisé qui traversaient le ciel d'ouest en est à toute allure. Ils étaient si bas à l'horizon que le témoin pensa sérieusement qu'ils allaient s'écraser au sol, mais il n'y eut aucun bruit. Sa première impression fut qu'il s'agissait d'exercices pour les pilotes de l'armée (la RAAF), mais la forme discoïdale des objets volants, sans aucune protubérance, le persuada qu'il s'agissait d'autre chose. (Brian Richards, UFO Data Collection Centre, UFORUM.)

19 mars 1992 : région de Colchester, Essex, Royaume-Uni.

Une famille de cinq personnes qui roulait sur la déviation A 130 près de Colchester remarqua un objet en forme de diamant taillé (voir fig. 8) qui se tenait à gauche de la route aux environs de 21 h 45. Après avoir garé la voiture sur une aire de repos, les témoins observèrent l'objet et notèrent qu'il avait une teinte vert foncé, et que trois autres objets, ou lumières, étaient également visibles autour du premier, et cette fois de couleur rouge, bleu et jaune.

« Il était simplement posé là, et seules les lumières tournoyaient tout autour. Nous n'avons pas vu une seule voiture

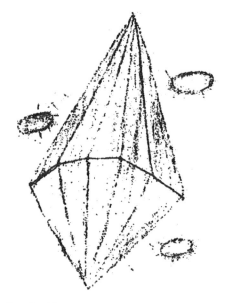

Fig. 8 (Croquis d'un témoin)

passer sur la route pendant une heure et demie, c'est-à-dire pendant tout le temps que nous sommes restés là à observer l'objet, ce qui était pour le moins assez étrange. Et puis, [tout] était d'un calme !... A 23 h 15, l'objet en forme de diamant s'est purement et simplement « éteint », laissant une image vaporeuse durant encore une dizaine de minutes. Nous n'avons entendu strictement aucun bruit. » (Ron West, Essex UFO Research Group.)

19 mars 1992 : Haines City, Floride, États-Unis.

L'officier de police Luis Delgado conduisait une voiture de patrouille au nord de la 30e Rue dans les quartiers sud-est de Haines City à 3 h 52 du matin, lorsqu'une lumière d'un vert brillant ayant la forme d'un énorme disque se mit à suivre son véhicule. Pendant une bonne minute, la lumière se tint ainsi à quelque trois mètres du sol en caracolant autour de la voiture de police. Delgado raconte qu'après s'être garé sur le bas-côté pour éviter de télescoper l'objet, son moteur, très mystérieusement, ne répondit plus et son talkie-walkie tomba en panne.

« Je me jetai sur la radio, mais plus rien ne fonctionnait. Les phares s'éteignirent eux aussi. Après cela, que pouvais-je faire ? Alors, je restai là, glacé jusqu'à la moelle épinière. Je voyais la buée qui sortait de ma bouche. »

Un autre policier arriva sur les lieux et trouva son collègue grelottant et sanglotant. Delgado avoua par la suite que cette expérience assez traumatisante avait tout de même quelque chose d'extrêmement excitant. Son lieutenant, Frank Casterino, déclara que Delgado, après cela, passa des tests psychologiques et physiques. (Jeff Osterkamp, *The Ledger*, Lakeland, Floride, 20 mars 1992.)

20 mars 1992 : Islington, Londres, Royaume-Uni.

Un témoin affirme avoir aperçu un objet fluorescent en forme de disque, « avec du rouge sur le pourtour », au-dessus de la Route d'Essex, entre 19 h 30 et 20 heures, depuis sa maison d'Islington. « Il est resté immobile pendant au moins deux minutes et puis, en un clin d'œil, il a disparu dans les nuages », déclara cette dame. « C'était d'une rapidité inconcevable. C'était comme un éclair qu'on voit et qui disparaît aussitôt... Vous savez, je suis quelqu'un de très rationnel et je sais ce que je vois. »

Gary et Debbie Hines, de Highbury, ont pu prendre une photo de l'objet depuis leur domicile, et cela ne ressemble en rien au dirigeable publicitaire de Renault qui, paraît-il, avait été la cause de toute cette émotion. (*Islington Gazette*, Londres, 26 mars/9 avril 1992.)

23 mars 1992 : The Dalles/Dufur, Oregon, États-Unis.

Une femme qui roulait sur l'autoroute 197 raconte qu'elle a été poursuivie par un ovni, juste avant 21 heures. Peu après, un autre témoin rapporte que trois objets triangulaires l'ont suivi dans le ciel entre Tygh Valley et The Dalles. (*Chronicle*, The Dalles, Oregon, 24 mars 1992.)

24 mars 1992 : Havelock, Caroline du Nord, États-Unis.

Une habitante de Havelock sortit de chez elle vers 19 h 30 pour aller rentrer sa lessive qui séchait sur une corde à linge. C'est alors qu'elle surprit quelque chose qui se tenait immobile et silencieux au-dessus des arbres à quelque 700 mètres de distance. Son fils de 14 ans était avec elle, et tous deux considérèrent la chose qui avança vers eux jusqu'à vingt-cinq mètres au-dessus de leurs têtes, et s'arrêta. Dans l'obscurité, les témoins furent incapables de distinguer précisément la forme de l'objet, mais celui-ci paraissait avoir trente mètres de long, avec quatre lumières éblouissantes à un bout, et une seule, rouge, à l'autre bout. Entre ces deux points, le corps de l'objet semblait être gris. Tandis qu'ils observaient l'objet, les témoins se sentirent tout à coup eux-mêmes observés par l'objet. Puis soudain, l'objet éclata en trois morceaux : la partie centrale resta sur place, mais la section qui portait la lumière rouge fila derrière eux, tandis que des lumières jaunes descendaient lentement vers la terre. Les deux témoins partirent en courant se réfugier dans la maison.

Quelques instants plus tard, toute la famille, y compris l'époux de la dame (un ancien Marine), se ruait dehors pour observer les lumières jaunes, qui zigzaguaient à travers la ville, et la rouge, qui fonçait vers le nord. « Auparavant, il ne fallait pas me parler d'ovnis et autres sornettes », déclara la dame, « et à présent, essayez donc de me convaincre que ce n'en était pas. A dire vrai, je prends le risque de passer pour une folle. Mais j'exige, en contrepartie, une explication logique. » (Randall Patterson, *Herald-Sun*, Durham, Caroline du Nord, 31 mai 1992.)

24 mars 1992 : Gulf Breeze, Floride, États-Unis.

Bland Pugh, lors d'une enquête sur le terrain pour le MUFON, rapporte ce qui suit :

L'équipe de recherche de Gulf Breeze s'était rassemblée à South Shoreline Park pour l'habituelle surveillance des phénomènes célestes, lorsque, vers le nord-ouest, l'« ovni » fit son apparition : il surpassa ce qu'on avait observé le 14 mars. La lumière rouge, comme toujours, apparut la première, puis une autre lumière à proximité, effectuant des cercles autour de la lumière principale. Au bout de cinq minutes, la plus petite diminua d'intensité et disparut. Soudain, à la surprise générale, elle (ou bien une autre semblable) réapparut en bas à droite de la première : elles se dirigèrent lentement vers le sud-ouest avant de s'évanouir au loin, comme si l'on avait coupé un rhéostat...

Parmi les témoins, il faut noter la présence d'une équipe de la chaîne de télévision CBS qui filma toute la scène. (Bland Pugh, *Islander*, Pensacola Beach, Floride, 10 avril 1992.)

28 mars 1992 : région de Bury St Edmunds, Suffolk, Royaume-Uni.

Une famille qui rentrait tardivement en voiture en empruntant des routes de campagne à quelque six ou sept kilomètres de Bury St Edmunds se trouva confrontée à la vision d'un bien étrange objet volant. « C'était énorme et ça ne bougeait pas ; il y avait des lumières rouges », commenta la mère, qui souhaite conserver l'anonymat. « D'abord, nous avons cru que c'était une espèce de tour, mais, en nous rapprochant, nous nous sommes rendu compte que ça n'était pas rattaché au sol. Mon mari a garé la voiture, et lui et les enfants sont sortis voir.

« Il y avait deux rayons lumineux qui plongeaient dans les cultures et qui ont commencé à se diriger vers nous, comme si les phares de la voiture les avaient attirés. C'est très lentement qu'ils ont balayé les champs. » Il n'y eut pas le moindre bruit, soit ambiant, soit provenant de l'objet, dont l'altitude fut estimée à environ 100 ou 130 mètres. La forme de cet objet est restée un mystère. (*Lynn News & Advertiser*, Norfolk, 3 avril 1992.)

28 mars 1992 : région d'Irwin, Pennsylvanie, États-Unis.

Vers les 3 h 30 du matin, un garçon de 14 ans fut réveillé en sursaut alors que sa chambre, dans la maison rurale où il vivait avec sa famille, était baignée d'une éblouissante lumière jaune orangé qui venait du dehors. Le garçon perçut une espèce de bourdonnement, et, grâce à un large miroir accroché dans sa chambre, il put distinguer la source de cette lumière. A une cinquantaine de mètres de la maison, derrière un arbre, il y avait un objet ovale de la taille d'une grosse voiture, de couleur jaune orangé, qui se tenait à une quinzaine de mètres au-dessus du sol. Au bout d'une vingtaine de secondes, il commença à s'élever au-dessus des arbres et vint survoler la maison en direction de la Route 30. Le bourdonnement disparut en même temps que l'objet. Environ un quart d'heure après cette scène, les parents du jeune garçon, ainsi que d'autres membres de la famille, entendirent quelque chose qui ressemblait aux pales d'un hélicoptère ; c'était très proche et pourtant parfaitement invisible. (Stan Gordon, *PASU Data Exchange*, n° 19, avril 1992.)

13 avril 1992 : Washington, District de Columbia, États-Unis.

A 17 h 45, George Wingfiels et d'autres témoins observèrent un total de onze ovnis « en formation » au-dessus du Monument de Washington pendant plus de vingt minutes. (Voir chapitre 3.)

14 avril 1992 : région de Durant, Oklahoma, États-Unis.

Élisabeth (c'est un pseudonyme) se trouvait dans la chambre de sa mère et essayait d'endormir son petit garçon, aux alentours de 22 heures, lorsqu'elle remarqua une lumière rouge qui filtrait à travers les fenêtres. Dehors, elle pouvait distinguer deux objets ; l'un ressemblait à une véritable boule de feu de quarante-cinq centimètres de diamètre, et l'autre était énorme. Durant tout le temps de l'observation, elle perçut de faibles sons à l'intensité et à la tessiture variables. L'engin le plus volumineux suivait lentement le tracé de la route ; puis il bifurqua dans un champ et s'arrêta.

L'engin était argenté, avec une protubérance portant une lumière rouge ou une antenne au sommet : tout autour de cette protubérance, Élisabeth a noté la présence de fenêtres carrées ou rectangulaires, avec une rangée de lumières bleues au milieu et une autre de lumières rouges à l'arrière de l'objet. Il y avait des antennes un peu partout sur la surface de l'objet. L'arrière était plat, à l'exception d'une saillie assez longue, même peut-être ronde. De là, une ouverture laissait passer les rayons d'une lumière blanche qui vinrent explorer le sol proche de l'endroit où elle se trouvait. Élisabeth sentit que cela lui était destiné.

Effrayée, elle se mit à crier, en éprouvant pourtant, en même temps, un sentiment de bonheur. Elle fit deux bonds sur sa gauche. Le son de l'objet changea et sembla répondre à ses sauts en marquant deux ponctuations dans la mesure. Amusée et intriguée, Élisabeth recommença son ballet, cette fois sur sa droite, et l'ovni la suivit de la même façon. Cet échange se répéta plusieurs fois. Juste avant que le frère d'Élisabeth ne sortît de la maison, le faisceau lumineux avait commencé à raccourcir : il réintégra l'ovni et la partie arrière se referma. La mère cria à tout le monde de rentrer aussitôt et l'ovni s'éloigna.

L'enquêteur Richard Seifried, qui interrogea les témoins, rapporte qu'Élisabeth se souvient avoir vu écrits des « mots » tout le long de l'engin. A noter également que, vers 19 heures, la radio familiale avait commencé à émettre des parasites, ce qui indiquerait que l'engin était déjà dans les parages, et ce trois heures durant. Enfin, les animaux domestiques (y compris les poules) manifestèrent une grande agitation pendant tout le temps que dura cette observation. (Richard Seifried, *Oklahoma MUFONews*, juin 1992.)

18 avril 1992 : Komsomolsk-na-Amure, CEI.

L'équipage d'un avion de transport militaire observa pendant une heure un ovni qui se livrait à toutes sortes d'acrobaties aériennes. (Voir chapitre 10.)

19 avril 1992 : Kyeemagh, près de l'aéroport international de Sydney, Australie.

Les quatre membres de la famille C. se livraient à la joie de la pêche depuis les rochers qui bordent la rive ouest de l'embouchure du fleuve Cooks, juste sous le pont Endeavour. Il était 19 h 30 lorsque Mme C. remarqua la présence d'un objet immobile et silencieux dans le ciel, en direction du nord-ouest, surplombant les lumières électriques du pont.

L'objet en question avait l'allure d'une soucoupe retournée ; elle paraissait être de métal avec un dôme à son sommet (fig. 9, p. 302) ; l'arrière était plat, oblong, avec un cercle de lumières rouges qui suivait les bords. Ces lumières clignotaient tandis qu'on pouvait apercevoir une seule lumière d'un rouge ambré au sommet du dôme qui lançait des éclairs.

Après dix minutes environ, Mme C. appela son mari qui se tenait à quelque cinq ou dix mètres d'elle. Toute la famille se regroupa pour observer ce phénomène étrange. M.C. estima alors le diamètre de l'objet aux alentours de sept mètres ; l'objet ne bougeait toujours pas et se situait à quarante-cinq ou cinquante mètres au-dessus du niveau de la rive à une distance de quatre-vingts mètres, et à trente-cinq degrés au-dessus de l'horizon. Peu de temps après que M.C. eut rejoint les autres membres de sa famille, l'objet bascula vers le haut et grimpa jusqu'à un point qui correspondait à environ quarante-cinq degrés au-dessus de l'horizon, ce qui permit aux témoins de mieux détailler l'arrière aplati et circulaire et le cercle de lumières rouges : ces lumières étaient taillées comme des diamants et les « facettes » étaient nettement visibles.

Comme l'objet évoluait, les témoins virent soudain les lumières de l'aéroport qui, habituellement, lançaient des éclairs lents et réguliers (parce que codés), se transformer en gyrophares et des sirènes d'alerte se mirent à retentir. Toutes les lumières de l'objet mystérieux devinrent alors plus brillantes et le cercle de lumières rouges commença à « pulser » plus rapidement. La lumière du sommet fit de même.

L'ovni prit son envol, toujours sans un bruit, et se dirigea à environ quarante kilomètres à l'heure vers le nord-nord-est, c'est-à-dire le centre des affaires de Sydney. Il effectua de drôles de petits bonds, apparemment anarchiques, à une quarantaine de degrés au-dessus de l'horizon. Quand il eut disparu, les sirènes d'alarme de l'aéroport se turent et les balises lumineuses retrouvèrent leur rythme antérieur. Après sept à dix minutes, l'objet monta dans le ciel mais il demeurait cependant encore visible sous forme d'une seule lampe rouge clignotante planant au-dessus du quartier des affaires de Sydney.

La famille C. s'étonna notamment que les gens qui se trouvaient autour d'eux et qui avaient également observé la scène, restent pratiquement sans réaction : ils ne parurent pas prendre grand intérêt à ce qu'ils venaient de voir ! Le lendemain, il n'y eut strictement aucun écho dans la presse de Sydney et lorsque la famille C. contacta la tour de contrôle de l'aéroport pour plus amples informations, il lui fut répondu que rien d'anormal n'avait été détecté ce soir-là ! (Frank Sinclair et Paul Sowiak-Rudej, *UFO Reporter*, UFO Research New South Wales, vol. I, n° 2, juin 1992.)

28 avril 1992 : Rainham, près de Chatham, Kent, Royaume-Uni.

Vers minuit, Elsie Bassett-Burr vit un énorme objet qui se tenait au-dessus de la Route d'Herbert. « C'était rond comme une roue et ça avait des pointes. Il y avait dessus au moins une centaine de lumières, toutes blanches. Je n'ai pas eu peur, je trouvais cela bien trop excitant », avoua-t-elle. (*Chatham Standard*, 5 mai 1992.)

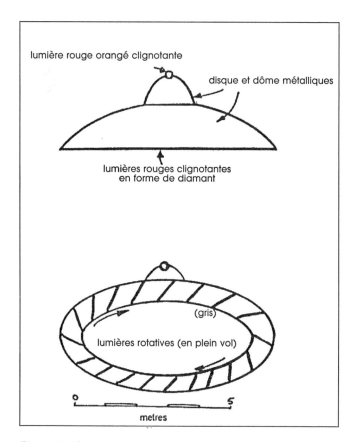

lumière rouge orangé clignotante

disque et dôme métalliques

lumières rouges clignotantes
en forme de diamant

(gris)

lumières rotatives (en plein vol)

metres

Fig. 9 (UFO Reporter)

28 avril 1992 : Lajas, Porto Rico.

Freddie Cruz, directeur de la Protection civile de Lajas, fut au nombre des témoins qui assistèrent, à 17 heures, à la prise en chasse d'un ovni par un chasseur de l'armée américaine. (Voir chapitre 13.)

1er mai 1992 : Polegate, près d'Eastbourne, Sussex, Royaume-Uni.

Justin Lycett, photographe à l'*Eastbourne Gazette*, se rendait en voiture à Eastbourne avec un ami, Steve Hazelgrove, lorsque son cœur faillit lâcher à la vue de ce qu'il prit pour un avion s'écrasant au sol. Il était 22 h 20 et ils venaient de passer le carrefour de Polegate ; ils arrivaient sur la A 22 non loin de Willingdon lorsqu'eut lieu l'incident. Justin Lycett relate ainsi les faits :

Je remarquai une lumière clignotante rouge dans le ciel du côté des Downs et, tout en roulant, j'aperçus la silhouette d'un avion. Il volait très bas et j'ai pensé qu'il avait peut-être des problèmes. J'ai dit à mon copain de jeter un coup d'œil et il vit la lumière clignotante. On s'est garé sur un arrêt de bus près du nouveau garage pour mieux l'observer.

Je distinguais la forme d'un avion — c'était un DC-9 ou un BAC-III — juste à la limite de l'horizon au-dessus des Downs du côté de Butts Brow. Il descendait de plus en plus mais on n'entendait toujours pas de bruit. J'étais persuadé qu'il allait s'écraser. Puis le nez a repointé vers le ciel et s'est dirigé vers nous. Je me suis baissé, tellement j'ai cru qu'il allait nous atterrir dessus ! On s'est arrêté près de Church Street et on a regardé derrière, mais il n'y avait plus rien. On a roulé un peu dans tous les sens pour voir si on trouvait quelque chose, mais là non plus on n'a rien découvert. Il n'y avait aucun engin volant ayant des lumières rouges. Mes mains tremblaient. On était, tous les deux, dans un drôle d'état.

La police déclara à la *Gazette* qu'aucun appareil volant à basse altitude n'avait été signalé cette nuit-là. (*Eastbourne Gazette*, Sussex, 13 mai 1992.)

Justin Lycett me confirma ces détails lorsque j'eus l'occasion de lui parler et me donna quelques autres renseignements. Lui-même étant un grand connaisseur de tout ce qui se rapporte à l'aviation, il m'affirma que l'« engin » ressemblait bien à un DC-9 ou à un BAC-III. Je dois signaler à nos lecteurs que si l'engin mystérieux avait été effectivement un de ces deux appareils, il aurait émis un bruit caractéristique (le BAC-III étant même particulièrement bruyant), sauf si les gaz avaient été coupés — et dans ce cas l'engin se serait écrasé. L'engin volait à très basse altitude et ses feux étaient réduits à une lumière rouge clignotant à l'extrémité de la queue. Justin et son ami ajoutèrent qu'ils avaient été étonnés par le fait qu'il n'y avait plus aucune voiture circulant dans tout le secteur, ni de gens dehors, ce qui était tout de même étrange pour cette voie de circulation importante. De plus, il planait une étrange atmosphère « comme si quelque chose allait arriver ». Même le ciel n'était pas tout à fait normal, m'avoua-t-il. Tout cet épisode dura environ dix minutes.

5 mai 1992 : Cooma, près de Stanhope, Victoria, Australie.

A 18 h 30, Yvonne Matthews entendit comme un battement autour de sa ferme de Midland Highway, à Cooma, à l'est de Stanhope ; elle alerta aussitôt son mari, Chris. « Cet espèce de tambourinement n'arrêtait pas, depuis le toit de la maison, comme s'il dégoulinait tout le long des murs. Ça secouait toutes les vitres », raconta Chris. Remarquant qu'une intense lueur filtrait par les rideaux, il ouvrit les stores et vit un objet conique qui, selon lui, se trouvait posé dans le champ situé de l'autre côté de la route.

« Ça avait des lumières orange autour du sommet et tout du long », déclara Chris. « Il y eut un éclair vers le haut et les lumières commencèrent à diminuer à partir du sommet ; et celles qui se trouvaient sur le côté devenaient bleu pâle. » Il estima la largeur de l'objet à dix mètres, ainsi que sa hauteur. Sa forme était composée « d'un triangle au sommet, comme une tente, et arrondi vers le bas comme un œuf » (fig. 10). Chris téléphona à son frère Mark qui avait aperçu l'objet à quinze kilomètres de là. Mark arriva en vitesse à la ferme de Chris et essaya, en vain, de prendre une photo de l'engin alors qu'il se tenait à environ 400 mètres d'eux. Un autre frère, Shane, les rejoignit presque aussitôt avec une caméra vidéo, et tous se mirent en chasse pour filmer le phénomène. L'objet se dirigea sans bruit vers le sud et les hommes le suivirent

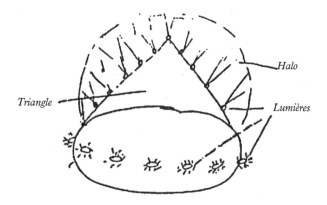

Fig. 10   (Chris Matthews)

jusqu'à ce qu'il disparût dans la direction d'une ancienne carrière au bout de la route de Cooma. Trois unités de police se rendirent à la carrière mais elles ne trouvèrent rien. (Juanita Greville, *News*, Shepparton, Victoria, 6/7 mai 1992.)

8 mai 1992 : Bruce Highway, Sunshine Coast, Queensland, Australie.

Une femme qui voyageait vers le sud sur l'autoroute de Bruce, depuis Sunshine Coast jusqu'à Brisbane, aperçut une brillante lumière stationnaire au-dessus de la ligne des arbres. L'objet ressemblait à une assiette et son contour était très net, avec une partie légèrement bombée sur le sommet, juste au centre. Puis l'objet prit de l'altitude et disparut. (*The UFO Encounter*, n° 148, août-septembre 1992, UFO Research Queensland.)

17 mai 1992 : Collector, Nouvelle-Galles du Sud, Australie.

G., E. et K. revenaient chez eux en voiture depuis Sydney. Ils se rendaient à Canberra en empruntant l'autoroute fédérale. C'est alors qu'ils aperçurent deux objets aériens inhabituels entre 21 heures et 21 h 15. Les témoins garèrent leur véhicule sur le bas-côté de la route afin de mieux observer cette étrange chose. L'objet le plus petit ressemblait à un chapiteau de cirque stylisé et, à sa surface, on pouvait voir plusieurs rangées parallèles de lumières blanches (fig. 11),

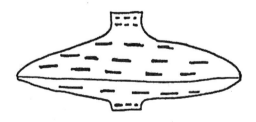

Fig. 11 (UFO Reporter)

aussi bien sur le sommet que sur le corps de l'objet et même le dessous. Les lumières clignotaient de manière irrégulière et très lentement, chacune semblant observer un rythme spécial propre à la rangée à laquelle elle appartenait. Ces lumières étaient également diversement espacées sur ces bandes lumineuses.

Les témoins comprirent qu'il s'agissait de petits cylindres, du moins au niveau des deux parties extrêmes et rétrécies de l'appareil où les rangées de lumières blanches paraissaient identiques. Le bord de l'engin était très mince et les dimensions générales dépassaient celles de la pleine lune (« une fois et demie »). E. précisa que les petites lumières du sommet étaient plutôt verdâtres, et celles du dessous dans les tons rouges — et non blanches.

Le deuxième objet était à la fois plus volumineux et plus étincelant, mais ses lumières d'un blanc s'approchant du jaune étaient aussi plus diffuses ; les bords de l'engin étaient plus arrondis. L'ensemble donnait une forme plus plate (c'est-à-dire plus elliptique ou oblongue.) Celui-ci se mit à descendre progressivement vers le sol, mais les témoins ne pourraient pas vraiment l'affirmer. Les deux objets étaient parfaitement silencieux.

Après être resté stationnaire une minute ou deux, le premier objet se changea tout à coup en une espèce de croissant lumineux d'un rouge brique dont on pouvait très bien distinguer les bords. C'est alors que ce croissant commença à effectuer des figures d'acrobatie aérienne (boucles, huit, etc.) à bonne distance de la masse la plus grosse qui, elle, continuait de descendre régulièrement vers la terre. La connection entre les deux fut instantanée : les témoins assistaient là à une sorte de « phase active » qui dura aux environs de dix minutes. L'objet aux deux proéminences finit par s'immobiliser un moment puis il grimpa dans le ciel à une vitesse vertigineuse pour disparaître complètement en l'espace de quelques secondes.

Les témoins attendirent encore quelques minutes puis regagnèrent leur voiture pour rentrer chez eux. C'est à ce moment-là que E. remarqua que l'objet le plus aplati était descendu jusqu'au niveau du sol et qu'on pouvait l'apercevoir à travers un rideau de sapins qui servait de coupe-vent au haut de la petite colline, de l'autre côté de l'autoroute. L'objet était brillant et éclairait même les environs. Les témoins s'arrêtèrent de nouveau et se consultèrent pour savoir s'ils iraient faire un tour à pied vers l'endroit où se trouvait cette étrange lumière. Mais il se faisait tard et ils préférèrent rentrer. Il faut dire aussi qu'ils n'étaient pas très rassurés quant à ce qu'ils allaient trouver !...

Autant que le phénomène lui-même, ce qui surprit les trois témoins fut que de nombreuses voitures passèrent sur la même route au cours de ces événements mais qu'aucune ne s'arrêta, comme si personne d'autre qu'eux n'avait pu observer la scène. (E. Mudge, C. Williams, B. Dickeson, M. McGhee, *UFO Report*, UFO Research New South Wales, vol. 1, n° 2, juin 1992.)

10 juin1992 : Coatesville, Pennsylvanie, États-Unis.

Selon Evelyn Walker, attachée de presse de la société des Aciers Lukens, plusieurs employés auraient vu un objet non identifié atterrir au milieu du chantier vers 16 h 30. Le principal témoin de cette affaire, époux d'une des employées et qui souhaite rester anonyme, affirme que l'objet a très rapidement touché terre et qu'il est reparti vers le vieil hôpital de Coatesville. Evelyn Walker refusa de répondre aux questions d'un journaliste qui lui demandait combien de gens avaient vu l'objet et ce qu'ils avaient vu exactement, mais ajouta que la société n'avait encore rien décidé quant à l'« explication raisonnable » qu'elle allait fournir au public. (Michael Rellahan/ Barbara Mastriana, *Daily Local News*, West Chester, Pennsylvanie, 12 juin 1992.)

14 juin 1992 : Topanga, Californie, États-Unis.

Selon le poste de police de Lost Hills/Malibu, un homme complètement atterré raconta que sa fiancée et lui avaient été suivis par une lumière brillante non identifiée, peu après minuit, dans Topanga Canyon. « Tout à coup, c'était sur nous, et nous perdîmes tout contrôle sur la voiture... ça nous a élevés dans les airs — oui, au-dessus du sol, nous et la voiture... Je ne bois pas, je ne me drogue pas non plus, et je n'ai pas de problème psychologique particulier.» Ce qui arriva ensuite reste dans un certain flou artistique, si l'on en croit le conducteur qui ne se souvient que d'une chose, à savoir qu'il a perdu la mémoire pendant «peut-être deux minutes, après quoi on s'est retrouvés sur le sol à nouveau. Et il n'y avait plus rien».

Peu de temps après, un appel parvint au poste de police : un témoin, en compagnie de sa fiancée, vit trois disques volant très haut au-dessus du Canyon. «Ils suivaient notre voiture. Nous nous sommes arrêtés pour voir, et en l'espace de trois secondes, ils avaient disparu — envolés !» Plusieurs autres témoins rapportèrent des faits relatifs à des phénomènes ovni dans la même région au même moment. (Colin Penno, *Messenger*, Topanga, 2-15 juillet 1992.)

18 juin 1992 : Clavering, Essex, Royaume-Uni.

A 18 h 45, M. et Mme Smith-Hughes roulaient dans les environs de Clavering, à neuf kilomètres au sud-ouest de Saffren Walden, lorsque leur attention fut attirée par un objet extrêmement brillant qui se tenait à environ trente ou trente-cinq mètres au-dessus d'un bois, à 700 ou 800 mètres de distance. M. Smith-Hughes décrivit l'objet comme ayant quinze à vingt mètres de diamètre et une forme comparable à deux assiettes à soupe accolées.

Alors que le couple regardait avec curiosité cet objet insolite, celui-ci commença à descendre derrière les arbres et disparut. M. Smith-Hughes suivit la route qui contournait le bosquet, mais le temps d'arriver, il n'y avait plus rien. Nos deux témoins travaillent dans un aéroport et sont donc bien placés pour reconnaître un avion, un hélicoptère ou un ballon dirigeable. Et l'objet n'était rien de tout cela. (Anthony Dodd, *UFO Magazine*, vol. II, n° 3, juillet/août 1992)

27 juin 1992 : région de Tooradin, Victoria, Australie.

Une automobiliste qui voyageait dans la région de Tooradin vit dans son rétroviseur une lumière très blanche qui clignotait — mais elle était trop haute pour appartenir à un véhicule. Cette lumière s'amena à toute allure de l'horizon sud et survola la voiture du témoin, au point que la conductrice put parfaitement discerner la forme de l'objet : il ressemblait à un œuf. Le témoin affirma qu'elle éprouva la pénible sensation « de ne plus pouvoir respirer... je suffoquais... ». Le choc fut pour elle considérable et elle dut consulter un médecin aussitôt après cette traumatisante expérience. (*Australian UFO Bulletin*, Victorian UFO Research Society, septembre 1992.)

27 juin 1992 : région de Raeford, Caroline du Nord, États-Unis.

A minuit et demi, alertées par un bruit assourdissant de train de marchandise traînant des wagons, Mme Diane Messing et sa mère virent un extraordinaire objet à quelque 100 mètres, dans un champ de foin entouré par les bois. L'objet était circulaire et mesurait environ cinq mètres sur cinq.

« C'était comme un feu de forêt », dit Mme Messing, « mais plus je le regardais, et plus je distinguais comme des fenêtres orange tout autour... Et ça ne faisait aucun bruit. C'est pour ça que j'ai appelé la police. Je ne savais pas ce qui allait se passer. » Mais pendant que les témoins étaient partis téléphoner à la police, l'objet avait disparu et les six gendarmes qui arrivèrent sur les lieux ne trouvèrent rien.

A l'aube, les deux femmes se rendirent à l'endroit présumé où l'objet avait été vu, et découvrirent un cercle d'herbe écrasée. (Larry Bingham, *Observer-Times*, Fayetteville, Caroline du Nord, 2 juillet 1992.)

7 juillet 1992 : Stonehenge, Wiltshire, Royaume-Uni.

Steve et Jean Shipton faisaient du tourisme et ils avaient installé leur campement au bas d'un petit chemin près de Stonehenge lorsqu'à minuit quinze minutes Steve remarqua une boule de lumière blanche étincelante. Il rapporte que cette boule bougeait très lentement ; elle traversait le ciel à basse altitude en se livrant à d'étranges ponctuations. « C'était très curieux », dit-il, « elle avançait puis s'arrêtait, puis avançait à nouveau, et s'arrêtait encore une fois et cela continuellement. Elle avait approximativement la taille d'une pièce de deux pence tendue à bout de bras, mais par moments, elle semblait grossir du double. » Les deux témoins furent profondément troublés par cette vision. (Tony Dodd, *UFO Magazine*, vol. II, n° 3, juillet/août 1992.)

7 juillet 1992 : Upavon, Wiltshire, Royaume-Uni.

Au cours des premières heures ce matin-là, 7 juillet, l'enquêtrice Maria Ward m'informa que « le jeune employé de ferme John (c'est un pseudonyme) entendit ses bêtes faire un raffut infernal dans les étables. Il se leva pour aller voir ce qui pouvait bien provoquer un tel tohu-bohu. Quand il arriva dans la cour derrière la ferme, il découvrit que plusieurs des chevaux avaient rompu leur licol, s'étaient échappés des écuries et avaient même brisé des barrières. Les moutons et les bovins n'arrêtaient pas de bêler et de meugler. John commença par essayer de ramener les chevaux au bercail ». Écoutons-le nous rapporter les faits :

... Je grimpai sur le petit monticule qu'il y a derrière la ferme et là je vis une lumière qui traversait les nuages. Comme venue de nulle part, apparut alors une longue chose en forme de fuseau lumineux, mince et brillant comme de l'argent. Je ne bougeai pas d'un poil en gardant mes mains dans mes poches : j'étais paralysé d'étonnement...

Cette chose — un mince rayon de lumière — sembla tourner sur elle-même. Et comme cela allait de plus en plus vite, je me suis demandé ce que cela pouvait bien être comme engeance. Vous savez, même si je n'en menais pas large, j'avais quand même envie de voir cela de plus près. Et puis, le rayon — ce truc allongé comme une aiguille à tricoter — plongea tout à coup vers les champs de blé. La lumière dans les nuages disparut alors ainsi que le rayon lumineux. Là où le rayon avait atteint le sol, il y avait comme un cercle où les chaumes avaient été couchés à plat — juste comme ça, vous voyez... Je ne peux pas dire grand-chose sur la vitesse à laquelle ce machin allait, tout s'est déroulé tellement rapidement !

Je ne savais plus quoi faire. Mon patron était parti en vacances et j'aurais été bien en peine de justifier le fait que ses cultures aient été rabattues sur la terre avec ces formes circulaires... Il m'avait bien recommandé de ne laisser personne piétiner ses champs...

« Heureusement pour les chercheurs, précisa Maria Ward,

John contacta un de ses amis qui lui conseilla de raconter son histoire à l'un d'eux. Des prélèvements sur le terrain ont donc été effectués à des fins d'analyse en laboratoire et nous attendons les résultats. Des photos aériennes du site ont également été prises. L'emplacement du "cercle" lui-même a été moissonné aussitôt que le propriétaire du terrain est revenu de vacances (à vrai dire, avant même qu'il ait défait ses bagages !), John avait des appréhensions et hésitait à relater son aventure nocturne car il craignait de perdre son emploi, d'où l'usage d'un pseudonyme. Finalement, John a été très affecté par la vision d'un tel phénomène. »

Si ce rapport est exact — et Maria n'a aucune raison de douter de la sincérité du témoin —, nous avons là un des rares exemples de traces circulaires « mystérieuses » apparemment produites par un engin inhabituel venu de l'espace. (Maria Ward, *Recherche sur les traces circulaires*.)

18 juillet 1992 : région de Colchester, Essex, Royaume-Uni.

Un expert-comptable qui rentrait chez lui par la route, aux environs de minuit, fut effrayé par un énorme objet de forme triangulaire qui piqua sur sa voiture et poursuivit son chemin vers le nord. « Cela ne faisait aucun bruit, ni quand c'est venu au-dessus de moi, ni après », raconta-t-il. « C'était à une cinquantaine de mètres d'altitude. C'était très impressionnant — au moins 120 à 160 mètres d'envergure — de couleur

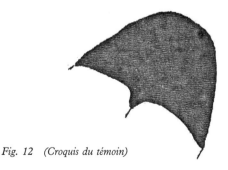

Fig. 12   (Croquis du témoin)

noirâtre, avec trois bouts pointus à l'arrière terminés par de longues tiges. Il n'y avait aucune lumière ni marque visible dessus » (fig. 12, p. 311).

« Une autre voiture qui venait en face fit une embardée et il s'en est fallu de peu qu'on ne se télescope. Je tremblais comme une feuille [et] je me sentais vraiment mal. J'ai dû m'arrêter un moment pour me reprendre... » (Ron West, Essex UFO Research Group.)

24/25 juillet 1992 : Alton Barnes, Wiltshire, Royaume-Uni.

A 23 h 57, des membres du groupe de recherche du docteur Steven Greer, le CSETI, firent l'expérience d'assister à la danse insolite de deux lumières autour de leur groupe. Un des témoins, Ron Russell, essaya de prendre des photos mais son appareil refusa de fonctionner bien qu'il marchât impeccablement le jour suivant. A minuit et cinq minutes, trois boules de lumière séparées jaillirent de la forêt appelée le Tawsemead Copse. Ces lumières, de teinte orange, se déplaçaient avec célérité et silence, quoique Edward Sherwood entendît une espèce de « sonnerie métallique » en s'approchant des taillis. Plus tard, il souffrit d'une grave irritation de l'œil droit et d'un gonflement de la paupière.

En revenant, vers les 2 heures du matin, de leur poste d'observation pour le compte du CSETI, Maria Ward, Edward Sherwood et Simon Cooper roulaient tranquillement en direction de Devizes lorsque leur véhicule fut tout à coup pris en chasse par une boule de lumière d'un blanc bleuté. Par la fenêtre de la portière, côté conducteur, il fut possible de la voir : elle était plus petite qu'un ballon de football et, par moments, elle éclairait tout l'intérieur de la voiture. Elle fonçait à travers les halliers et les arbres qui bordaient la route ; pendant un instant elle suivit la voiture et se refléta dans le rétroviseur. Elle continua ainsi à faire la course avec la voiture jusqu'à ce que nos témoins atteignissent la A 361. Pendant toute la durée de cette aventure, Maria et Edward éprouvèrent une forte oppression au niveau de la tête et de la poitrine, en plus d'irritations oculaires et de pertes du sens de l'orientation. (Maria Ward, *Circles Research*.)

26/27 juillet 1992 : Alton Barnes, Wiltshire, Royaume-Uni.

Plusieurs membres du groupe CSETI purent observer un extraordinaire ensemble de lumières, apparemment reliées à un objet d'au moins vingt-cinq mètres de large, qui parut répondre à des envois de signaux du groupe (voir chapitre 4).

28 juillet 1992 : Alton Barnes, Wiltshire, Royaume-Uni.

Vers 1 heure du matin, onze membres du CSETI virent émerger du Tawsemead Copse quatre grosses boules de lumière orange, étincelantes. « Elles se déplaçaient les unes derrière les autres de façon saccadée et dans le plus absolu silence », raconta Maria Ward. (Maria Ward, *Circles Research*.)

28 juillet 1992 : Alton Priors, Wiltshire, Royaume-Uni.

John et Julie Wakefield, ainsi que plusieurs autres témoins, aperçurent une grosse boule de lumière orange, à environ une douzaine de mètres de distance, avec une autre plus petite qui en sortait, ceci entre 22 h 15 et 22 h 35 (voir chapitre 4).

29 juillet 1992 : Purcell, Oklahoma, États-Unis.

Vers 22 heures, une famille de quatre personnes aperçut un gros objet qui se déplaçait dans le ciel ; selon les témoins, cela avait les dimensions d'un terrain de football pour la largeur, et de trois pour la longueur. L'altitude fut estimée entre 1 000 et 1 600 mètres. C'était de forme ovale, avec des lumières blanches à l'avant et à l'arrière. Le père et le fils prétendent avoir repéré des lumières bleues et vertes tout le long de l'objet, entre les endroits où se situaient les lumières blanches. L'objet passa au-dessus d'eux, en silence, avec lenteur et tranquillité, et se dirigea vers l'ouest. Le père et le fils eurent le temps de remarquer, grâce à des jumelles, que le ventre de l'engin était fait d'un métal gris argenté et terne.

Tout à coup, l'engin « s'ouvrit en deux » et un petit objet discoïdal en fut éjecté : ce dernier cingla aussitôt vers le nord et disparut. Le gros engin vira de bord pour, cette fois, pointer vers le sud-ouest, puis le sud-est, et disparaître enfin. Le père continua de le suivre un moment aux jumelles. Le fils, en chaussettes, essaya de courir sur la route pour le suivre quelques instants. Arrivé au bord d'un champ, il put apercevoir au loin l'objet qui zigzagua pendant environ quinze ou vingt secondes, puis s'immobilisa ; c'est alors qu'il prit de la hauteur, entre 600 et 1 000 mètres d'un seul coup, puis fondit vers le nord. (Ginny Meyer/Jean Waller, *Oklahoma MUFO-News*, 1916 Inglewood Drive, Norman, Oklahoma 73071, septembre 1992.)

29 juillet 1992 : Mount Rainier National Park, Washington, États-Unis.

M. et Mme Phinney, accompagnés de leurs amis Marlene et Robert Hansen, escaladaient un petit sommet appelé Dege (ou Dega) Peak, très tôt le matin. Quand Mme Phinney arriva au but, elle aperçut un objet brillant en direction du nord-ouest, et elle appela son mari. M. Phinney, qui est diplômé en mathématiques et qui a travaillé pour la compagnie aéronautique Bell, considéra l'objet avec des jumelles et déclara que cela semblait être de forme rectangulaire, puis, sous un autre angle, trapézoïdal. Au bout d'environ dix minutes, tandis que les témoins examinaient le paysage alentour, l'objet avait disparu. (Richard Seifried, *MUFONews*, septembre 1992.)

30 juillet 1992 : Goldhanger, près de Maldon, Essex, Royaume-Uni.

« ... Il était entre 2 heures et 3 heures du matin. J'étais dans mon lit mais je ne pouvais pas dormir à cause de la chaleur humide », raconta un témoin. « Je me mis à la fenêtre et je vis un objet que je peux seulement décrire comme oblong et énorme. Cette espèce de chose formait un carré orange avec ce que j'appellerais des têtes d'épingle blanches lumineuses. On a essayé de regarder avec des jumelles mais ça n'a rien donné... L'objet se reflétait dans les carreaux de ma fenêtre de chambre et il se tenait à au moins 500 mètres de distance. La lumière est demeurée à la même place pendant presque dix minutes, pendant lesquelles j'ai pu l'observer. Elle était encore là lorsque je suis retourné me coucher et je voyais sa luminosité se refléter sur mes murs. Avant de m'endormir, je suis retourné à la fenêtre pour la voir une dernière fois mais elle avait disparu. » (Ron West, Essex UFO Research Group.)

4 août 1992 : Mansfield, Nottingham, Royaume-Uni.

Juste avant minuit, quatre adolescents aperçurent un gros objet noir, avec des lumières triangulaires tout autour et un dôme rouge sur le sommet, « qui vrombissait et bourdonnait » en se dirigeant vers l'ouest. Les témoins affirmèrent que cet objet était bien trop bas, bien trop gros et bien trop chargé de lumières multicolores pour être un avion. (*Chad*, Mansfield, 12 août 1992.)

8 août 1992 : Broome, Australie de l'Ouest.

Plus d'une quarantaine de témoins sont persuadés d'avoir vu un ovni dans les environs de cette ville côtière au nord de l'Australie de l'Ouest, et quelques-uns parmi eux rapportèrent ce qui suit :

18 h 45 — Robert M., sa femme, son frère Peter et la femme de celui-ci, Sandy, préparaient leur campement à dix kilomètres au sud de Tom Price, sur la route de Paraburdoo, lorsqu'ils remarquèrent la présence dans le ciel d'un objet de teinte aluminium mat, qui se dirigeait vers le sud-sud-ouest/nord-nord-est. Robert affirme que l'objet était de forme sphérique, avec une sorte de point plus sombre au centre ; il provoquait des turbulences ou ondes de choc à cause des remous créés autour de lui. L'observation dura entre trente et quarante secondes. (Brian Richards, UFO Data Collection Centre, UFORUM.)

20 heures — Deux prospecteurs, M. Anderson et M. Headington, campaient dans le désert à quarante-sept kilomètres à l'est-nord-est de Nullagine, lorsqu'ils virent un objet bleu lumineux en forme de demi-lune, à une hauteur d'environ 30 mètres, et à une distance approximative de 150 mètres. Il resta stationnaire un moment, puis grimpa dans le ciel et

disparut. (Brian Richards, UFO/Data, Collection Centre, UFORUM.)

20 h 10 — Norm Archer, en compagnie de quatre autres adultes et de quatre enfants, campait dans une vallée sur Sunday Island, lorsqu'une énorme lumière jaune, en forme de croissant de lune dressé, passa au-dessus de la colline juste en face d'eux. L'objet était jaune et il était entouré d'une nuée ou d'un nuage. Il paraissait se trouver très bas sur l'horizon et Archer estima ses dimensions approximatives à cinq fois celles de la lune. L'objet se déplaça de l'est vers l'ouest en suivant les contours de la colline de l'île. Arrivé au bout de l'île, il changea d'angle (à ce moment-là, il ressembla à un crayon jaune), puis monta en altitude et disparut. (Rapporté par John Kernott, 24 août 1992, et envoyé à UFORUM.)

20 h 20 — Chris Davis et Lella Bailey, qui dirigent l'usine de perles de Willie Creak, à trente-sept kilomètres au nord de Broome, virent un objet en forme de quartier de lune qui volait à la verticale, à une altitude d'environ 700 mètres, les pointes du croissant servant d'ailes. Il semblait enveloppé par une sorte de brume qui lui donnait un aspect général vaporeux. Les deux témoins affirment avoir entendu en même temps un son sourd qui ne pouvait provenir que de là. (Brian Richards, UFORUM.)

14 août 1992 : région de Blairsville, Pennsylvanie, États-Unis.

Plusieurs automobilistes affirment avoir aperçu un ovni sur la Route 22 dans le comté d'Indiana durant la nuit. Selon l'enquêteur Stan Gordon, les témoins virent l'objet quand ils se trouvèrent en vue de la centrale de Homer City. « Ces personnes furent réellement choquées », rapporta Gordon, parce qu'« une large forme triangulaire se promenait à environ cinquante mètres au-dessus du sol », et qu'elle passa en rase-motte au-dessus des voitures, avec « des antennes métalliques et des lumières blanches éblouissantes ». (Jeff Himler, *Dispatch*, Blairsville, 3 septembre 1992.)

29 août 1992 : Seymour Mountain, Colombie britannique, Canada.

A 2 h 30 du matin, Frank Riley (pseudonyme), officier de police, ex-militaire, aperçut ce qu'il prit d'abord pour une étoile filante au-dessus de la région de Blue Ridge de la Seymour Mountain. Par la fenêtre de sa salle de bains, il remarqua trois lumières cylindriques et clignotantes rouges et blanches. L'alarme se déclencha dans le patio et le projecteur de l'allée s'alluma. Dehors, un des chiens se mit à hurler. Pris de panique, Frank essaya de réveiller son épouse mais, malgré ses efforts, elle n'ouvrit un œil que l'espace d'une seconde et retomba en arrière, endormie profondément, « comme une poupée de chiffon ». Ce phénomène ne s'était encore jamais produit. Leur bébé de neuf mois, installé dans la pièce voisine, était en train de « rire comme un fou » — ce qui était également extrêmement étrange. Vers 3 heures, les lumières avaient disparu. Frank avoua qu'il n'avait jamais senti une telle panique de sa vie. (Lorne Goldfader, UFO Research Institute of Canada.)

30 août 1992 : Colchester/ Chelmsford, Essex, Royaume-Uni.

Trois témoins, qui ne se trouvaient pas ensemble, aperçurent un objet oblong, avec une lumière blanche à chaque bout et des lumières rouges tournoyant autour. Il était 19 h 15.

« Empruntant la A 12 pour me rendre de Colchester à Chelmsford, je remarquai dans le ciel un objet de forme oblongue », raconta un des témoins. « Il avait des lumières blanches très brillantes à chaque extrémité et de nombreuses petites lumières rouges qui dansaient autour. Il semblait aller aussi vite que ma voiture. Pour voir s'il me suivait, j'ai essayé de ralentir à quarante-cinq kilomètres à l'heure, et en effet, il en a fait autant. Je me suis arrêté sur le bas-côté pour mieux l'observer. L'objet aussi s'est immobilisé et j'ai pu le considérer tout à loisir. Deux autres automobilistes se sont également garés là et nous avons tous échangé des propos sur ce que nous étions en train de regarder. Après environ vingt minutes, l'objet s'est évanoui sous nos yeux. » (Ron West, Essex UFO Research Group.)

31 août 1992 : Midland, Australie de l'Ouest.

Mme June R. roulait sur la grande autoroute du Nord, à sept kilomètres de Midland, vers Herne Hill. Elle remarqua le clignotement d'une lumière rouge juste devant elle vers l'ouest, qu'elle interpréta comme une balise. Elle s'arrêta presque aussitôt pour mieux distinguer ce que c'était. Mme June R. se rendit compte alors que ce feu de position, phare, balise ou autre, n'était pas rattaché au sol. Il se tenait en l'air et sa hauteur resta vague, environ 500 mètres, au-dessus d'un vignoble. Sous cette lumière, mais non reliée à elle, se trouvait une forme sombre rectangulaire, plus grosse qu'un avion Jumbo. Les côtés du rectangle ressemblaient à des canots insubmersibles, ou bien aux flotteurs de caoutchouc gonflables des hovercrafts. L'objet resta stationnaire pendant environ trois minutes, puis il y eut un éclair bleu et l'engin se dirigea vers Perth, c'est-à-dire vers le sud. (Brian Richards, UFO Data Collection Centre, UFORUM.)

31 août 1992 : Bacup, Lancashire, Royaume-Uni.

Trois jeunes filles de 15 ans, de Rossendale, prétendirent avoir vu un objet, qui lançait des éclairs verts et rouges, tard dans la soirée. « Nous l'avons observé pendant au moins cinq minutes, à environ 750 mètres de distance », témoigna Joanne Ellidge. « Il se tenait immobile et silencieux à environ un mètre au-dessus du sol. Il avait des lumières tout autour, comme un cercle. A cause de la distance, il nous a été difficile de faire une estimation de ses dimensions. Nous avions bien trop peur pour nous approcher, d'autant plus qu'il devenait de plus en plus sombre. Soudain, il grimpa dans le ciel, à à peu près soixante kilomètres à l'heure, et il a disparu dans les bois... » (Neil Graham, *Rossendale Free Press*, 4 septembre 1992.)

2 septembre 1992 : Région de Whigham, Géorgie, États-Unis.

Earl J. Wall raconte avoir vu un objet aussi long que sa maison, qui volait très lentement et ne faisait aucun bruit ; le témoin estima l'altitude de l'objet à une centaine de mètres au-dessus du toit de sa demeure, située à quatre kilomètres et demi au nord de Whigham. L'objet était pourvu d'une queue avec une lumière au bout, mais pas d'ailes. « J'ai servi dans l'Armée de l'air pendant quatre ans... mais je n'ai rien vu de comparable à cela », déclara-t-il, et il ajouta qu'il s'était caché sous un sapin lorsque l'objet était passé au-dessus de lui. Le cas a été étudié par Ed Komarek, directeur du MUFON local. (*Messenger*, Cairo, Géorgie, 9 septembre 1992.)

7 septembre 1992 : East Berlin, Connecticut, États-Unis.

A une distance de soixante-dix ou cent mètres, une femme aperçut un objet argenté qui ressemblait à deux bols accolés bord à bord. Cet objet suivit les contours de deux bosquets d'arbres. (Christopher Schmitt/ Robert Newth, *MUFON UFO Journal*, n° 294, octobre 1992.)

12 septembre 1992 : région de Limassol, Chypre.

Alan McPike m'a envoyé un rapport qui concerne un extraordinaire déploiement d'ovnis visibles depuis l'hôtel Méridien, situé sur la côte sud de l'île, à une soixantaine de kilomètres de Larnaca et à sept kilomètres et demi à l'est de Limassol :

... Dans la soirée du 11 septembre, aux environs de 22 h 50, j'allai sur le balcon de ma chambre (au second étage) pour écouter la musique qui montait du dancing au rez-de-chaussée. Depuis mon balcon, j'avais une vue panoramique sur les collines du nord, distantes de quatre ou cinq kilomètres. En revanche, l'aile est de l'hôtel m'empêchait de voir la mer. La nuit était claire et la lune était presque pleine.
Je m'assis à la petite table qui faisait face au nord. C'est alors que je vis une lumière blanche qui approchait par le nord-ouest. Je pensais que c'était un avion qui se dirigeait vers Larnaca, mais soudain, cette lumière s'immobilisa. Je pensai alors à un hélicoptère,

parce qu'elle grimpa dans le ciel verticalement et s'immobilisa de nouveau. Je réalisai à ce moment-là que je n'entendais aucun bruit, et qu'il n'y avait aucun feu de position au bout des ailes de l'appareil. J'ai bien dû rester là à observer cet objet pendant une vingtaine de minutes, durant lesquelles il n'a pas bougé d'un poil. Puis il s'est mis en mouvement et est parti vers les collines diamétralement opposées pour se planter encore une fois au-dessus.

Mais, presque aussitôt, il est monté à la verticale, par étapes, jusqu'à une altitude supérieure et s'est encore arrêté. Il est resté dans cette position près d'une heure et je ne l'ai pas quitté des yeux pendant tout ce temps-là parce que j'étais sûr de ce que je voyais.

Au bout d'environ une heure, il se remit en mouvement et vola (c'est le seul mot que je puisse employer pour décrire son type de déplacement) jusqu'à l'endroit qu'il avait occupé au début, bien qu'un peu plus proche de l'hôtel. L'ovni est resté là quelque temps, mais pas toujours totalement stationnaire ; il se déplaçait extrêmement lentement à certains moments, si lentement d'ailleurs qu'il aurait été impossible de le remarquer sans prendre de repères.

Vers 2 heures du matin, plusieurs autres lumières jaune pâle apparurent depuis le nord-est, avec une lenteur similaire. J'en ai en tout compté dix-huit, et elles vinrent (du moins les cinq plus proches) se fixer en ligne au-dessus de la mer, derrière l'hôtel et ses alentours, à environ un kilomètre et demi. Les autres demeurèrent en formation, c'est-à-dire un carré s'étendant de la côte aux collines et à l'arrière de l'hôtel.

Ces lumières jaune clair étaient plus petites que l'ovni original, et beaucoup moins brillantes... C'est alors que l'objet blanc plus volumineux revint de derrière les collines et s'immobilisa. Il s'éleva verticalement dans l'espace — toujours par paliers — jusqu'à une hauteur approximative de 700 mètres au-dessus des plus éloignées des lumières jaunes (l'angle le plus extérieur de la formation en carré).

Pendant environ deux heures, rien ne se produisit, excepté un autre ovni vers l'angle le plus rapproché du carré dessiné par les lumières jaunes — identiques au premier ovni, qui se tenait actuellement au-dessus des collines.

A 4 heures du matin, l'ensemble des ovnis commença à se diriger vers la mer, tous respectant la même extrême lenteur. Comme je l'ai déjà signalé, les bâtiments est de l'hôtel me cachaient la vue sur la mer, mais en regardant vers les terrasses supérieures de l'hôtel, j'aperçus un énorme objet qui devait survoler la mer et qui grimpait majestueusement dans les airs. A cause de l'éclairage, il m'était difficile de distinguer la forme de cet objet, mais la lune en illumina le flanc droit et la partie qui me faisait face. Il y avait également une bande étroite de lumière qui traversait le corps de l'objet par le milieu, et plus il prenait de l'altitude, plus je pouvais voir de détails ; deux autres bandes de lumières s'allumèrent tout à coup, au-dessus et au-dessous de la première.

Je dois insister sur la lenteur incroyable avec laquelle ce gigan-tesque objet se déplaçait ; on aurait dit qu'il était trop lourd pour voler vite, ou encore en difficulté. Pendant ce temps, les autres ovnis au grand complet le suivaient patiemment, à quelque distance der-rière. Je ne peux guère comparer cet objet à autre chose que la tour des Postes de Londres, quoique nettement plus important aussi bien en hauteur qu'en largeur. Il semblait être plus large à la base. Je peux affirmer qu'il était, en tout cas, plus volumineux que l'hôtel où je me trouvais. Je n'avais jamais rien vu de pareil. Il est monté dans le ciel avec une lenteur vraiment spectaculaire et, dressé à la verti-cale, juste un peu penché, il survolait la mer. Cela ne faisait aucun bruit.

Et puis, la chose la plus extraordinaire arriva. Alors que cet énorme objet gagnait de l'altitude, je vis un missile lancé sur un des ovnis jaunes qui se tenaient au-dessus des collines opposées à moi. Ce missile fut lancé de derrière les collines, il grimpa dans les airs à une vitesse fulgurante. Je pouvais le suivre à la chevelure de feu qui le suivait. Comme il approchait de l'ovni pour le faire exploser, la lumière jaune de l'ovni s'éteignit tout à coup, l'espace d'une seconde ; il y eut un éclair blanc et le missile sembla déporté vers l'hôtel, à gauche de mon balcon. Je voyais le missile qui brillait et brûlait avec une lueur rougeoyante ; il passa juste au-dessus de l'hôtel et alla s'abîmer en mer. Il était long comme un autobus et moitié moins haut, et sa trajectoire était horizontale.

Au moment où le missile a pris feu, tous les ovnis — y compris le plus énorme — s'immobilisèrent pendant un quart d'heure. Ce dernier resta comme suspendu dans le ciel. Puis tous se remirent en mouvement en direction de la mer au-dessus de laquelle ils s'éle-vèrent lentement. Ce manège dura jusque vers 4 h 40, lorsqu'un objet semi-circulaire rutilant vert et bleu apparut au-dessus de la mer ; je pouvais le voir par-dessus les bâtiments de l'hôtel : il arrivait sous l'énorme ovni et se situait entre celui-ci et l'hôtel. Il se trouvait à une altitude beaucoup plus basse et il lançait des éclairs inter-mittents bleus et verts — parfois les couleurs se mélangeaient. Cet ovni sembla envoyer des signaux à l'énorme objet...

A 4 h 45, je vis un nouveau missile lancé contre le dernier ovni (celui qui était le plus près des collines), et la même situation se produisit, excepté que lorsque le missile détourné passa près de l'hôtel, il n'était pas rougeoyant comme la première fois mais seule-ment suivit d'une traînée jaune.

A 4 h 50, tous les ovnis avaient pris de l'altitude, et je remarquai une chose étonnante : l'énorme ovni n'en était pas pour autant devenu, par effet de perspective, plus petit !... Je pourrais le compa-rer à une sorte de transporteur à cause de ses lumières, de sa couleur et de sa forme. Il était terne et paraissait avoir été fabriqué par l'homme, avec ses trois rangées de lumière — du moins, c'est ce que je pus apercevoir. On aurait dit un engin de fret comme on en utilise dans l'industrie — c'est l'impression qu'il m'a donnée.

Vers 5 heures, les ovnis avaient presque disparu à l'horizon. Ce n'est que conjectures de ma part, bien évidemment, mais je pense que l'énorme ovni a dû se poser auprès de la centrale électrique qui se trouve le long de la côte, à 400 mètres à l'est de l'hôtel, ou bien un peu plus loin ; en tout cas, il y est resté environ trois heures. Les petits ovnis jaune pâle et les gros blancs étaient des engins de reconnaissance. Quant à la mission qu'ils devaient remplir, on peut faire à ce sujet nombre de spéculations, mais il me semble que la centrale électrique n'était pas tout à fait étrangère à cette affaire... c'est d'ailleurs la seule qui existe sur l'île de Chypre, à l'exception d'une plus petite à Akrotiri en cas de panne de la principale... La seule chose qui me vient encore à l'esprit devant ce fabuleux spectacle est que l'énorme objet avait peut-être été repéré ou menaçait de l'être ; je dis cela à cause de la difficulté qu'il semblait avoir à prendre de la hauteur, ce qui me laisse imaginer qu'il avait peut-être des problèmes de fonctionnement.

13 septembre 1992 : Clacton-on-Sea, Essex, Royaume-Uni.

Mon mari et moi-même étions en train de promener le chien. Il était entre 22 h 30 et 23 heures. [Nous] vîmes alors cette forme noire dans le ciel. C'était énorme, bien plus gros que tous les avions que j'ai vus. C'était un objet de forme triangulaire avec des lumières blanches et vertes... Ce qui nous parut le plus étrange fut que cela ne faisait aucun bruit, ce qui, pour un engin aussi bas et aussi gros, nous paraissait impossible... On aurait dit qu'il remplissait tout le ciel lorsqu'il se tint au-dessus de nous. On a vaguement calculé son envergure, d'une pointe à une autre, aux environs de 160 mètres.

Les témoins distinguèrent la présence de trois endroits où il y avait cinq marques, ou lignes, et ce à chaque pointe de l'objet, plus une marque circulaire au centre, trois lumières blanches à l'« avant », et environ neuf lumières vertes à l'« arrière ».

On a observé cet objet pendant au moins cinq minutes, puis il s'est soudain éloigné à une vitesse vertigineuse, au point qu'on ne pouvait plus le suivre des yeux. On est allé raconter cela à la police, mais ils ont dit qu'ils n'avaient pas enregistré d'autres témoignages à ce sujet. L'aéroport de Southend, de son côté, nous a dit qu'ils n'avaient rien détecté de spécial sur leurs radars.

(Ron West, Essex UFO Research Group.)

APPENDICE

QUELQUES ORGANISMES SPÉCIALISÉS DANS L'ÉTUDE DES OVNIS
(Australie, Canada, Royaume-Uni, États-Unis et France)

Australie

Australian Centre for UFO Studies, P.O. Box 728, Lane Cove, NSW 2066.

UFO Data Collection Centre/UFORUM, 36 Loris Way, Kardinya, W. Australia 6163.

UFO Research Australia, P.O. Box 229, Prospect, S. Australia 5082.

UFO Research Queensland, P.O. Box 111, North Quay, Queensland 4002.

Victorian UFO Research Society, P.O. Box 43, Moorabbin, Victoria 3189.

Canada

Canadian UFO Research Network, P.O. Box 77547, 592 Sheppard Avenue W., Downsview, Ontario, M3H 6A7.

Centrale de Compilation Ufologique de Québec, CP 103, Drummondville, Québec, J2B 2V6.

UFO Research Institute of Canada, Dept. 25, 1665 Robson Street, Vancouver, British Columbia, V6G 3C2.

Ufology Research of Manitoba, P.O. Box 1918, Winnipeg, Manitoba, R3C 3R2.

Royaume-Uni
British UFO Research Association, 16 Southway, Burgess Hill, Sussex, RH15 9ST.
Contact International (UK), 11 Ouseley Close, New Marston, Oxford, OX3 0JS.
East Midlands UFO Research Association, 8 Rooza Close, Hempshill Vale, Bulwell, Nottingham, NG6 7BL.
Essex UFO Research Group, 95 Chilburn Road, Great Clacton, Essex, C015 4PE.
Plymouth UFO Research Group, 40 Albert Road, Stoke, Plymouth, Devon, PL2 1AE.
Quest International, 18 Hardy Meadows, Grassington, N. Yorkshire, BD23 5LR.
Surrey Investigation Group on Aerial Phenomena, Durfold Lodge, Plaistow Road, Dunsfold, Surrey, GU8 4PQ.

États-Unis
Citizens Against UFO Secrecy, P.O. Box 218, Coventry, Connecticut 06238.
J. Allen Hynek Center for UFO Studies, 2457 W. Peterson Avenue, Chicago, Illinois 60659.
Fund for UFO Research, P.O. Box 277, Mount Rainier, Maryland 20712.
Mutual UFO Network, 103 Oldtowne Road, Seguin, Texas 78155-4099.
Operation Right To Know, 1801 Clydesdale NW, Suite 501, Washington, DC 20009.
UFO Reporting & Information Service, P.O. Box 832, Mercer Island, Washington 98040.
Pennsylvania Association for the Study of the Unexplained, 6 Oak Hill Avenue, Greensburg, Pennsylvania 15601.

France
IMSA (Institut Mondial des Sciences Avancées), 24 bd d'Arras, F 13004 Marseille.
CEOF (Centre d'Étude Ovni/France), BP 31, F 13170 La Gavotte.
TAU CETI, 3 Avenue de Saint-Pons, F 11590 Cuxac d'Aude.
UEC PDDS (Union Européenne de Chercheurs pour le Droit

de Savoir, filiale de *Operation Right to Know*), Coordonateur : Claude Chapeau, 17 Les Lavandes, Hameaux du Soleil, F 06270 Villeneuve-Loubet.

LES CERCLES MYSTÉRIEUX

Centre for Crop Circle Studies, SKS, 20 Paul Street, Frome, Somerset, BA11 1DX, UK.
Circles Phenomenon Research, P.O. Box 3378, Branford, Connecticut 06405, USA.
Circles Resarch, 1 Louvain Road, Greenhithe, Kent, DA9 9DY, UK.
Phenomenon Research Association, 12 Tilton Grove, Kirk Hallam, Ilkeston, Derbyshire, DE7 4GR, UK.

MAGAZINES D'UFOLOGIE
(Royaume-Uni et États-Unis)

Flying Saucer Review, FSR Publications Ltd., P.O. Box 162, High Wycombe, Buckinghamshire, HP13 5DZ, UK.
International UFO Reporter, 2457 W. Peterson Avenue, Chicago, Illinois 60659, USA.
MUFON UFO Journal, 103 Oldtowne Road, Seguin, Texas 78155-4099, USA.
Northern UFO News, 37 Heathbank Road, Cheadle Heath, Stockport, Cheshire, SK3 OUP, UK.
UFO, P.O. Box 1053, Sunland, California 91041-1053, USA.
UFO Magazine, 18 Hardy Meadows, Grassington, Skipton, N. Yorkshire, BD23 5LR, UK.
UFO Times, Suite 1, The Leys, 2c Leyton Road, Harpenden, Hertfordshire, AL5 2TL, UK.

Ouvrages sur les ovnis
Les ouvrages cités dans ce livre et qui ne seraient pas disponibles en librairie peuvent être commandés auprès de : Susanne Stebbing, 41 Terminus Drive, Herne Bay, Kent, CT6 6PR, Angleterre, ou bien Arcturus Books, 1443 SE Port St. Lucie Blvd, Port St. Lucie, Florida 34952, USA (joindre un coupon-réponse international pour la réponse).

Coupures de presse sur les phénomènes ovnis
Les personnes qui désirent recevoir régulièrement les coupures de presse relatives à des observations d'ovni (de nombreux articles, en effet, paraissent dans des journaux locaux) doivent écrire pour tous renseignements (prévoir un timbre pour la réponse) à UFO Newsclipping Service, Route I, Box 220, Plumerville, Arkansas 72127, USA, ou bien à British UFO Newsclipping Service, CETI, 247 High Street, Beckenham, Kent, BR3 1AB, Angleterre.

Cassettes audio/vidéo et documents ufologiques officiels
Pour tous renseignements, écrire (contre un coupon international pour la réponse) à Quest Publications International Ltd., 42 Carr Manor Drive, Leeds, LS17 5AU, Angleterre.

Informations ufologiques par téléphone
La British UFO Research Association et les Télécom britanniques offrent un service, 24 heures sur 24, d'informations ufologiques par téléphone ; appeler ce numéro en Angleterre (depuis la France) : 19-44-0898-121886.

Lignes permanentes d'information et de renseignements
Quest International possède un standard qui fonctionne en permanence et qui sert à collecter toutes les informations concernant des observations d'ovnis au Royaume-Uni. Le numéro de téléphone est : (0756) 752216. Aux États-Unis, un service similaire est organisé par la Pennsylvania UFO Hotline (numéro : [412] 838 7768) et le UFO Reporting & Information Service (numéro : [206] 721 5035).

Réseau ordinateur ufologique
(Service Minitel)
Computer UFO Network : se connecter sur les bandes 300/1200/2400, 8 data bits, pas de parité, un bit de stop : USA (206) 776 0382. Adresse : Box 832, Mercer Island, Washington 98040. ParaNet Information Service : par ordinateur ou modem jusqu'à 9 600 bandes en appelant le (303) 431 8797. Adresse : P.O. Box 928, Wheatridge, Colorado 80034.

Réseau de radio amateurs du MUFON (États-Unis)
   80 mètres — 3 930 MHz — samedi, 21 h
   40 mètres — 7 237 MHz — samedi, 8 h
   20 mètres — 14 264 MHz — jeudi, 21 h
   10 mètres — 28 470 MHz — dimanche, 15 h
   Si les 10 mètres ne répondent pas, essayer :
   20 mètres — 14 264 MHz — dimanche, 15 h 15.
Tous ces horaires sont donnés en heure locale (États-Unis).

Il est de bon ton de donner des explications « officielles » à toutes les apparitions d'ovnis : avion, feux de position d'avions, ballons et dirigeables, engins volants servant à des campagnes de publicité (Richard Branson en a même produit un en forme de soucoupe volante !), météores (étoiles filantes), rayons laser (qui donnent souvent des cercles lumineux dans le ciel), planètes et étoiles (Vénus et Sirius sont souvent prises pour des ovnis), retour dans l'atmosphère terrestre d'engins précédemment envoyés dans l'espace par les hommes, satellites, etc. Mais si vous pensez sincèrement que vous avez réellement vu quelque chose d'insolite, contactez l'une des organisations citées ci-dessus. De plus, si votre observation est jugée suffisamment importante, la police se doit d'enquêter et de soumettre son rapport au ministère de la Défense ; la même obligation est faite, d'ailleurs, à toutes les bases militaires et tours de contrôle aérien (du moins en Grande-Bretagne). Mais la plupart du temps, ces rapports sont immédiatement classés et enterrés. Le ministère de la Défense peut prendre en considération vos observations si vous le contactez directement, mais sachez qu'il cite rarement ses sources (c'est-à-dire les témoins de faits) sauf si vous avez été expressément mandaté pour cette enquête. Le numéro de téléphone du ministère de la Défense en Angleterre est (071) 218 9000 (aux heures de bureau). Demandez le Secrétariat 2a (de l'air).

Si vous avez la chance d'effectuer une observation véritablement sensationnelle (et non pas une simple petite lumière bizarre dans le ciel), n'hésitez pas à contacter un grand quotidien, ou bien une station de radio, ou encore une chaîne de télévision, afin qu'un maximum de gens en soient informés dans un minimum de temps. Sachez enfin que les journaux locaux se font un plaisir de répercuter ce type d'information ; généralement, ils proposent même des « appels à témoins », ce qui permet de récolter d'autres informations sur le même phénomène. Mêmes considérations en ce qui concerne les radios et les télévisions locales : idéalement, le mieux est de les prévenir pendant les observations (à condition que celles-ci durent un peu...). Mais, bien évidemment, rien ne vaudra les prises de vue, autant que possible, en film ou en vidéo, car ce seront les meilleures preuves qui puissent exister de telles expériences.

OVNI, PARANORMAL, EXTRATERRESTRES, SOCIETES SECRETES...
TOUT UN SAVOIR CACHÉ, ENFIN EN VIDEO !

PRÉSENTE UNE SÉRIE DE DOCUMENTAIRES VIDÉO POUR COMPRENDRE L'ÉTRANGE.

A vec les documentaires vidéos des Portes du Futur, vous découvrirez les plus grandes énigmes de notre temps. En interviewant des spécialistes éminents ou des témoins concernant les sujets abordés, les Portes du Futur constituent une véritable encyclopédie vidéo de l'étrange et du mystérieux. Les enquêtes menées et présentées par Jimmy GUIEU vous entraîneront vers des révélations qui parfois dérangent et suscitent sans cesse l'intérêt.

12 titres déjà disponibles !
Une collection qui s'agrandit régulièrement.

- OVNI-EBE L'INVASION A COMMENCÉ
- LES VIES ANTERIEURES ÉTAPES VERS LA LUMIÈRE
- LES CATHARES LE MESSAGE DE MONTSÉGUR
- RENNES LE CHATEAU LE GRAND MYSTERE
- LES LIEUX HANTES AU-DELÀ OU AUTRES DIMENSIONS ?
- LES GOUVERNANTS SECRETS 1 NOS VISITEURS : LES EXTRATERRESTRES
- LES GOUVERNANTS SECRETS 2 NOS MAITRES : LES EXTRATERRESTRES
- LES GOUVERNANTS SECRETS 3 EXTRATERRESTRES : LES AMBASSADEURS
- CONTACTS ESPACE-TEMPS J-C. PANTEL ET SES ÉTRANGES VISITEURS
- OVNI-USA NOUVELLES RÉVÉLATIONS
- LES VORTEX
- RENNES-LE-CHATEAU 2

Vidéocassettes couleur VHS secam - Durée : 50 à 75 mn Env. (selon sujet) - Réservées à la vente

Pour recevoir une documentation complète sans
engagement de votre part, contactez :
Dimension 7
B.P. 37 - 13266 Marseille Cedex 08
Téléphone : 91 71 01 10 - Fax : 91 71 99 41

Achevé d'imprimer en janvier 1994
sur presse CAMERON,
dans les ateliers de la S.E.P.C.
à Saint-Amand-Montrond (Cher)